本书配套APP使用说明

I n s t r u c t i o n s

配套教学
视频课程

配套章节
在线题库

免费

配套定期
在线公开课

配套在线
答疑论坛

对啊网官方APP

各大应用市场搜索"对啊课堂"APP
或微信扫二维码下载

注意：部分内容需付费，付费系统班用户直接
登录班级，获取完整直播系统班学习内容，APP
功能随时更新，具体功能以新版本为准。

三种学习方式

Three Ways of Learning

https://www.duia.com

🌐 对啊网官方网站

对啊网官方公众号

对啊网官方微信小程序

对啊校训

Duia Motto

于迷茫中寻找方向
于孤独中收获希望
愿你不认命 心中所愿皆能实现
愿你不将就 不为世俗只为热爱

对啊网
专业在线职业教育品牌

职称/注会/CMA / 教师 / 自考学历 / 公务员 / 考研 / 证券/基金 / 设计 / 英语

下载"对啊课堂"app

2022 注册会计师全国统一考试辅导教材

通关快车 **3**

历年真题解密

CPA 财务成本管理

全国注册会计师统一考试教辅编写组　编著

中国出版集团　现代出版社

图书在版编目（CIP）数据

财务成本管理·历年真题解密 / 全国注册会计师统

一考试教辅编写组编著 . -- 北京：现代出版社，2019.5（2022.3重印）

ISBN 978-7-5143-7832-0

Ⅰ . ①财… Ⅱ . ①全… Ⅲ . ①企业管理－成本管理－

资格考试－题解 Ⅳ . ① F275.3-44

中国版本图书馆 CIP 数据核字（2019）第 083401 号

著　　者： 全国注册会计师统一考试教辅编写组

责任编辑： 裴郁

出版发行： 现代出版社

地　　址： 北京市朝阳区安华里 504 号

邮政编码： 100011

电　　话： 010-64267325　64245264（传真）

网　　址： www.1980xd.com

电子邮箱： xiandai@vip.sina.com

印　　刷： 河北赛文印刷有限公司

开　　本： 787mm×1092mm　1/16

印　　张： 16

版　　次： 2019 年 5 月第 1 版　2022 年 3 月第 3 次印刷

书　　号： ISBN 978-7-5143-7832-0

定　　价： 69.00 元

前言

● ─ 为什么要做真题？

    CPA考试向来以知识体量大、难度高而著称，考生通常需要制订年度计划来完成知识的学习和试题的练习。较长的备考周期，导致考生难以积累应试经验，不能准确把握知识的考查方式，进而增加了考生系统掌握知识的难度。

    历年真题是财政部注册会计师考试委员会命题专家严格按照考试大纲的要求，反复遴选出最具有实务意义和管理价值的知识点，研发出最能综合测评考纲知识、对考生最具指导意义的试题，相比其他任何模拟试题，其权威性、严谨性和代表性都无可比拟。更重要的是，教研老师多年的真题研究，以及部分高分考生的成功经验反复证明，历年真题蕴藏着各年考试的考查方向和命题规律，是广大考生夯实基础、高效复习的最佳资料。

● ─ 本书有何特点？

    其一，本书系统汇编了自2016年以来的六年真题，并配备参考答案。由于教材"年年有修改、三年一大改"的特点，再加上每年考试大纲的变化，很多年份比较久远的考题已经不适合目前使用。我们选取了近六年考试的真题，根据最新教材变化和考纲进行最少量的修改，保证改编前后考点和考查方向的一致性，以保持其原汁原味。

PREFACE

其二，本书对过去六年的真题大数据统计，总结出高频考点及其考查方式，对考生备考有重要指导意义。

其三，本书对历年真题逐题详解，不仅包含答案解析，更对各题的考查考点、命题规律、应试技巧、知识细节等进行了全面地点拨指导，使得考生可以最大限度吸收真题精华，提升备考效率。

● 一 如何使用本书？

第一部分考情大数据，可以帮助考生在系统学习考纲知识时更加明确重点，理清思路。

第二部分机考试卷及答案速评，提供四种在线练习方式，自主模考，快速测评知识掌握水平，提高应试能力。

第三部分真题逐题解密，全方位对每个真题进行了点评、详解及知识总结，方便考生了解真题命题规律，梳理答题思路，并以最便捷的方式获取到相关知识点的总结，实现最轻松最高效的复习结果。

最后，预祝各位考生学习快乐，复习顺利，考试成功。

对啊财会研发中心

目录

CONTENTS

创作团队成员

策划：栾建莛

主编：张力文　　吕东梅　　刘凯丽

　　　赵　瑞　　张云鹏

校审：朱　蕾　　杜玉金

设计：张晓琳　　于亦炜　　崔雅雯

后勤：丁　贵

历年真题

01

Chapter

考情大数据

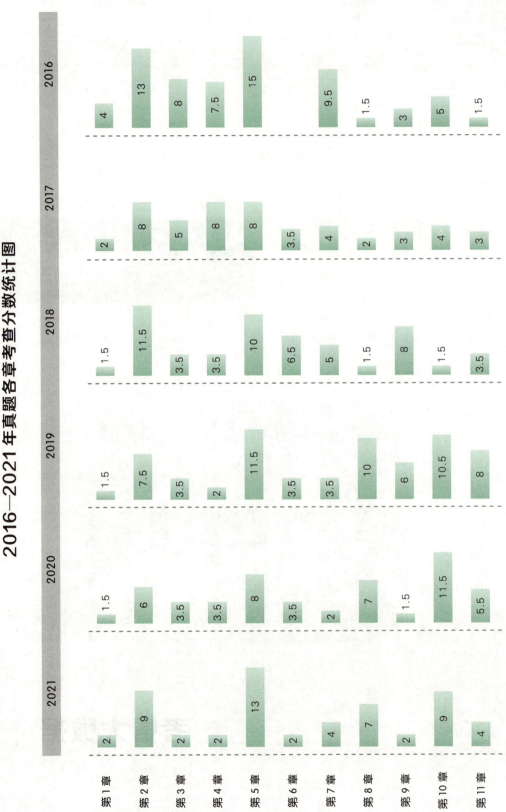

2016—2021年真题各章考查分数统计图

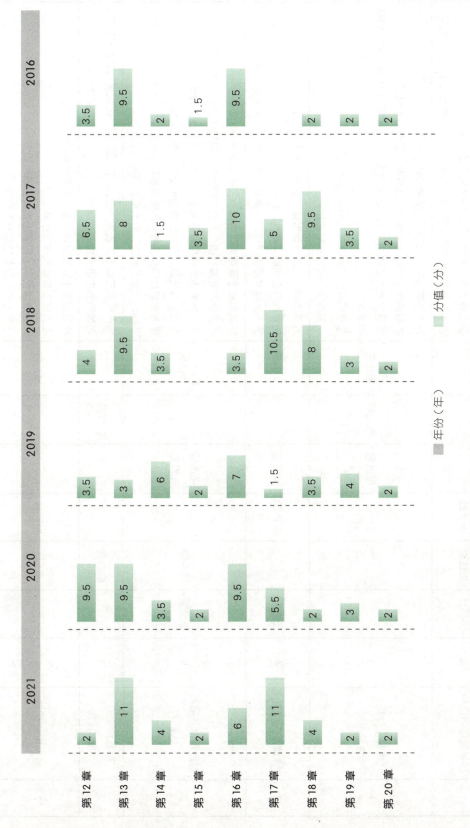

2016

第12章 3.5
第13章 9.5
第14章 2
第15章 1.5
第16章 9.5
第18章 2
第19章 2
第20章 2

2017

第12章 6.5
第13章 8
第14章 1.5
第15章 3.5
第16章 10
第17章 5
第18章 9.5
第19章 3.5
第20章 2

2018

第12章 4
第13章 9.5
第14章 3.5
第16章 3.5
第17章 10.5
第18章 8
第19章 3
第20章 2

2019

第12章 3.5
第13章 3
第14章 6
第15章 2
第16章 7
第17章 1.5
第18章 3.5
第19章 4
第20章 2

2020

第12章 9.5
第13章 9.5
第14章 3.5
第15章 2
第16章 9.5
第17章 5.5
第18章 2
第19章 3
第20章 2

2021

第12章 2
第13章 11
第14章 4
第15章 2
第16章 6
第17章 11
第18章 4
第19章 2
第20章 2

■ 年份（年）　■ 分值（分）

第12章　第13章　第14章　第15章　第16章　第17章　第18章　第19章　第20章

说明：由于不适用新大纲的考题未纳入统计，因此部分年份的分值合计小于 100 分。

2016—2021年真题各章节高频考点集

章	高频考点	频次	2021	2020	2019	2018	2017	2016	如何考
1	财务管理的目标	2		单选题	单选题				均以客观题形式考查，主要考查内容如下： ①直接考查财务管理目标的优缺点或衡量指标 ②将财务管理目标与目标资本结构相结合，考查二者之间的关系
1	金融工具和金融市场	3	多选题			单选题	多选题	多选题	均以客观题形式考查，主要考查内容如下： ①根据资本市场效率程度，选择相应的无效策略 ②直接考查资本市场有效的基础条件和条件市场对财务管理的意义 ③根据案例判断资本市场的效率程度 ④考查金融市场的基础知识
2	偿债能力比率	4	多选题		综合题	单选题		单选题	客观题和主观题均可考查，主要考查内容如下： ①对有关偿债能力指标的表述进行判断 ②与长期资本相结合，计算筹资前后偿债能力指标的变化
2	管理用财务报表体系	5	综合题	综合题		多选题 计算题		多选题	客观题和主观题均可考查，主要考查内容如下： ①直接识别传统资产负债项目的金融属性或经营属性 ②直接考查管理用财务报表的计算公式 ③考查传统财务报表到管理用财务报表的转换 ④考查管理用财务报表内相关财务指标的计算 ⑤结合因素分析法，对指标差异进行定量分析
2	财务预测的步骤和方法	2		综合题			计算题		与传统资产财务报表相结合，以主观题形式，根据销售百分比法，对财务报表进行预测
2	增长率的测算	2			单选题			单选题	客观题和主观题均可考查，主要考查内容如下： ①直接考查增长率的计算 ②考查增长率的影响因素及影响方式 ③考查增长率驱动指标的计算

（续表）

章	高频考点	频次	2021	2020	2019	2018	2017	2016	如何考
3	利率	2				单选题	单选题		均以客观题的形式要求判断相关观点所属的利率期限结构理论的类型
3	货币的时间价值	2			单选题			计算题	客观题和主观题均可考查，主要考查内容如下：①直接考查现值或终值的计算 ②以案例的形式要求计算年金现值或偿债基金
3	投资组合的风险与报酬	7	多选题	单选题 多选题		多选题	单选题	多选题	一般以客观题形式考查，主要考查内容如下：①考查期望报酬率的计算 ②考查相关系数对投资组合风险的影响 ③要求判断投资组合理论的观点 ④考查资本市场线的相关知识
4	债务资本成本的估计	4			综合题		计算题	单选题 计算题	客观题和主观题均可考查，主要考查内容如下：①直接考查资本成本的概念 ②要求使用到期收益率法、可比公司法、风险调整法计算债务资本成本 ③考查债务资本成本估计方法的要求和步骤
4	普通股资本成本的估计	5		单选题 综合题		单选题 多选题	计算题		客观题和主观题均可考查，主要考查内容如下：①直接考查普通股资本成本估计方法的种类及公式 ②要求使用资本资产定价模型计算普通股资本成本 ③考查债券收益率风险调整模型的应用 ④直接考查股利增长模型的公式
4	加权平均资本成本的计算	2		综合题			计算题		一般以主观题形式考查，主要考查内容如下：①考查加权平均资本成本的计算 ②考查加权平均资本成本计算时权重的选择

（续表）

章	高频考点	频次	2021	2020	2019	2018	2017	2016	如何考
5	投资项目的评价方法	10	多选题 多选题	计算题	单选题 多选题 计算题	多选题 计算题	多选题 计算题		客观题和主观题均可考查，主要考查方法之间的关系如下：①考查项目评价方法之间的关系②考查净现值、现值指数等指标的计算，并根据计算结果来评价项目的可行性③考查相关评价方法之间的异同
5	投资项目现金流量的估计	6	计算题	计算题	计算题	计算题	计算题	综合题	一般以主观题形式考查，主要考查内容如下：①要求计算投资项目的现金流量、净现值、现值指数等指标，并评价项目的可行性②要求计算平均年成本，并对互斥项目做出选择或确定设备的经济寿命③要求选择适用的评价方法
5	投资项目的敏感分析	2	计算题					综合题	一般以主观题形式考查，要求计算敏感系数或变量的最大（或最小）值
6	债券价值评估	5	多选题			单选题 多选题			一般以客观题形式考查，主要考查内容如下：①考查债券价值的影响因素以及影响方式②除了以上在真题中出现的考查方式外，还可能与资本成本、企业价值评估相结合，考查债券价值的评估
6	普通股价值评估	3			单选题	计算题	单选题		客观题和主观题均可考查，主要考查内容如下：①考查固定增长股票的价值②考查固定增长股票的期望报酬率
6	混合筹资工具价值评估	2			多选题		多选题		一般以客观题形式考查优先股的特殊性

（续表）

章	高频考点	频次	2021	2020	2019	2018	2017	2016	如何考
7	期权的投资策略	4	单选题	多选题		计算题		计算题	客观题和主观题均可考查，主要考查内容如下： ①考查期权投资策略和适用情形之间的对应关系 ②计算期权投资策略的净损益
7	金融期权价值的影响因素	5	单选题		单选题 多选题		多选题	单选题	一般均以客观题形式考查，主要考查内容如下： ①判断所给期权对应的影响方式 ②判断期权内在价值的影响因素及影响方式 ③判断期权的实值或虚值状态
8	企业价值评估的目的和对象	3		多选题	多选题		多选题		一般以客观题形式考查，要求对企业价值相关的几组概念进行判断
8	现金流量折现模型	3	综合题	综合题	计算题				一般以主观题形式考查，主要考查内容如下： ①计算预测期的实体现金流量、债务现金流量和股权现金流量 ②判断每股股价是否被高估或低估
8	相对价值评估模型	3	综合题			单选题		单选题	客观题和主观题均有考查，主要考查内容如下： ①要求计算本期（或内在）市价比率 ②要求使用修正平均市价比率法计算企业相对价值 ③要求根据企业具体情况，选择适用的市价比率
9	资本结构理论	3			多选题		单选题	单选题	一般以客观题的形式考查，主要考查内容如下： ①考查有税MM理论的观点、公式 ②考查优序融资理论的观点 ③除以上在真题中出现的考查方式外，还可能考查权衡理论和代理理论的观点和公式

（续表）

章	高频考点	频次	2021	2020	2019	2018	2017	2016	如何考
9	杠杆系数的衡量	6	单选题	单选题	计算题	综合题	单选题	单选题	客观题和主观题均可考查，主要考查内容如下：①根据杠杆系数的计算公式或定义式，计算杠杆系数②要求说明杠杆系数发生变化的原因
10	普通股票筹资	7	单选题	单选题 综合题	单选题	单选题	多选题	单选题	均以客观题形式考查，主要考查内容如下：①将普通股筹资方式对比，要求对优缺点进行判断②计算配股除权参考价
10	附认股权证债券筹资	1			综合题				可以客观题和主观题形式考查，主要考查形式看涨期权的区别：①考查认股权证与普通的区别②考查附认股权证的筹资的筹资成本的计算，以及判断筹资方案的可行性
10	可转换债券筹资	4	计算题		多选题			单选题 多选题	客观题和主观题形式考查，主要考查内容如下：①要求判断可转换债券主要条款的设置目的②要求判断可转换债券的影响因素及影响方式③要求计算可转换债券的筹资成本，以及判断筹资方案的可行性
10	租赁筹资	2		计算题			计算题		均以主观题形式考查，主要考查内容如下：①判断租赁的性质，并计算平均年成本②计算租赁净现值，并进行购买方案和租赁方案的选择
11	股利政策	4	单选题		计算题	单选题		单选题	主要以客观题的形式进行考查，主要考查内容如下：①根据股利政策中数据确定应发放的股利金额②实施不同股利政策确定该种股利政策的原因（动机）③各种股利政策的优缺点

（续表）

章	高频考点	频次	2021	2020	2019	2018	2017	2016	如何考
11	股票分割与股票回购	5	多选题	单选题 多选题		多选题	单选题		主要以客观题的形式进行考查，主要考查内容如下：①股票分割、股票反分割、股票回购产生的影响②股票分割与股票回购与现金股利的对比理解③设计股票回购与股票分割方案
12	营运资本筹资策略	1			单选题				本考点可以客观题、主观题的形式进行考查，主要考查内容如下：①根据数据计算变现率并判断出所属的营运资本筹资策略②不同的营运资本筹资策略对公司产生的影响
12	现金管理	5	单选题		多选题		单选题	多选题	主要以客观题的形式进行考查，主要考查内容如下：①最佳现金持有量的含义、特征及计算②随机模式式下，根据最佳现金持有量分析持有量应采取的措施
12	应收项目管理	2				多选题	单选题		主要以客观题的形式进行考查，主要考查内容如下：①信用政策分析确定信用标准的因素②应收账款周转天数的影响因素
12	存货管理	2		计算题			多选题		本考点可以客观题、主观题的形式进行考查，主要考查内容如下：①存货经济批量的计算②与订量有关的总成本、全年总成本的计算③外购方案与自制方案的决策
12	短期债务管理	2		单选题				单选题	主要以客观题的形式进行考查，主要考查内容如下：①短期借款有效年利率的计算②放弃现金折扣实际成本的计算
13	基本生产费用的归集和分配	3	计算题			计算题		单选题	主要以客观题的形式考查生产费用的分类

（续表）

章	高频考点	频次	2021	2020	2019	2018	2017	2016	如何考
13	完工产品和在产品的成本分配	5	计算题			单选题 计算题	计算题	计算题	本考点可以客观题、主观题的形式进行考查，以计算型题目为主，完工产品和产品的成本分配计算。主要考查内容如下： ①约当产量法下约当产量的计算计算 ②单位成本、总成本、加权平均单位成本的计算 ③定额比例法下完工产品和在产品的成本分配计算
13	联产品和副产品的成本分配	3		计算题	单选题		计算题		本考点可以客观题、主观题的形式进行考查，以计算型题目为主，联产品和副产品成本的分配及产品单位成本的计算
13	逐步结转分步法	1		多选题					主要以主观题形式考查使用成本还原的计算
14	标准成本及其制定	2			计算题			多选题	本考点可以客观题、主观题的形式进行考查，主要考查内容如下： 文字型题目： ①基本标准成本、现行标准成本的修订 ②直接材料标准成本、直接人工标准成本、制造费用标准成本的用量标准、价格标准的具体内容 计算型题目：单位标准成本的计算
14	标准成本的差异分析	8	单选题 多选题	单选题 多选题	单选题 计算题	单选题 多选题	单选题		本考点可以客观题、主观题的形式进行考查，主要考查内容如下： 文字型题目：变动成本差异、固定制造费用差异形成的原因 计算型题目：各项变动成本差异的计算
15	作业成本计算	5		多选题	多选题		单选题 多选题	单选题	本考点可以客观题、主观题的形式进行考查，主要考查内容如下： 文字型题目：作业成本库的设计、作业成本分配因的分类 计算型题目：作业成本分配的计算

（续表）

章	高频考点	频次	2021	2020	2019	2018	2017	2016	如何考
16	成本性态分析	5	单选题 多选题 多选题		单选题			单选题	主要以客观题的形式考查成本的分类
16	保本分析	5		计算题		单选题 多选题	综合题	计算题	本考点可以客观题、主观题的形式进行考查，主要考查内容如下： 文字型题目：盈亏临界点销售量的含义 计算型题目：单一产品下的保本分析、多产品下的保本分析
16	保利分析	4		计算题	计算题		综合题	计算题	主要以主观题的形式考查保利的计算
16	利润敏感性分析	2					综合题	单选题	主要以主观题的形式考查敏感系数的计算，确定是否是敏感因素
17	生产决策	10	单选题 计算题	单选题 多选题 计算题	单选题 多选题	单选题 多选题 综合题	综合题		本考点可以客观题、主观题的形式进行考查，主要考查需要考虑的相关成本。 文字型题目： ①约束资源最优利用决策下产品安排生产的顺序 ②亏损产品是否应该停产 ③自制与外购方案选择判断的标准
18	各项营业预算的编制	6		单选题 多选题	单选题 多选题		单选题	多选题	主要以客观题的形式考查，主要考查编制各项预算时需要考虑的项目。 文字型题目：编制各项营业预算时需要考虑的项目 计算型题目：各项营业预算量的计算
18	财务预算的编制	3	单选题		计算题	计算题	计算题		主要以主观题的形式考查现金预算的编制
19	利润中心	4		单选题		单选题	单选题	多选题	本考点可以客观、主观题的形式进行考查，主要考查内容如下： 文字型题目： ①内部转移价格的分类 ②评价部门经理的指标—部门可控边际贡献，部门可控税前经营利润的计算

（续表）

章	高频考点	频次	2021	2020	2019	2018	2017	2016	如何考
20	经济增加值	4	单选题	多选题	多选题			多选题	本考点可以客观题、主观题的形式进行考查，主要考查内容如下： 文字型题目： ①经济增加值的优缺点、特征、含义 ②经济增加值需要调整的项目 计算型题目：经济增加值的计算
20	平衡计分卡	2				多选题	多选题		主要以客观题的形式考查平衡计分卡的维度、指标

注：上表中的"计算题"同真题中的"计算分析题"。

Chapter

02

机考试卷 & 答案速评

注册会计师全国统一考试历年真题

四种在线练习方式：

对啊网官方网站　https://www.duia.com

1.

对啊网官方公众号

2.

对啊网官方微信小程序

3.

对啊网注册会计师机考系统　https://list.duia.com/tk

4.

①下载安装
网址：https://list.duia.com/tk

②注册登录

④提交试卷、查看报告

③模拟考试

历年真题

Chapter

03

逐题解密

2021年注册会计师全国统一考试

《财务成本管理》真题逐题解密

（考试时长：150分钟）

一、单项选择题（本题型共13小题，每小题2分，共26分。每小题只有一个正确答案，请从每小题的备选答案中选出一个你认为最正确的答案，用鼠标点击相应的选项。）

1. 下列关于有限合伙企业与公司制企业共同点的说法中，正确的是（　　　）。

　　A. 都是独立法人　　　　　　　　　　B. 都需要缴纳企业所得税

　　C. 都需要两个或两个以上出资人　　　　D. 都可以有法人作为企业的出资人

📢·**【解析】**选项A表述错误，有限合伙企业本质上是一种非法人组织，不是独立法人；选项B表述错误，有限合伙企业本身不用缴纳企业所得税，而是由合伙人缴纳企业所得税或者个人所得税；选项C表述错误，一人有限责任公司是指由一名股东（自然人或法人）持有公司的全部出资的有限责任公司；选项D表述正确，有限合伙企业与公司制企业的出资人可以是法人组织，也可以是自然人。综上，本题应选D。

🔓·**【答案】**D

📝·**【真题点评】**本题考查了有限合伙企业与公司制企业的共同点与不同点，涉及第1章的内容，属于记忆型的知识点。该考点考频较低，考生在学习过程中应将个人独资企业、合伙企业与公司制企业三种组织形式的特点进行对比理解记忆。

✈·**【知识速递】**本题涉及知识点：企业组织形式

　　1.典型的企业组织形式

项目	个人独资企业	合伙企业	公司制企业
法律地位	非法人主体	非法人主体	法人主体
企业债务责任承担	无限责任	①普通合伙企业：合伙人对企业债务承担无限连带责任 ②特殊普通合伙企业： A. 故意或重大过失合伙人：无限（连带）责任 B. 其他合伙人：有限责任（以其在合伙企业中的财产份额为限） ③有限合伙企业： A. 普通合伙人：无限连带责任 B. 有限合伙人：有限责任（以认缴的出资额为限）	有限责任

2.企业组织形式的特点

组织形式	优点	约束条件
个人独资企业	①创立便捷 ②维持成本较低 ③无需缴纳企业所得税	①业主对企业债务承担无限责任 ②企业的存续年限受制于业主的寿命 ③难以从外部获得大量资本用于经营
合伙企业	与个人独资企业类似，只是程度不同	
公司制企业	①无限存续 ②股权可以转让 ③有限责任	①双重课税 ②组建成本高 ③存在代理问题

2.甲公司拟发行优先股筹资，发行费用率和年股息率分别为2%和8%，每半年支付一次股利，企业所得税税率25%。根据税法规定，该优先股股利不能抵税。该优先股资本成本为（   ）。

A. 7.84%

B. 8.00%

C. 8.16%

D. 8.33%

· 【解析】选项D正确，该优先股资本成本 $=\left(1+\dfrac{8\%/2}{1-2\%}\right)^2-1=8.33\%$。综上，本题应选D。

· 【答案】D

· 【真题点评】本题考查优先股资本成本的估计，涉及第4章的内容，属于计算型的知识点。考生在作答本题时，应注意两个关键点：（1）题目条件中已知"该优先股股利不能抵税"，说明本题中的优先股被分类为权益工具，其股利分配作为发行企业的利润分配，不可税前抵扣，因此计算出来的资本成本已为税后资本成本，无需再进行调整；（2）本题中的优先股是"每半年支付一次股利"，而资本成本是有效年利率口径，做题中需注意利率之间的转换。

· 【知识速递】本题涉及知识点：优先股资本成本的估计

项目	内容
含义及特征	优先股是股利分配和财产清偿优先于普通股的股份。优先股股息通常是固定的，是一种永续年金。优先股资本成本包括股息和发行费用
计算公式	$$r_p=\dfrac{D_p}{P_p(1-F)}$$ 式中，r_p表示优先股资本成本；D_p表示优先股每股年股息；P_p表示优先股每股发行价格；F表示优先股发行费用率

3.下列情形中，最适合采用空头对敲投资策略的是（   ）。

A. 预计未来标的资产价格将大幅上涨

B. 预计未来标的资产价格将大幅下跌

C. 预计未来标的资产价格将在执行价格附近小幅波动

D. 预计未来标的资产价格将发生剧烈波动，但不知道升高还是降低

🔊 ·【解析】选项C正确，空头对敲策略对于预计市场价格将相对比较稳定的投资者非常有用。因此，预计未来标的资产价格将在执行价格附近小幅波动时最适合采用空头对敲策略。综上，本题应选C。

🔓 ·【答案】C

📝 ·【真题点评】本题考查了空头对敲策略的适用情形，涉及第7章的内容，属于识记型的知识点。在学习期权投资策略时，考生需全面掌握保护性看跌期权、抛补性看涨期权、多头对敲和空头对敲投资策略的构建方法、损益计算、适用情形以及相关结论。

🪁 ·【知识速递】本题涉及知识点：期权的投资策略

四种投资策略的净损益区间

项目	保护性看跌期权	抛补性看涨期权	多头对敲	空头对敲
组合情况	股票 + 多头看跌	股票 + 空头看涨	多头看涨 + 多头看跌	空头看涨 + 空头看跌
组合成本	S_0+P	S_0-C	$C+P$	$-(C+P)$
最高净收入	$+\infty$	X	$+\infty$	0
最高净损益	$+\infty$	$X-(S_0-C)$	$+\infty$	$C+P$
最低净收入	X	0	0	$-\infty$
最低净损益	$X-(S_0+P)$	$-(S_0-C)$	$-(C+P)$	$-\infty$
损益状态	锁定了最低净收入和最低净损益	锁定了最高净收入和最高净损益	锁定了最低净收入和最低净损益	锁定了最高净收入和最高净损益
图示				

提示：上表图示中的黑色实线代表"组合净收入"线，绿色虚线代表"组合净损益"线。

4. 甲公司股票当前价格60元，以该股票为标的资产的看涨期权执行价格为65元，每份看涨期权可买入1份股票。预计未来甲公司股价或者上涨20元，或者下跌10元。下列投资组合中，可复制1份多头该看涨期权投资效果的是（　　）。

A. 购入0.5份甲公司股票，同时借入必要的款项

B. 购入2份甲公司股票，同时借入必要的款项

C. 购入0.5份甲公司股票，同时贷出必要的款项

D. 购入2份甲公司股票，同时贷出必要的款项

🔊 · 【解析】选项A正确，股价上行时股票价格 S_u=60+20=80（元），股价下行时股票价格 S_d=60-10=50（元），股价上行时期权到期日价值 C_u=80-65=15（元），股价下行时期权到期日价值 C_d=0，根据复制原理，$H \times 80 - B \times (1+r) = 15$，$H \times 50 - B \times (1+r) = 0$，解得，$H$=0.5，因此，投资组合是：购入0.5份甲公司股票，同时借入必要的款项。综上，本题应选A。

🔒 · 【答案】A

📝 · 【真题点评】本题考查了复制原理，涉及第7章的内容，属于计算型的知识点。复制原理可以理解为"借钱买股票"，在此基础上，考生只需计算出套期保值比率即可确定正确选项。

✈ · 【知识速递】本题涉及知识点：金融期权价值的评估方法

复制原理

项目	内容
基本原理	构造一个股票和借款的适当组合，使得无论股价如何变动，投资组合的损益都与期权相同，则创建该投资组合的成本就是期权的价值 每份期权价值＝借钱购买若干股股票的投资组合成本＝购买股票支出－借款数额
计算步骤 （以看涨 期权为例）	第一步：确定可能的到期日股票价格 S_u 和 S_d S_0 → 上行股价 S_u＝股票当前价格 S_0×上行乘数 u（u=1+股价上升百分比） S_0 → 下行股价 S_d＝股票当前价格 S_0×下行乘数 d（d=1-股价下降百分比） 💡 u 指的是 up，即上行股价，d 指的是 down，即下行股价 第二步：根据执行价格计算确定期权到期日价值 C_u 和 C_d C_0 → 股价上行时期权到期日价值 C_u＝max（S_u－X，0） C_0 → 股价下行时期权到期日价值 C_d＝max（S_d－X，0） 第三步：构建一个股票和借款的适当组合 $H \times S_u - B \times (1+r) = C_u$ ① $H \times S_d - B \times (1+r) = C_d$ ② ②－①，解得，$H = \dfrac{C_u - C_d}{S_u - S_d}$ 将 H 代入②式或①式，解得，$B = \dfrac{S_d \times H - C_d}{1+r}$ 第四步：计算投资组合的成本『期权价值』 期权价值 C_0＝购买股票支出－借款数额 ＝$H \times S_0 - B$

5. 甲公司的经营杠杆系数为1.5，财务杠杆系数为2。如果该公司销售额增长80%，每股收益增长（　　　）。

A. 120%　　　　　　　　　　B. 160%

C. 240%　　　　　　　　　　D. 280%

🔊 · 【解析】选项C正确，联合杠杆系数＝经营杠杆系数×财务杠杆系数＝每股收益变化的百分比/营业收入变化的百分比。本题中，每股收益增长率＝经营杠杆系数×财务杠杆系数×销售额增长率＝1.5×2×80%＝240%。综上，本题应选 C。

🔓·【答案】C

📝·【真题点评】本题考查联合杠杆系数的计算，涉及第 9 章的内容，属于计算型的知识点。该类题目在历年考试中考查方式较为灵活，本题就将联合杠杆系数的定义式与计算式结合起来考查，考生在学习过程中应从原理出发，理解并记忆联合杠杆系数的定义式和两个计算式，并在此基础上灵活应对考题。

✈·【知识速递】本题涉及知识点：联合杠杆系数

项目		内容
	定义	联合杠杆系数反映的是营业收入的变化对每股收益的影响程度。之所以叫联合杠杆，是因为它把经营杠杆和财务杠杆的作用进行了叠加，也称为总杠杆
计算公式	定义式	联合杠杆系数（DTL）＝ $\dfrac{每股收益变化的百分比}{营业收入变化的百分比}$ ＝ $\dfrac{\Delta EPS/EPS}{\Delta S/S}$
	计算式 1	$DTL=DOL \times DFL$（根据经营杠杆系数和财务杠杆系数的定义式得出）
	计算式 2	$$DTL=\dfrac{EBIT+F}{EBIT-I-\dfrac{PD}{1-T}}=\dfrac{M}{EBIT-I-\dfrac{PD}{1-T}}$$ 💡 根据经营杠杆系数和财务杠杆系数的计算式得出
	对财务管理的意义	①企业的成本结构和融资结构固定时，管理层可以通过联合杠杆系数快速判断收入的变化对每股收益的影响 ②联合杠杆系数可以为企业风险管理提供依据，经营风险与财务风险可以高低搭配，二者一般不能同时都高

6. 甲公司 2020 年度利润分配方案：向全体股东每 10 股送 2 股转增 4 股并派发现金股利 2 元。2021 年 5 月 12 日是股利宣告日，当日收盘价 108 元；5 月 18 日是股权登记日，当日收盘价 107 元。甲公司股票的除权参考价为（　　）元/股。

A. 66.75　　　　　　　　　　　　　B. 67.38

C. 76.29　　　　　　　　　　　　　D. 77

🔊·【解析】选项 A 正确，甲公司股票的除权参考价＝$\dfrac{107-2/10}{1+2/10+4/10}$＝66.75（元/股）。综上，本题应选 A。

🔓·【答案】A

📝·【真题点评】本题考查了股票的除权参考价，涉及第 11 章的内容，属于计算型的知识点。考生要正确作答这道题目，需要熟练记忆股票除权参考价的计算公式，排除题干中"股利宣告日股票收盘价"这一干扰信息。

✈·【知识速递】本题涉及知识点：股利的种类、支付程序与分配方案

在除息日，上市公司发放现金股利、股票股利以及资本公积转增资本后：

$$股票的除权参考价 = \frac{股权登记日收盘价 - 每股现金股利}{1 + 送股率 + 转增率}$$

7．甲公司采用随机模式进行现金管理，现金余额最低为 1 000 万元，现金返回线为 5 000 万元，现金余额控制的上限应该是（　　）万元。

A. 10 000　　　　　　　　　　　B. 11 000

C. 12 000　　　　　　　　　　　D. 13 000

🔊·【解析】选项 D 正确，根据随机模式，现金余额控制的上限 =3×5 000-2×1 000=13 000（万元）。综上，本题应选 D。

🔒·【答案】D

📝·【真题点评】本题考查随机模式下现金持有量上限的计算，涉及第 12 章的内容，属于计算型的知识点，考生直接利用"现金持有量上限 $H=3R-2L$"的计算公式求解即可。

✈·【知识速递】本题涉及知识点：现金管理

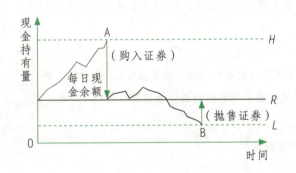

如左图所示：

现金持有量上限：$H=3R-2L$

现金持有量下限：L

现金返回线：$R=\sqrt[3]{\dfrac{3b\delta^2}{4i}}+L$

其中，b：每次有价证券的固定转换成本；

i：有价证券的日利息率；

δ：预期每日现金余额波动的标准差。

8．甲公司生产 X 产品，设有供电和锅炉两个辅助生产车间。2021 年 7 月，供电车间发生生产费用 315 000 元，供电 450 000 度，其中锅炉车间 30 000 度、X 产品 320 000 度、基本生产车间 60 000 度、行政管理部门 40 000 度；锅炉车间发生生产费用 119 000 元，提供热力蒸汽 150 000 吨，其中供电车间 10 000 吨、X 产品 100 000 吨、基本生产车间 25 000 吨、行政管理部门 15 000 吨。甲公司采用直接分配法分配辅助生产成本，供电车间的分配率是（　　）元／度。

A. 0.70　　　　　　　　　　　B. 0.72

C. 0.75　　　　　　　　　　　D. 0.85

🔊·【解析】选项 C 正确，采用直接分配法时，供电车间的分配率 $=\dfrac{315\ 000}{450\ 000-30\ 000}=0.75$（元／度）。综上，本题应选 C。

🔓 ·【答案】C

📝 ·【真题点评】本题考查直接分配法下辅助生产费用分配率的计算，涉及第13章的内容，属于计算型的知识点。考生在备考这一知识点时，可将直接分配法与交互分配法进行对比学习，掌握两种方法下辅助生产费用的分配、两种方法的特点和适用情形。

✈ ·【知识速递】本题涉及知识点：辅助生产费用的归集和分配

直接分配法下，

辅助生产的单位成本

$$= \frac{辅助生产费用总额}{辅助生产的产品（或劳务）总量 - 对其他辅助部门提供的产品（或劳务）量}$$

9.【该题已根据新大纲改编】甲公司本月发生固定制造费用 15 800 元，实际产量 1 000 件，实际工时 1 200 小时。企业生产能力为 1 500 小时；每件产品标准工时 1 小时，标准分配率 10 元／小时，即每件产品固定制造费用标准成本 10 元。固定制造费用闲置能力差异是（　　）。

A. 800 元不利差异　　　　　　　　　　B. 2 000 元不利差异

C. 3 000 元不利差异　　　　　　　　　　D. 5 000 元不利差异

🔊 ·【解析】选项C正确，固定制造费用闲置能力差异 =（1 500-1 200）×10=3 000（元）（U），即不利差异 3 000 元。综上，本题应选C。

🔓 ·【答案】C

📝 ·【真题点评】本题考查固定制造费用差异分析的三因素分析法，涉及第14章的内容，属于计算型的知识点。要正确作答这道题目，考生需熟练掌握三因素分析法下各项差异的计算公式，代入数据即可求解。

✈ ·【知识速递】本题涉及知识点：标准成本的差异分析

二因素分析法 VS 三因素分析法

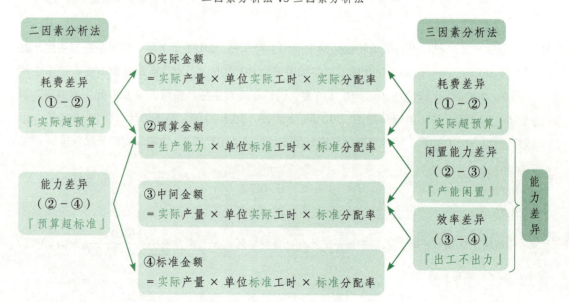

10. 甲公司销售员月固定工资 5 000 元，在此基础上，每月完成销售额 10 万元后，还可按销售额的 5% 提成。根据成本性态分析，销售员的月工资是（　　）。

A. 半变动成本 　　　　　　　　　　B. 阶梯式成本

C. 半固定成本 　　　　　　　　　　D. 延期变动成本

🔊 · **【解析】** 选项 D 正确，本题中，销售员完成的销售额在 10 万元以内时，工资为 5 000 元，超过 10 万元的部分，按照销售额的 5% 提成，符合延期变动成本的特征。综上，本题应选 D。

🔒 · **【答案】** D

📝 · **【真题点评】** 本题考查了混合成本的类型，涉及第 16 章的内容，属于理解型的知识点。考生要正确作答这道题目，需在理解混合成本性态的基础上对工资进行分析。此外，考生还需注意半变动成本和延期变动成本的区别在于，半变动成本存在一个与业务量无关的初始成本。

✈ · **【知识速递】** 本题涉及知识点：成本性态分析

混合成本的分类

类别	概念	图示	举例
半变动成本	在初始成本的基础上随业务量正比例增长的成本 $y=a+bx$ 💡 半变动成本表现为变动成本，只是存在一个初始成本，该初始成本与业务量无关	总成本（y）；a；变动成本；固定成本；0；业务量（x）	电费和电话费等公用事业费、燃料、维护和修理费等
阶梯式成本	总额随业务量呈阶梯式增长的成本，亦称步增成本或半固定成本	总成本（y）；0；业务量（x）	受开工班次影响的动力费、整车运输费用、检验人员工资等
延期变动成本	在一定业务量范围内总额保持稳定，超出特定业务量则开始随业务量同比例增长的成本 💡 延期变动成本在一定的业务量范围内表现为固定成本，超出该业务量表现为变动成本	总成本（y）；0；业务量（x）	在正常业务量情况下给员工支付固定月工资，当业务量超过正常水平后则需支付加班费的人工成本

11. 甲公司生产和销售多种产品，其中 X 产品单价 300 元，单位变动成本 220 元，专属固定成本总额 950 000 元。预计 2021 年可销售 X 产品 1 万台，若 X 产品停产，甲公司息税前利润的变化是（　　）。

A. 上升 15 万元
B. 下降 15 万元
C. 上升 80 万元
D. 下降 80 万元

🔊 ·【解析】选项 A 正确，如果 X 产品停产，则专属固定成本 950 000 元也不会发生，专属固定成本属于决策相关成本，X 产品为甲公司带来的息税前利润变化 =（300−220）×1−950 000/10 000 =−15（万元），因此，X 产品停产，甲公司息税前利润将上升 15 万元。综上，本题应选 A。

🔓 ·【答案】A

📝 ·【真题点评】本题考查生产决策的主要方法，涉及第 17 章的内容，属于计算型的知识点。要正确作答这道题目，考生需识别中题目中设置的"陷阱"，即固定成本 950 000 元属于 X 产品的专属成本，属于决策相关成本。

✈ ·【知识速递】本题涉及知识点：生产决策的主要方法

生产决策的主要方法—本量利分析法

项目	内容
决策指标	息税前利润 = 销售收入 − 总成本 =（单价 P − 单位变动成本 V）× 销量 Q − 固定成本 F
决策原则	息税前利润高的方案为优 💡 采用该方法进行短期经营决策时，要求变动成本与固定成本均为相关成本

12. 甲公司正在编制 2022 年度预算。在直接材料预算中，第三、第四季度直接材料的预计生产需用量分别为 1.5 吨和 2 吨，价格 100 万元／吨，每季度末材料存量为下季度生产需用量的 10%，年末材料留存 0.5 吨，则 2022 年第四季度采购金额为（　　）万元。

A. 170
B. 180
C. 230
D. 250

🔊 ·【解析】选项 C 正确，2022 年第四季度预计材料采购量 = 预计生产需用量 + 预计期末材料存量 − 预计期初材料存量 =2+0.5−2×10%=2.3（吨），预计材料采购金额 =2.3×100=230（万元）。综上，本题应选 C。

🔓 ·【答案】C

📝 ·【真题点评】本题考查直接材料预算，涉及第 18 章的内容，属于计算型的知识点。要正确作答这道题目，考生需牢记"预计材料采购量 = 预计生产需用量 + 预计期末材料存量 − 预计期初材料存量"这一等式，正确代入数值计算即可。

✈ ·【知识速递】本题涉及知识点：营业预算的编制
直接材料预算是以生产预算为基础编制的，还要考虑预算期期初、期末的材料存量。

预计材料采购量 = 预计生产需用量 + 预计期末材料存量 − 预计期初材料存量

预计期末材料存量 = 预计下期生产需用量 × a%

预计期初材料存量 = 上期期末材料存量

预计现金支出 = 本期采购本期支付采购款 + 前期采购本期支付采购款

13. 甲公司是一家中央企业，采用国资委经济增加值考核办法进行业绩评价。2020 年公司净利润9.5 亿元；利息支出 5 亿元，其中资本化利息支出 2 亿元，研发支出 3 亿元，全部费用化；调整后资本 120 亿元，资本成本率 6%；企业所得税税率 25%。2020 年甲公司经济增加值是（　　）亿元。

A. 6.05　　　　　　　　　　B. 6.8

C. 7.55　　　　　　　　　　D. 8.3

· 【解析】选项 B 正确，税后净营业利润 =9.5+（5−2+3）×（1−25%）=14（亿元），简化的经济增加值 =14−120×6%=6.8（亿元）。综上，本题应选 B。

· 【答案】B

· 【真题点评】本题考查了简化的经济增加值的计算，涉及第 20 章的内容，属于计算型的知识点。要正确作答这道题目，考生需准确计算税后净营业利润，排除资本化利息的干扰。

· 【知识速递】本题涉及知识点：经济增加值

简化的经济增加值

（1）基本公式

经济增加值 = 税后净营业利润 − 资本成本

= 税后净营业利润 − 调整后资本 × 平均资本成本率

①税后净营业利润 = 净利润 +（利息支出 + 研究开发费用调整项）×（1−25%）

②调整后资本 = 平均所有者权益 + 平均带息负债 − 平均在建工程

③平均资本成本率 = 债权资本成本率 × $\dfrac{平均带息负债}{平均带息负债 + 平均所有者权益}$ ×（1−25%）+

股权资本成本率 × $\dfrac{平均所有者权益}{平均带息负债 + 平均所有者权益}$

二、多项选择题（本题型共 12 小题，每小题 2 分，共 24 分。每小题均有多个正确答案，请从每小题的备选答案中选出你认为正确的答案，用鼠标点击相应的选项。每小题所有答案选择正确的得分，不答、错答、漏答均不得分。）

1. 下列各项影响因素中，能够增强公司短期偿债能力的有（　　）。

A. 良好的公司声誉　　　　　　B. 可动用的银行授信额度

C. 可快速变现的非流动资产　　D. 公司股价上涨

🔊·【解析】短期偿债能力是指企业以流动资产偿还流动负债的能力。选项A、B、C符合题意，其属于能够增强公司短期偿债能力的因素；选项D不符合题意，根据公司股价上涨无法确定是否能增强公司短期偿债能力。综上，本题应选ABC。

🔒·【答案】ABC

📝·【真题点评】本题考查影响短期偿债能力的表外因素，涉及第2章的内容，属于理解型的知识点。该考点考频较低，考生在备考该知识点时，无须死记硬背，在掌握"短期偿债能力"这个知识点后，通过逐一分析各选项，即可得出答案。

🏹·【知识速递】本题涉及知识点：影响偿债能力的其他因素（表外因素）

维度	增强因素	降低因素
短期偿债能力	①可动用的银行授信额度 ②可快速变现的非流动资产 ③偿债的声誉	与担保有关的或有负债事项
长期偿债能力	—	①债务担保 ②未决诉讼

2. 甲证券的期望报酬率是12%，标准差是10%；乙证券的期望报酬率是20%，标准差是15%。假设不允许买空卖空，下列关于甲乙证券投资组合的说法中，正确的有（　　）。

　　A. 期望报酬率介于12%和20%之间

　　B. 标准差介于10%和15%之间

　　C. 最小方差组合是100%投资于甲证券

　　D. 最大期望报酬率组合是100%投资于乙证券

🔊·【解析】选项A、D正确，投资组合的期望报酬率是各资产期望报酬率的加权平均数，将资金全部投资于甲证券时，甲乙证券构成的投资组合的期望报酬率最低，为12%；将资金全部投资于乙证券时，甲乙证券构成的投资组合的期望报酬率最高，为20%；甲乙证券投资组合的期望报酬率介于12%和20%之间。选项B、C错误，如果甲乙证券期望报酬率的相关系数小于1，投资组合会产生风险分散化效应，并且相关系数越小，风险分散化效应越强。因此，投资组合最低的标准差有可能低于单项资产的最低标准差（10%），最小方差组合不一定是100%投资于甲证券。综上，本题应选AD。

🔒·【答案】AD

📝·【真题点评】本题考查两种证券组合风险与报酬之间的关系，涉及第3章的内容，属于理解型的知识点。考生在作答该题时，可以通过画证券组合的机会集曲线这种简便方法来快速判断出正确答案。

🏹·【知识速递】本题涉及知识点：投资组合的风险与报酬

当改变相关系数后，机会集曲线如下图所示：

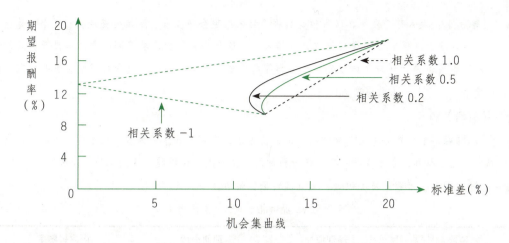

机会集曲线

3. 在进行期限不同互斥项目的选择时，共同年限法和等额年金法的共同缺点有（　　）。

A. 忽视了货币的时间价值

B. 无法用于投资额不同项目的优选决策

C. 未考虑通货膨胀严重时的重置成本上升问题

D. 未考虑技术进步快的投资领域的项目投资不可重复问题

🔊·【解析】选项C、D符合题意，共同年限法和等额年金法的共同缺点有：（1）对于技术进步快的项目，不可能原样复制（选项D）；（2）没有考虑通货膨胀因素的影响（选项C）；（3）没有考虑竞争带来的影响。综上，本题应选CD。

🔒·【答案】CD

📝·【真题点评】本题考查共同年限法和等额年金法的共同缺点，涉及第5章的内容，属于识记型的知识点。备考这一知识点时，考生可在理解共同年限法与等额年金法原理的基础上记忆其共同缺点。

✈·【知识速递】本题涉及知识点：互斥项目的评价方法

共同年限法 VS 等额年金法

项目	说明
适用情形	重置概率很高的项目
共同缺点	①对于技术进步快的项目，不可能原样复制 ②没有考虑通货膨胀因素的影响 ③没有考虑竞争带来的影响
简化做法	对于预计项目年限差别不大的项目，可直接比较净现值，不需要重置现金流

4. 下列各项指标中，改变折现率影响其计算结果的有（　　）。

A. 净现值　　　　　　　　　　B. 内含报酬率

C. 会计收益率　　　　　　　　D. 动态回收期

· **【解析】**选项 A 符合题意，净现值是根据项目未来现金净流量、原始投资额和折现率计算出来的，因此，改变折现率会影响净现值的计算结果；选项 D 符合题意，动态回收期是指投资引起的未来现金净流量现值累计到与原始投资额现值相等所需要的时间，因此，改变折现率会影响动态回收期的计算结果。综上，本题应选 AD。

· **【答案】** AD

· **【真题点评】**本题考查的是独立项目的评价方法，涉及第 5 章的内容，属于理解型的知识点。要正确作答这道题目，考生需理解各个评价指标的计算公式，在理解公式的基础上作答。

· **【知识速递】**本题涉及知识点：独立项目的评价方法

净现值 VS 现值指数 VS 内含报酬率

项目	净现值	现值指数	内含报酬率
计算公式	A-B	A÷B	A=B 时的折现率
决策原则	评价单一方案时，结论一致 净现值＞0，现值指数＞1，内含报酬率＞资本成本，应予采纳 净现值 =0，现值指数 =1，内含报酬率 = 资本成本，可选择采纳或不采纳 净现值＜0，现值指数＜1，内含报酬率＜资本成本，应予放弃		
是否考虑时间价值	是	是	是
指标性质	绝对值指标	相对值指标	相对值指标
指标反映的收益特性	投资的效益	投资的效率	投资的效率
是否受预设折现率的影响	是	是	否
是否反映项目本身的报酬率	否	否	是

注：上表中 A 和 B 分别指未来现金净流量总现值和原始投资额总现值。

5.关于连续付息的平息债券，下列说法中正确的有（　　　）。

　　A.当折现率等于票面利率时，债券价值一直等于票面价值

　　B.当折现率大于票面利率时，债券价值到期前一直低于票面价值

　　C.当折现率小于票面利率时，债券价值到期前一直高于票面价值

　　D.随着到期时间的缩短，折现率变动对债券价值的影响越来越小

· **【解析】**选项 A、B、C 正确，在连续支付利息的情形下，当折现率高于票面利率时，随着时间向到期日靠近，债券价值逐渐提高，最终等于债券面值；当折现率等于票面利率时，债券价值一直等于票面价值；当折现率低于票面利率时，随着时间向到期日靠近，债券价值逐渐下降，最终等于债券面值。选项 D 正确，随着到期时间的缩短，折现率变动对债券价值的影响越来越小，债券价值对折现率特定变化的反应越来越不灵敏。综上，本题应选 ABCD。

🔓 ·【答案】ABCD

📝 ·【真题点评】本题考查债券价值的影响因素，涉及第6章的内容，属于理解型的知识点，考查频率较高。考生在做题时需注意题目中已知的付息方式是"连续付息"，说明债券的价值变化是一段平滑的曲线。如果付息方式是"间隔付息"，那么债券价值呈周期性波动。

✈ ·【知识速递】本题涉及知识点：债券价值的影响因素

影响因素 ＼ 类型	平价发行	溢价发行	折价发行
付息频率	有效年折现率不变时，付息频率越快（即付息周期越短），债券价值越高		
付息方式 · 连续付息	债券价值始终等于债券面值 	债券价值逐渐下降，最终等于债券的面值 	债券价值逐渐提高，最终等于债券的面值
付息方式 · 间隔付息	①债券价值在付息前先上升，割息后下降 ②周期性波动持平，有可能高于或等于面值 	①债券价值在付息前先上升，割息后下降 ②周期性波动下降，始终高于面值 	①债券价值在付息前先上升，割息后下降 ②周期性波动上升，有可能高于、等于或小于面值

6. 下列关于股票回购的说法中，正确的有（　　　）。

A. 股票回购可以降低财务杠杆

B. 股票回购可以调节所有权结构

C. 股票回购能向市场传递股价被低估的信号

D. 股票回购可以避免股利波动带来的负面影响

🔊 ·【解析】选项A错误，通过股票回购可以提高负债率，改变公司的资本结构，从而提高财务杠杆。综上，本题应选BCD。

🔓 ·【答案】BCD

📝·【真题点评】本题考查股票回购对公司的意义，涉及第11章的内容，属于理解型的知识点。在备考这一知识点时，考生可将股票回购与现金股利进行对比学习，理解股票回购对公司的意义。

✈·【知识速递】本题涉及知识点：股票回购

股票回购的意义

对象	意义
股东	理论上，股票回购后股东得到的资本利得需缴纳资本利得税，发放现金股利后股东需缴纳股利收益税，在资本利得税率低于股利收益税率的情况下，股东将得到纳税上的好处，现实中，股票回购对股东利益具有不确定的影响
公司	有利于增加公司价值： ①向市场传递股价被低估的信号，股票回购的市场反应通常是提升了股价 ②有助于提高每股收益，同时减少了公司自由现金流，降低了管理层的代理成本 ③避免股利波动带来的负面影响 ④发挥财务杠杆的作用，股票回购可以提高负债率，改变资本结构，有助于降低加权平均资本成本 ⑤减少外部流通股的数量，提高股票价格，在一定程度上降低公司被收购的风险 ⑥调节所有权结构

7. 下列各项材料数量差异中，应由生产部门负责的有（　　　）。

　　A. 工人操作疏忽导致废料增加

　　B. 工艺流程管理不善造成用料增多

　　C. 购入材料质量不稳定造成使用量超标

　　D. 机器设备没有正常操作导致多耗材料

🔊·【解析】选项C不符合题意，有时用料量增多并非生产部门的责任，可能是由于购入材料质量低劣、规格不符使用量超过标准，此时，应由采购部门负责并说明原因。综上，本题应选ABD。

🔓·【答案】ABD

📝·【真题点评】本题考查了变动成本差异分析，涉及第14章的内容，属于理解型的知识点。在备考这一知识点时，考生需掌握差异形成的原因和环节、差异大小的计算及差异的责任归属。

✈·【知识速递】本题涉及知识点：标准成本的差异分析

直接材料差异分析

项目	价格差异	数量差异
计算公式	价格差异＝实际数量×（实际价格－标准价格）	数量差异＝（实际数量－标准数量）×标准价格

（续表）

项目	价格差异	数量差异
形成原因	供应厂家调整售价、本企业未批量进货、未能及时订货造成的紧急订货、采购时舍近求远使运费和途耗增加、使用不必要的快速运输方式、违反合同被罚款、承接紧急订货造成额外采购等 💡 材料的价格差异都是与材料采购相关的，可能是材料本身的价格导致的，也可能是材料运输导致的，还可能是企业采购批量的原因导致的	工人操作疏忽造成废品或废料增加、操作技术改进而节省材料、新工人上岗造成用料增多、机器或工具不适造成用料增加等 购入材料质量低劣、规格不符使用量超标准、工艺变更、检验过严 💡 材料的数量差异可能是材料使用者的原因导致的，也可能是材料本身的质量问题导致的，也可能是生产流程正常变化导致的
责任归属	由材料的采购部门负责	主要由生产部门负责，也可能由采购部门负责

8. 甲公司是一家电子产品生产企业，从事电子产品的设计、生产和销售，按照客户订单分批组织生产，间接加工费按照作业成本法分配。下列关于作业成本库设计的说法中，正确的有（　　）。

A. 产品设计作业属于品种级作业　　　　B. 产品订单处理属于批次级作业

C. 产品组装作业属于单位级作业　　　　D. 产品包装作业属于维持级作业

🔊 · 【解析】选项 D 错误，电子产品包装属于单位级作业。综上，本题应选 ABC。

🔓 · 【答案】ABC

📝 · 【真题点评】本题考查作业成本库的设计，涉及第 15 章的内容，属于识记型的知识点。要正确作答这道题目，考生需熟悉各类作业成本的举例。

✈ · 【知识速递】本题涉及知识点：作业成本计算

作业成本库按作业成本动因可分为如下四类：

种类	含义	特征	举例
单位级作业成本库	每一单位产品至少要执行一次的作业	单位级作业成本是直接成本，可以追溯到每个单位产品上，直接计入成本对象的成本计算单，与产量呈正比例变动	机器加工、组装等
批次级作业成本库	同时服务于每批产品或许多产品的作业	批次级作业成本取决于批次，而不是每批中单位产品的数量，与批次呈正比例变动	生产前机器调试、成批产品转移至下一工序的运输、成批采购和检验等
品种级（产品级）作业成本库	服务于某种型号或样式产品的作业	品种级作业成本仅仅因为某个特定的产品品种存在而发生，随产品品种数而变化，不随产量、批次数而变化	产品设计、产品更新、产品生产工艺规程制定、工艺改造等

（续表）

种类	含义	特征	举例
生产维持级作业成本库	服务于整个工厂的作业	生产维持级作业是为了维护生产能力而进行的作业，不依赖于产品的数量、批次和种类	工厂保安、维修、行政管理、保险、财产税等

9. 下列各项费用中，通常属于酌量性固定成本的有（　　　）。

  A. 广告宣传费   B. 实习培训费

  C. 新品研发费   D. 照明取暖费

🔊·【解析】选项 A、B、C 符合题意，酌量性固定成本是可以通过管理决策行动而改变数额的固定成本，科研开发费、广告费、职工培训费等均属于酌量性固定成本。选项 D 不符合题意，照明取暖费属于约束性固定成本。综上，本题应选 ABC。

🔒·【答案】ABC

📝·【真题点评】本题考查成本性态分析，涉及第 16 章的内容，属于识记型的知识点。在备考这一知识点时，考生需熟练掌握固定成本、变动成本以及混合成本的分类及举例。

✈·【知识速递】本题涉及知识点：成本性态分析

固定成本的分类

类型	说明	举例
约束性固定成本	①提供和维持生产经营所需设施、机构而发生的成本 ②属于企业"经营能力成本"，是企业为了维持一定的业务量所必须负担的最低成本	固定资产折旧费、财产保险、管理人员工资、取暖费、照明费
酌量性固定成本	①可以通过管理决策行动而改变数额的固定成本 ②为完成特定活动而发生的固定成本，也是一种提供生产经营能力的成本	科研开发费、广告费、职工培训费

10. 下列关于本量利分析基本模型假设的说法中，正确的有（　　　）。

  A. 企业的总成本按其性态可以近似地描述为线性模型

  B. 本量利分析的"量"指的是销售数量，并假设产销平衡

  C. 在多品种生产和销售的企业中，各产品销售收入在总收入中占比不变

  D. 区分一项成本是变动成本还是固定成本，需限定在一定的相关范围内

🔊·【解析】选项 A 正确，企业的总成本按性态可以或者可以近似地描述为 y=a+bx，即线性模型。选项 B 正确，本量利分析基本模型的线性假设包括产销平衡假设，本量利分析的"量"指的是销售数量。选项 C 正确，本量利分析基本模型的线性假设包括品种结构不变假设，即指在一个多品种生产和销售的企业中，各种产品的销售收入在总收入中所占的比重不会发生变化。选项 D 正确，成本按性态划分的基本假设构成了本量利分析的基本假设。区分一项成本是变动成本还是固定成本时，均限定

在一定的相关范围内。综上，本题应选 ABCD。

🔓·【答案】ABCD

📝·【真题点评】本题考查了本量利分析基本模型的相关假设，涉及第16章的内容，属于识记型的知识点。备考这一知识点时，考生需记忆本量利分析基本模型的相关假设，并理解各假设的含义。

✈·【知识速递】本题涉及知识点：本量利分析基本模型

本量利分析基本模型的相关假设

假设条件	说明
相关范围假设	①期间假设：固定成本与变动成本的固定性与变动性均体现在特定的期间内 ②业务量假设：固定成本和变动成本是在一定业务量范围内分析和计量的结果
模型线性假设	①固定成本不变假设 ②变动成本与业务量呈完全线性关系假设（即单位变动成本不变） ③销售收入与销售数量呈完全线性关系（即销售价格不变）
产销平衡假设	本量利分析的"量"是指销售数量而非生产数量，在销售价格不变的条件下，这个量有时是指销售收入
品种结构不变假设	各种产品的销售收入在总收入中所占的比重不会发生变化

11. 下列关于零基预算法的说法中，正确的有（　　　）。

　A. 零基预算法的主要缺点是编制工作量大

　B. 零基预算法假设原有各项业务及金额都合理

　C. 不经常发生的预算项目适合用零基预算法编制

　D. 不受前期费用项目和费用水平的制约是零基预算法的优点之一

🔊·【解析】选项B错误，增量预算法（而非零基预算法）假设原有的各项业务及金额都是合理的。综上，本题应选 ACD。

🔓·【答案】ACD

📝·【真题点评】本题考查零基预算法的特点，涉及第18章的内容，属于识记型的知识点。考生在备考这一知识点时，可将零基预算法与增量预算法进行对比学习，掌握两种方法的特点及适用情形。

✈·【知识速递】本题涉及知识点：全面预算的编制方法

增量预算法与零基预算法

方法	概念	说明	优缺点
增量预算法（调整预算法）	以历史期实际经济活动及其预算为基础，结合预算期经济活动及相关影响因素的变动情况，通过调整历史期经济活动项目及金额形成预算『基于过去』	前提条件： ①现有的业务活动是企业所必需的 ②原有的各项业务都是合理的	缺点：当预算期的情况发生变化时，预算数额会受到基期不合理因素的干扰，可能导致预算的不准确，不利于调动各部门达成预算目标的积极性

（续表）

方法	概念	说明	优缺点
零基预算法	企业不以历史期经济活动及其预算为基础，以零为起点，从实际需要出发分析预算期经济活动的合理性，经综合平衡形成预算『从头再来』	适用情况：适用于企业各项预算的编制，特别是不经常发生的预算项目或预算编制基础变化较大的预算项目	优点：不受前期费用项目和费用水平的制约，能够调动各部门降低费用的积极性 缺点：编制工作量大

12. 甲生产车间是一个标准成本中心，下列考核指标中应由甲车间负责的有（　　）。

　　A. 设备利用程度　　　　　　　　　B. 计划产量完成情况

　　C. 生产工艺标准的执行情况　　　　D. 产品工时标准的执行情况

🔊 ·【解析】选项 A 不符合题意，标准成本中心不需要作出定价决策、产量决策或产品结构决策，因此，标准成本中心不对生产能力的利用程度负责。选项 B、C、D 符合题意，标准成本中心的考核指标，是既定产品质量和数量条件下可控的标准成本，标准成本中心必须按规定的质量、时间标准和计划产量来进行生产。综上，本题应选 BCD。

🔒 ·【答案】BCD

📝 ·【真题点评】本题考查了成本中心的考核指标，涉及第 19 章的内容，属于识记型的知识点。在备考这一知识点时，考生可将标准成本中心和费用中心进行对比学习。

✈ ·【知识速递】本题涉及知识点：成本中心概述

标准成本中心和费用中心

项目	标准成本中心	费用中心
划分依据	所生产的产品稳定而明确，并且已经知道单位产品所需要的投入量的责任中心	产出不能用财务指标来衡量，或者投入与产出之间没有密切关系的部门或单位
特征	投入和产出之间存在函数关系，各种行业都可能建立标准成本中心	唯一可以准确计量的是实际费用，无法通过投入和产出的比较来评价其效果和效率，从而限制无效费用的支出
考核指标	既定产品质量和数量条件下可控的标准成本 💡 不对生产能力的利用程度（固定制造费用闲置能力差异）负责，而只对既定产量的投入量承担责任	通常使用可控费用预算来评价费用中心的控制业绩 💡 在考核预算完成情况时，要利用有经验的专业人员对该费用中心的工作质量和服务水平作出有根据的判断，才能对费用中心的控制业绩作出客观评价
示例	制造业工厂、车间、工段、班组等	财务、会计、人事、劳资、计划等行政管理部门，研究开发部门，销售部门等

三、计算分析题（本题型共 4 小题 36 分。涉及计算的，要求列出计算步骤，否则不得分，除非题目特别说明不需要列出计算过程。）

1. 甲公司是一家上市公司，目前拟发行可转换债券筹集资金。乙投资机构是一家从事证券投资的专业机构，正对甲公司可转换债券进行投资的可行性分析，为此收集了甲公司的发行公告、股票价格等信息。相关资料如下：

（1）甲公司于 2021 年 12 月 20 日发布的《公开发行可转换债券发行公告》摘要。

本次发行证券的种类为可转换为公司 A 股普通股股票的可转换公司债券。本次募集资金总额为人民币 100 000 万元，发行数量为 100 万张。

本可转债每张面值人民币 1 000 元，票面利率 5%，每年末付息一次，到期归还本金。

本可转债按面值发行，期限为自发行之日起 10 年，即 2022 年 1 月 1 日至 2031 年 12 月 31 日。本可转债的转股期自可转债发行结束之日满六个月后的第一个交易日起至可转债到期日止，转股价格为 100 元／股。在转股期内，如果可转债的转换价值高于 1 500 元时，公司董事会有权以 1 080 元的价格赎回全部未转股的可转债。

（2）预计债券发行后，甲公司普通股每股市价 55 元，公司进入生产经营稳定增长期，可持续增长率 12%。

（3）假定转股必须在年末进行，赎回在达到赎回条件后可立即执行。

（4）市场上等风险普通债券市场利率 8%。

要求：

（1）什么是赎回条款？为什么设置赎回条款？什么是有条件赎回？

🔒 ·**【答案】**赎回条款是可转换债券的发行企业可以在债券到期日之前提前赎回债券的规定。

设置赎回条款是为了促使债券持有人转换股份，因此又被称为加速条款；同时，也能使发行公司避免市场利率下降后，继续向债券持有人按较高的债券票面利率支付利息所蒙受的损失。

有条件赎回是对赎回债券有一些条件限制，只有在满足了这些条件之后才能由发行企业赎回债券。

📝 ·**【真题点评】**本题考查可转换债券的主要条款，涉及第 10 章的内容。考生在学习可转换债券这个知识点时，除了要重点掌握可转换债券底线价值、资本成本的计算，还要理解并记忆可转换债券的理论知识。

✈ ·**【知识速递】**本题涉及知识点：可转换债券筹资

可转换债券的主要条款——赎回条款

①含义：是可转换债券的发行企业可以在债券到期日之前提前赎回债券的规定，包括不可赎回期（保护债券持有人的利益，防止发行企业滥用赎回权）、赎回期、赎回价格、赎回条件等；

②目的：促使债券持有人转换股份，因此又被称为加速条款；同时也能使发行公司避免市场利率下降后，继续向债券持有人按较高的债券票面利率支付利息所蒙受的损失。

（2）计算每张可转换债券第 8 年末和第 9 年末的转换价值。

🔊 ·**【解析】**可转换时点时转换价值 = 转换时的股票市价 × 转换比率

转换比率 = 债券面值 ÷ 转换价格

🔓·【答案】每张可转换债券第8年末的转换价值 =55×（F/P，12%，8）×（1 000/100）=1 361.80（元）；

每张可转换债券第9年末的转换价值 =55×（F/P，12%，9）×（1 000/100）=1 525.21（元）。

📋·【真题点评】本题考查可转换债券转换价值的计算，涉及第10章的内容，属于计算型的知识点。题目已知债券发行后的普通股每股市价和可持续增长率，据此可知股价增长率并计算出转换时的股票市价。

✂·【知识速递】本题涉及知识点：可转换债券筹资

可转换债券的主要条款——转换条款

主要条款		内容
转换条款	可转换性	①在资产负债表上只是负债转换为普通股，并不增加额外的资本 ②是一种期权，持有人可以自由选择是否转换
	转换价格	发行时规定的转换发生时投资者为取得普通股每股所支付的实际价格。转换价格通常比发行时的股价高出20%~30%
	转换比率	转换比率是债权人将一份债券转换成普通股可获得的普通股股数 转换比率 = 债券面值 ÷ 转换价格
	转换期	转换期是指可转换债券转换为股份的起始日至结束日的期间 可转换债券的转换期可以与债券的期限相同，也可以短于债券的期限。超过转换期后的可转换债券，不再具有转换权，自动成为不可转换债券（或普通债券）

（3）计算每张可转换债券第8年末（付息后）的纯债券价值和底线价值，判断债券持有者是否应在第8年末转股，并说明理由。

🔓·【答案】每张可转换债券第8年末（付息后）的纯债券价值 =1 000×5%×（P/A，8%，2）+1 000×（P/F，8%，2）=946.47（元）；

每张可转换债券第8年末的转换价值 =1 361.80（元）。

可转换债券的底线价值是纯债券价值和转换价值两者之中较高者，即1 361.80元。

债券持有者应在第8年末转换。

通过计算可知，第9年末转换价值将超过1 500元，因此第9年甲公司可赎回可转换债券，并且第8年末的转换价值高于赎回价格1 080元，如果债券持有者在第8年末不转股，将会遭受损失。

📋·【真题点评】本题考查可转换债券底线价值的计算，涉及第10章的内容，属于计算型的知识点。考生应熟练掌握底线价值的计算思路：先分别计算出可转换时点的纯债券价值与转换价值，再对二者进行比较，其中较高者为底线价值。

✂·【知识速递】本题涉及知识点：可转换债券筹资

可转换债券筹资——底线价值

可转换债券的底线价值，应当是纯债券价值（转换时点）和转换价值两者中较高者。

纯债券价值（可转换时点）

可转换时点 m 时纯债券的价值

= 利息 × $(P/A, r, n-m)$ + 面值 × $(P/F, r, n-m)$

VS

转换价值

可转换时点 m 时转换价值

= 转换时的股票市价 × 转换比率

（4）如果投资者在第 8 年末（付息后）转股，计算投资可转换债券的期望报酬率，判断乙投资机构是否应购买该债券，并说明原因。

📢 · 【解析】可转换债券的税前资本成本，可以用投资人的内含报酬率（IRR）来估计，根据"现金流出量总现值 = 现金流入量总现值"利用内插法求解 IRR 即可，等式如下：

购买价款 = 利息 × $(P/A, IRR, m)$ + m 时点底线价值 × $(P/F, IRR, m)$

🔓 · 【答案】假设投资可转换债券的期望报酬率为 K，则：

$1\ 000 = 1\ 000 × 5\% × (P/A, K, 8) + 1\ 361.80 × (P/F, K, 8)$

当 K=8% 时，$1\ 000 × 5\% × (P/A, 8\%, 8) + 1\ 361.80 × (P/F, 8\%, 8) = 1\ 023.11$（元），

当 K=9% 时，$1\ 000 × 5\% × (P/A, 9\%, 8) + 1\ 361.80 × (P/F, 9\%, 8) = 960.23$（元），

根据内插法，$(K-8\%)/(9\%-8\%) = (1\ 000-1\ 023.11)/(960.23-1\ 023.11)$，

解得：K=8.37%。

乙投资机构应当购买该债券。

因为乙投资机构的投资报酬率 8.37% 高于等风险普通债券的市场利率 8%，对投资者有一定的吸引力。

📝 · 【真题点评】本题考查可转换债券的（税前）资本成本的计算，涉及第 10 章的内容，属于计算型的知识点。可转换债券的现金流出包括初始 0 时点购买可转换债券的总价款，现金流入包括债券转换前每年末票面利息以及转换时点的底线价值，令现金流出量总现值 = 现金流入量总现值，求解 IRR 即可求出可转换债券的（税前）资本成本。

✈ · 【知识速递】本题涉及知识点：可转换债券筹资

项目	内容
决策原则	计算出来的内含报酬率必须处在普通债券的市场利率和税前普通股成本之间，才可以被发行人和投资人同时接受 即：普通债券市场利率 < 可转换债券投资人的内含报酬率 < 税前普通股成本
条款修改	当投资人的内含报酬率小于普通债券的市场利率时，可以采取下列措施使其达到可行区间： ①提高债券的票面利率 ②提高转换比率（降低转换价格） ③延长赎回保护期间 🔒 可转换债券设置赎回保护期指在此之前发行人不可以赎回该债券

2.（本小题9分）

甲生物制药公司拟于2021年末投资建设一条新药生产线，项目期限3年。现正进行可行性研究，相关信息如下：

该项目需要一栋厂房、一套生产设备和一项特许使用权。厂房拟用目前公司对外出租的闲置厂房，租金每年200万元，每年年初收取。生产设备购置安装成本5 000万元，按直线法计提折旧，折旧年限5年，无残值，预计3年后变现价值2 500万元。特许使用权需一次性支付3 000万元，使用期限3年，按使用年限平均摊销，无残值。按税法规定，当年折旧和摊销可在当年抵扣所得税。该项目无建设期。

生产线建成后，预计新药2022年、2023年、2024年每年营业收入分别为6 000万元、7 000万元、7 000万元。每年付现固定成本500万元，付现变动成本为当年营业收入的25%。

该项目需要占用的营运资本与营业收入存在函数关系：营运资本=200万元+当年营业收入×20%。每年新增的营运资本在年初投入，项目结束时全部收回。

假设设备购置和特许使用权支出发生在2021年末，各年营业现金流量均发生在当年年末。

项目加权平均资本成本12%。企业所得税税率25%。

要求：

（1）估计该项目2021～2024年末的相关现金流量和净现值（计算过程和结果填入下方表格中）。

单位：万元

项目	2021年末	2022年末	2023年末	2024年末

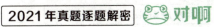

（续表）

项目	2021 年末	2022 年末	2023 年末	2024 年末
现金净流量				
折现系数				
现值				
净现值				

· 【答案】

单位：万元

项目	2021 年末	2022 年末	2023 年末	2024 年末
丧失的厂房租金收入	−200	−200	−200	
节约的厂房租金纳税		200×25%=50	50	50
设备购置安装成本	−5 000			
设备折旧抵税		5 000/5×25%=250	250	250
设备账面价值				5 000−5 000/5×3=2 000
设备变现价值				2 500
设备变现利得纳税				−（2 500−2 000）×25%=−125
特许使用权购入	−3 000			
特许使用权摊销抵税		3 000/3×25%=250	250	250
税后营业收入		6 000×（1−25%）=4 500	7 000×（1−25%）=5 250	5 250
税后付现固定成本		−500×（1−25%）=−375	−375	−375
税后付现变动成本		−4 500×25%=−1 125	−5 250×25%=−1 312.50	−1 312.50

（续表）

项目	2021年末	2022年末	2023年末	2024年末
营运资本垫支	－（200+6 000×20%）=－1 400	－（200+7 000×20%－1400）=－200		
营运资本收回				1 400+200=1 600
现金净流量	－9 600	3 150	3 912.50	8 087.50
折现系数（12%）	1	0.8929	0.7972	0.7118
现值	－9 600	2 812.64	3 119.05	5 756.68
净现值	－9 600+2 812.64+3 119.05+5 756.68=2 088.37			

📝·【真题点评】本题考查了投资项目现金流量的估计以及净现值的计算，涉及第5章的内容，属于计算型的知识点。要正确作答这道题目，考生需将题干中所涉及到的现金流入、现金流出项目逐一填列到表格中，特别需要注意设备折旧抵税、无形资产摊销抵税、因丧失厂房租金收入而节约的税金、设备变现相关现金流量等。此外还需关注营运资本金额的确定方法。

✈·【知识速递】本题涉及知识点：投资项目的现金流量分析

考虑所得税时投资项目现金流量的估计

项目	具体估计内容
建设期	①－固定资产、无形资产等长期资产投资 ②－垫支的营运资本
经营期	＋营业现金毛流量 ＝营业收入－付现营业费用－所得税 ＝税后经营净利润＋折旧 ＝营业收入×（1－税率）－付现营业费用×（1－税率）＋折旧×税率
终结点	①＋终结点长期资产变现相关现金流量： 变现价值＞账面价值，产生变现收益，需要纳税 　　资产变现相关现金流量＝变现价值－（变现价值－账面价值）×税率 变现价值＜账面价值，产生变现损失，可以抵税 　　资产变现相关现金流量＝变现价值＋（账面价值－变现价值）×税率 ②＋收回垫支的营运资本

注：上述表格中"－"表示现金流出，"＋"表示现金流入。

（2）如果项目加权平均资本成本上升到14%，其他因素不变，计算项目的净现值。

🔓·【答案】

加权平均资本成本上升到14%，净现值 $=-9\,600+\dfrac{3\,150}{1+14\%}+\dfrac{3\,912.50}{（1+14\%）^2}+\dfrac{8\,087.50}{（1+14\%）^3}$ $=1\,632.53$（万元）。

📋 · 【真题点评】本题考查了净现值的计算，涉及第5章的内容，属于计算型的知识点。考生只需在第（1）题计算的现金净流量的基础上，将14%作为折现率，计算出净现值。

✂ · 【知识速递】本题涉及知识点：独立项目的评价方法

项目	内容
含义	净现值（NPV）是指特定项目未来现金净流量现值与原始投资额现值的差额，它是评价项目是否可行的最重要的指标
计算公式	净现值＝未来现金净流量现值－原始投资额现值
决策原则	①净现值为正数，表明投资报酬率大于资本成本，项目可以增加股东财富，应予采纳 ②净现值为零，表明投资报酬率等于资本成本，项目不改变股东财富，可选择采纳或不采纳 ③净现值为负数，表明投资报酬率小于资本成本，项目将减损股东财富，应予放弃
优点	具有广泛的适用性，在理论上也比其他方法更完善
缺点	①是绝对值，在比较投资额不同或寿命期不同的项目时有一定的局限性 ②没有揭示项目本身的投资报酬率

（3）基于要求（1）和（2）的结果，计算项目净现值对资本成本的敏感系数。

🔒 · 【答案】项目净现值对资本成本的敏感系数 $= \dfrac{(1\,632.53 - 2\,088.37)/2\,088.37}{(14\% - 12\%)/12\%} = -1.31$。

📋 · 【真题点评】本题考查了敏感系数的计算，涉及第5章的内容，属于计算型的知识点。要正确作答这道题目，考生只需结合第（1）和（2）的结果，根据"敏感系数＝目标值变动百分比／选定变量变动百分比"计算出敏感系数。

✂ · 【知识速递】本题涉及知识点：敏感分析的方法

敏感程度法

项目	说明
计算步骤	①计算项目的基准净现值（方法与最大最小法相同） ②选定一个变量，假设其发生一定幅度的变化，而其他因素不变，重新计算净现值 ③计算选定变量的敏感系数 敏感系数＝目标值变动百分比／选定变量变动百分比 ④对项目的敏感性作出判断
作用	敏感程度法向决策人展示了不同前景出现时的后果，这些信息可以帮助决策人认识项目的特有风险和应关注的重点

3.（本小题9分）

甲公司是一家制造业企业，下设一基本生产车间，生产A、B两种产品。A、B产品分别由不同的班组加工，领用不同的材料。A产品有A-1、A-2和A-3三种型号，加工工艺、耗用材料基本相同；B 产品有 B-1 和 B-2 两种型号，加工工艺、耗用材料基本相同。公司采用品种法计算产品成本，直接材料、直接人工直接计入 A、B 产品，制造费用按当月定额工时在 A、B 产品之间分配。原材料在开工时一次投入，直接人工、制造费用随加工进度陆续发生。公司先分配完工产品与月末在产品成本，再在同一产品不同型号之间分配完工产品成本，均采用定额比例法。

2021 年 7 月相关资料如下：

（1）单位完工产品定额。

产品	型号	材料定额（元/件）	工时定额（小时/件）
A 产品	A-1	1 500	8
	A-2	800	6
	A-3	400	4
B 产品	B-1	500	8
	B-2	1 000	10

（2）月初在产品实际成本。

产品	直接材料（元）	直接人工（元）	制造费用（元）
A 产品	684 500	49 200	30 200
B 产品	428 000	52 000	50 000

（3）本月直接材料、直接人工和定额工时。

产品	直接材料（元）	直接人工（元）	定额工时（小时）
A 产品	4 030 000	570 000	23 000
B 产品	2 020 000	620 000	24 100
合计	6 050 000	1 190 000	47 100

（4）本月基本生产车间发生制造费用 942 000 元。

（5）本月完工产品数量。

产品	型号	完工数量（件）
A 产品	A-1	1 000
	A-2	2 000
	A-3	400
B 产品	B-1	1 600
	B-2	800

（6）月末在产品材料定额成本和定额工时。

产品	材料定额成本（元）	定额工时（小时）
A产品	1 230 000	4 200
B产品	800 000	5 600

要求：

（1）编制制造费用分配表（结果填入下方表格中，不用列出计算过程）。

制造费用分配表

2021年7月　　　　　　　　　　　　　　　　　　　　　　单位：元

产品	定额工时（小时）	分配率	制造费用
A产品		—	
B产品		—	
合计			

· 【解析】制造费用分配率 =942 000÷47 100=20（元／小时），

A产品应分配的制造费用 =23 000×20=460 000（元），

B产品应分配的制造费用 =24 100×20=482 000（元）。

· 【答案】

制造费用分配表

2021年7月　　　　　　　　　　　　　　　　　　　　　　单位：元

产品	定额工时（小时）	分配率	制造费用
A产品	23 000	—	460 000
B产品	24 100	—	482 000
合计	47 100	20	942 000

· 【真题点评】本题考查了制造费用的分配，涉及第13章的内容，属于计算型的知识点。要正确作答这道题目，考生需明确制造费用的分配标准为当月定额工时，然后根据A、B产品的定额工时计算A、B产品应分配的制造费用。

· 【知识速递】本题涉及知识点：基本生产费用的归集和分配

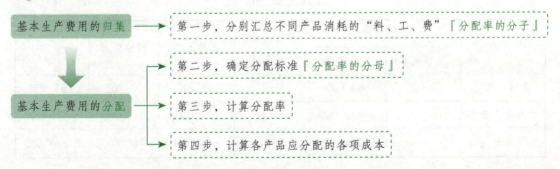

基本生产费用的归集 —→ 第一步，分别汇总不同产品消耗的"料、工、费"『分配率的分子』

基本生产费用的分配 —→ 第二步，确定分配标准『分配率的分母』

—→ 第三步，计算分配率

—→ 第四步，计算各产品应分配的各项成本

（2）编制 A 产品成本计算单（结果填入下方表格中，不用列出计算过程）。

A 产品成本计算单

2021 年 7 月 单位：元

项目	直接材料		定额工时（小时）	直接人工	制造费用	合计
	定额成本	实际成本				
月初在产品	—					
本月生产费用	—					
合计						
分配率	—					—
完工产品						
月末在产品						

🔊·**【解析】**完工产品直接材料定额成本 =1 000×1 500+2 000×800+400×400=3 260 000（元），

直接材料成本分配率 =（684 500+4 030 000）/（3 260 000+1 230 000）=1.05，

完工产品分配的直接材料成本 =3 260 000×1.05=3 423 000（元），

月末在产品分配的直接材料成本 =1 230 000×1.05=1 291 500（元）；

完工产品定额工时 =1 000×8+2 000×6+400×4=21 600（小时），

直接人工成本分配率 =（49 200+570 000）/（21 600+4 200）=24（元/小时），

完工产品分配的直接人工成本 =21 600×24=518 400（元），

月末在产品分配的直接人工成本 =4 200×24=100 800（元）；

制造费用分配率 =（30 200+460 000）/（21 600+4 200）=19（元/小时），

完工产品分配的制造费用 =21 600×19=410 400（元），

月末在产品分配的制造费用 =4 200×19=79 800（元）；

A 产品的完工产品成本 =3 423 000+518 400+410 400=4 351 800（元），

A 产品的月末在产品成本 =1 291 500+100 800+79 800=1 472 100（元）。

🔓·**【答案】**

A 产品成本计算单

2021 年 7 月 单位：元

项目	直接材料		定额工时（小时）	直接人工	制造费用	合计
	定额成本	实际成本				
月初在产品	—	684 500	—	49 200	30 200	763 900
本月生产费用	—	4 030 000	—	570 000	460 000	5 060 000
合计	—	4 714 500	—	619 200	490 200	5 823 900

（续表）

项目	直接材料		定额工时（小时）	直接人工	制造费用	合计
	定额成本	实际成本				
分配率	—	1.05	—	24	19	—
完工产品	3 260 000	3 423 000	21 600	518 400	410 400	4 351 800
月末在产品	1 230 000	1 291 500	4 200	100 800	79 800	1 472 100

·【真题点评】本题考查使用定额比例法在完工产品和月末在产品之间分配成本费用，涉及第13章的内容，属于计算型的知识点。要正确作答这道题目，考生需准确找出各项成本费用的分配标准并正确计算各项成本费用的分配标准之和。

·【知识速递】本题涉及知识点：完工产品和在产品的成本分配

项目	内容
含义	定额比例法，又称按定额比例分配完工产品和月末在产品成本的方法，是指生产费用在完工产品和月末在产品之间用定额消耗量或定额费用作比例分配
分配标准	通常，材料费用按定额消耗量比例分配，而其他费用（直接人工、制造费用）按定额工时比例分配
适用范围	各月末在产品数量变动较大，但制定了比较准确的消耗定额

（3）编制A产品单位产品成本计算单（分型号）（结果填入下方表格中，不用列出计算过程）。

A产品单位产品成本计算单（分型号）

2021年7月　　　　　　　　　　　　　　　　　　　　　单位：元

型号	单位产品定额		单位实际成本			
	材料定额（元/件）	工时定额（小时/件）	直接材料	直接人工	制造费用	合计
A-1						
A-2						
A-3						

·【解析】

A-1：

单位产品实际直接材料成本 =1.05×1 500=1 575（元），

单位产品实际直接人工成本 =24×8=192（元），

单位产品实际制造费用 =19×8=152（元），

单位产品实际成本 =1 575+192+152=1 919（元）；

同理，单位 A-2 产品实际成本 =1.05×800+24×6+19×6=1 098（元），

单位 A-3 产品实际成本 =1.05×400+24×4+19×4=592（元）。

【答案】

A 产品单位产品成本计算单（分型号）

2021 年 7 月

单位：元

型号	单位产品定额		单位实际成本			
	材料定额（元/件）	工时定额（小时/件）	直接材料	直接人工	制造费用	合计
A-1	1 500	8	1 575	192	152	1 919
A-2	800	6	840	144	114	1 098
A-3	400	4	420	96	76	592

【真题点评】本题考查了定额比例法计算产品成本，涉及第 13 章的内容，属于计算型的知识点。要正确作答这道题目，考生需利用第（2）题计算的成本费用分配率结合各型号产品的材料、工时定额计算单位产品的成本。

【知识速递】本题涉及知识点：完工产品和在产品的成本分配

定额比例法的计算公式

（1）材料费用分配公式

$$材料费用分配率 = \frac{月初在产品实际材料成本 + 本月投入的实际材料成本}{完工产品定额材料成本 + 月末在产品定额材料成本}$$

完工产品应分配的材料成本 = 完工产品定额材料成本 × 材料费用分配率

月末在产品应分配的材料成本 = 月末在产品定额材料成本 × 材料费用分配率

（2）工资费用（或制造费用）分配公式

$$工资费用（或制造费用）分配率 = \frac{月初在产品实际工资（费用）+ 本月投入的实际工资（费用）}{完工产品定额工时 + 月末在产品定额工时}$$

完工产品应分配的工资费用（或制造费用）= 完工产品定额工时 × 工资费用（或制造费用）分配率

月末在产品应分配的工资费用（或制造费用）= 月末在产品定额工时 × 工资费用（或制造费用）分配率

4.（本小题 9 分）

甲公司目前生产 A、B 两种产品，需要使用同一台机器设备，该设备每月提供的最大加工时间 10 000 分钟，固定制造费用总额 140 000 元。相关资料如下：

项目	A 产品	B 产品
售价（元/件）	3 000	2 500
直接材料（元/件）	1 000	600

（续表）

项目	A产品	B产品
直接人工（元/件）	500	300
变动制造费用（元/件）	500	100
机器工时（分钟/件）	10	12

2021年8月末，甲公司预计未来每月正常市场需求可达A产品900件、B产品350件。

要求：

（1）为最优利用该机器设备获得最大利润，甲公司每月应生产A、B产品各多少件？

🔊·**【解析】**单位约束资源边际贡献 = 单位产品边际贡献/该单位产品耗用的约束资源量，

约束资源最优利用决策的决策原则是：优先安排单位约束资源边际贡献最大的产品，使企业总的边际贡献最大。

🔒·**【答案】**A产品单位机器工时边际贡献 =（3 000-1 000-500-500）÷10=100（元/分钟），

B产品单位机器工时边际贡献 =（2 500-600-300-100）÷12=125（元/分钟），

B产品单位机器工时边际贡献较高，因此，应优先安排生产B产品350件，

剩余机器工时 =10 000-350×12=5 800（分钟），

生产A产品的产量 =5 800÷10=580（件）。

📝·**【真题点评】**本题考查约束资源最优利用决策，涉及第17章的内容，属于计算型的知识点。要正确作答这道题目，考生需准确计算单位约束资源边际贡献，并在此基础上作出最优的生产安排。

✈·**【知识速递】**本题涉及知识点：约束资源最优利用决策

项目	内容
概念	企业如何来安排生产的问题，即优先生产哪种产品，才能最大限度地利用好约束资源，让企业产生最大的经济效益
决策原则	优先安排单位约束资源边际贡献最大的产品，使企业总的边际贡献最大 💡 使用单位约束资源边际贡献进行决策的方法可称为单位约束资源边际贡献分析法，本质上是一种边际贡献分析法
计算公式	单位约束资源边际贡献 = 单位产品边际贡献/该单位产品耗用的约束资源量

（2）为满足正常市场需求，在充分利用现有机器设备产能基础上，甲公司追加一台机器设备，每月可增加机器工时7 000分钟。若追加设备的相关成本120 000元，剩余生产能力无法转移，计算追加设备对公司税前经营利润的影响。

🔒·**【答案】**方法一：A产品剩余市场需求所需的生产时间 =（900-580）×10=3 200（分钟），小于7 000分钟，

因此，追加设备能够满足A产品的剩余市场需求，

追加设备对公司税前经营利润的影响 =3 200×100-120 000=200 000（元）。

方法二：A 产品剩余市场需求 =900-580=320（件），

追加设备可生产 A 产品的数量 =7 000÷10=700（件），大于 320 件，

因此，追加设备能够满足 A 产品的剩余市场需求，

追加设备对公司税前经营利润的影响 =320×（3 000-1 000-500-500）-120 000=200 000
（元）。

📝·【真题点评】本题考查约束资源最优利用决策，涉及第 17 章的内容，属于计算型的知识点。要正确作答这道题目，考生需准确识别利用剩余产能涉及的相关成本，并在此基础上准确计算追加设备对公司税前经营利润的影响。

✈·【知识速递】本题涉及知识点：约束资源最优利用决策

此处参考第（1）小题"知识速递"内容。

（3）在甲公司追加产能的前提下，如果在正常市场需求外客户乙提出新增 A 产品订单 400 件，不可拆单（即若接受该订单，则必须全部接受，不可部分接受），1 个月内交货，每件 2 100 元。若机器设备剩余生产能力无法转移，原正常市场需求可以部分放弃，计算接受该订单对公司税前经营利润的影响，并判断是否应接受该订单。

🔓·【答案】方法一：剩余机器工时 =7 000-3 200=3 800（分钟），

接受客户乙新订单所需的机器工时 =400×10=4 000（分钟），大于 3 800（分钟），

追加设备的剩余生产能力无法满足该订单的机器加工需求，

接受该订单的机会成本 =（4 000-3 800）×100=20 000（元），

接受该订单的边际贡献 =（2 100-1 000-500-500）×400=40 000（元），

接受该订单对甲公司税前经营利润的影响 =40 000-20 000=20 000（元），

因此应接受该订单。

方法二：剩余机器工时可生产 A 产品的数量 =7 000/10-320=380（件），小于客户乙的订单数量 400 件，

接受该订单的机会成本 =（3 000-1 000-500-500）×（400-380）=20 000（元），

接受该订单的边际贡献 =（2 100-1 000-500-500）×400=40 000（元），

接受该订单对甲公司税前经营利润的影响 =40 000-20 000=20 000（元），

因此应接受该订单。

📝·【真题点评】本题考查特殊订单是否接受的决策，涉及第 17 章的内容，属于计算型的知识点。要正确作答这道题目，考生需准确计算接受特殊订单增加的边际贡献和相关成本，并根据计算结果作出决策。

✈·【知识速递】本题涉及知识点：特殊订单是否接受的决策

项目	内容
决策指标	接受订单增加的相关损益 = 订单所提供的边际贡献 - 该订单所增加的相关成本
决策原则	接受订单增加的相关损益 > 0，可接受订单

（4）在甲公司追加产能的前提下，如果在正常市场需求外甲公司拟参加客户丙的一项招标：丙订购 A 产品 360 件，1 个月交货。甲公司使用成本加成定价法制定投标价格，在成本基础上的总加成额 72 000 元。若机器设备剩余生产能力无法转移，计算甲公司投标的最低单价。

　　【答案】 投标客户丙所需的机器工时 =360×10=3 600（分钟），

　　剩余机器工时 =7 000-3 200=3 800（分钟），

　　因此，剩余生产能力能够满足客户丙的机器工时需求，

　　甲公司投标的最低单价 =1 000+500+500+72 000/360=2 200（元 / 件）。

　　【真题点评】 本题考查了定价决策，涉及第 17 章的内容，属于计算型的知识点。要正确作答这道题目，考生需准确判断机器设备剩余生产能力能否满足客户丙的机器工时需求，并计算 A 产品的最低单价。

　　【知识速递】 本题涉及知识点：产品销售定价的方法

　　成本加成定价法包括完全成本加成法和变动成本加成法。

类型	成本基数	成数
完全成本加成法 『产品制造角度』	单位产品的制造成本： 直接人工、直接材料、制造费用	非制造成本（销售和管理费用）及合理利润
变动成本加成法 『成本性态角度』	单位变动成本： 直接人工、直接材料、变动制造费用、变动销售和管理费用	全部的固定成本（固定制造费用、固定销售和管理费用）及预期利润

四、综合题（本题共 14 分。涉及计算的，要求列出计算步骤，否则不得分，除非题目特别说明不需要列出计算过程。）

　　甲上市公司是一家电气设备制造企业，目前正处在高速增长期。为判断公司股票是否被低估，正进行价值评估。相关资料如下：

　　（1）甲公司 2021 年末发行在外普通股 5 亿股，每股市价 100 元，没有优先股。未来不打算增发和回购股票。2021 年相关报表项目如下：

单位：百万元

资产负债表项目	2021 年末
货币资金	7 500
交易性金融资产	600
应收账款	7 500
预付款项	400
其他应收款	900
存货	5 100

（续表）

资产负债表项目	2021 年末
流动资产合计	22 000
固定资产	3 200
无形资产	1 600
非流动资产合计	4 800
短期借款	400
应付账款	13 400
其他应付款	1 200
流动负债合计	15 000
长期借款	2 000
负债合计	17 000
所有者权益	9 800
利润表项目	2021 年度
营业收入	20 000
营业成本	14 000
税金及附加	420
销售费用	1 000
管理费用	400
财务费用	200
公允价值变动收益	20
所得税费用	1 000
净利润	3 000

货币资金全部为经营活动所需，其他应收款、其他应付款均为经营活动产生，财务费用均为利息费用，2021 年没有资本化利息支出。企业所得税税率 25%。

（2）甲公司预测 2022 年、2023 年营业收入增长率 20%，2024 年及以后保持 6% 的永续增长；税后经营净利率、净经营资产周转次数、净财务杠杆和净负债利息率一直维持 2021 年水平不变。

（3）甲公司普通股资本成本 12%。

（4）可比公司乙公司 2021 年每股收益 1 元，2021 年末每股市价 15 元。

为简化计算，财务指标涉及平均值的，均以年末余额替代全年平均水平。

要求：

（1）计算甲公司 2021 年每股收益，用市盈率模型估算 2021 年末甲公司股权价值，并判断甲公司股价是否被低估。

· 【解析】市盈率 = 每股市价 / 每股收益

目标企业每股价值 = 可比企业市盈率 × 目标企业每股收益

· 【答案】甲公司 2021 年每股收益 =3 000/500=6（元），

2021 年末甲公司每股股权价值 =15/1×6=90（元）。

甲公司股票价值未被低估。

· 【真题点评】本题考查市盈率的基本模型，涉及第 8 章的内容，属于计算型的知识点。该题考查难度虽然不高，但是考生需注意报表单位是"百万元"，而 2021 年末发行在外普通股股数是"5 亿股"，计算每股收益时应注意单位之间的转换，切勿在此处失分。

· 【知识速递】本题涉及知识点：市盈率模型

项目	内容
假设条件	假设每股市价是每股收益的一定倍数，每股收益越大，则每股价值越大；同类企业有类似的市盈率，因此，目标企业的每股价值可以用每股收益乘以可比企业市盈率计算
基本模型	市盈率 = 每股市价 / 每股收益 目标企业每股价值 = 可比企业市盈率 × 目标企业每股收益

模型变形	变形一： 本期市盈率 $= \dfrac{每股市价_0}{每股收益_0}$ $= \dfrac{股利支付率 \times (1+增长率)}{股权成本 - 增长率}$	变形二： 内在市盈率（预期市盈率） $= \dfrac{每股市价_0}{每股收益_1} = \dfrac{股利支付率}{股权成本 - 增长率}$

驱动因素	增长率（增长潜力）、股利支付率和股权成本（风险） 关键驱动因素是增长率（增长潜力）
适用范围	最适合连续盈利的企业
优点	①计算市盈率的数据容易取得，并且计算简单 ②市盈率把价格和收益联系起来，直观地反映投入和产出的关系 ③市盈率涵盖了风险、增长率、股利支付率的影响，具有很高的综合性
缺点	如果收益是 0 或负值，市盈率就失去了意义

（2）编制甲公司 2021 年管理用资产负债表和利润表（结果填入下方表格中，不用列出计算过程）。

单位：百万元

管理用报表项目	2021 年末
净经营资产	
净负债	
股东权益	
	2021 年度
税后经营净利润	
税后利息费用	
净利润	

·【解析】根据题目条件"货币资金全部为经营活动所需"、"其他应收款、其他应付款均为经营活动产生"、"财务费用均为利息费用"，对传统资产负债表项目和利润表项目分别按照经营属性和金融属性进行如下区分：

资产负债表项目	项目性质	2021 年末
货币资金	经营资产	7 500
交易性金融资产	金融资产	600
应收账款	经营资产	7 500
预付款项	经营资产	400
其他应收款	经营资产	900
存货	经营资产	5 100
流动资产合计	—	22 000
固定资产	经营资产	3 200
无形资产	经营资产	1 600
非流动资产合计	—	4 800
短期借款	金融负债	400
应付账款	经营负债	13 400
其他应付款	经营负债	1 200
流动负债合计	—	15 000
长期借款	金融负债	2 000
负债合计	—	17 000
所有者权益	—	9 800

（续表）

利润表项目	项目性质	2021 年度
营业收入	经营损益	20 000
营业成本	经营损益	14 000
税金及附加	经营损益	420
销售费用	经营损益	1 000
管理费用	经营损益	400
财务费用	金融损益	200
公允价值变动收益	金融损益	20
所得税费用	—	1 000
净利润	—	3 000

单位：百万元

管理用报表项目	2021 年末
净经营资产	[（22 000-600）+4 800]-（13 400+1 200）=11 600
净负债	（400+2 000）-600=1 800
股东权益	9 800
	2021 年度
税后经营净利润<2>	3 000+135=3 135
税后利息费用<1>	（200-20）×（1-25%）=135
净利润	3 000

·【答案】

单位：百万元

管理用报表项目	2021 年末
净经营资产	11 600
净负债	1 800
股东权益	9 800
	2021 年度
税后经营净利润	3 135
税后利息费用	135
净利润	3 000

📝 · 【真题点评】本题考查管理用财务报表的编制，涉及第2章的内容，考查频率较高。考生在解答该类题目时，应首先根据题目已知条件对传统资产负债表项目和利润表项目按照经营属性和金融属性进行区分，其次再根据问题分别计算管理用报表项目的数据，计算时应注意各项目之间的勾稽关系。

✈ · 【知识速递】本题涉及知识点：管理用财务报表体系

项目	经营活动	金融活动
资产负债表	经营资产	金融资产
	经营负债	金融负债
利润表	经营活动损益	金融活动损益
现金流量表	经营现金流量	金融现金流量

（3）预测甲公司2022年、2023年和2024年的实体现金流量和股权现金流量（结果填入下方表格中，不用列出计算过程）。

单位：百万元

项目	2022年	2023年	2024年
实体现金流量			
股权现金流量			

🔊 · 【解析】根据题目条件"税后经营净利率、净经营资产周转次数、净财务杠杆和净负债利息率一直维持2021年水平不变"，可知：税后经营净利润、净经营资产、净负债、税后利息费用与营业收入同比增长，因此可以根据2021年管理用财务报表项目数据和营业收入增长率填列下表：

单位：百万元

项目	2022年	2023年	2024年
营业收入增长率	20%	20%	6%
税后经营净利润	3 135×（1+20%）=3 762	3 762×（1+20%）=4 514.40	4 514.40×（1+6%）=4 785.26
净经营资产	11 600×（1+20%）=13 920	13 920×（1+20%）=16 704	16 704×（1+6%）=17 706.24
净经营资产增加	13 920−11 600=2 320	16 704−13 920=2 784	17 706.24−16 704=1 002.24
实体现金流量[1]	3 762−2 320=1 442	4 514.40−2 784=1 730.40	4 785.26−1 002.24=3 783.02
税后利息费用	135×（1+20%）=162	162×（1+20%）=194.40	194.40×（1+6%）=206.06
净负债	1 800×（1+20%）=2 160	2 160×（1+20%）=2 592	2 592×（1+6%）=2 747.52
净负债增加	2 160−1 800=360	2 592−2 160=432	2 747.52−2 592=155.52
债务现金流量[2]	162−360=−198	194.40−432=−237.60	206.06−155.52=50.54
股权现金流量[3]	1 442−（−198）=1 640	1 730.40−（−237.60）=1 968	3 783.02−50.54=3 732.48

[1]实体现金流量＝税后经营净利润－净经营资产增加；

[2]债务现金流量＝税后利息费用－净负债增加；

[3]股权现金流量＝实体现金流量－债务现金流量。

· 【答案】

单位：百万元

项目	2022年	2023年	2024年
税后经营净利润	3 762	4 514.40	4 785.26
净经营资产	13 920	16 704	17 706.24
净经营资产增加	2 320	2 784	1 002.24
实体现金流量	1 442	1 730.40	3 783.02
税后利息费用	162	194.40	206.06
净负债	2 160	2 592	2 747.52
净负债增加	360	432	155.52

（续表）

项目	2022 年	2023 年	2024 年
债务现金流量	−198	−237.60	50.54
股权现金流量	1 640	1 968	3 732.48

·【真题点评】本题考查管理用现金流量表的编制，涉及第 2 章的内容，属于计算型的知识点。该考点考试频率较高，考生在备考过程中应熟练掌握实体现金流量、债务现金流量与股权现金流量的计算公式。

·【知识速递】本题涉及知识点：管理用财务报表体系

管理用现金流量表的结构

经营现金流量（来源角度）

实体现金流量
＝税后经营净利润－净经营资产增加
『企业的现金净流入』

债务现金流量＝税后利息费用－净负债增加
『向债权人的现金净流出』

股权现金流量
＝股利分配－股权资本净增加
＝股利分配＋股份回购－股份发行
『向股东的现金净流出』

金融现金流量（去向角度）

（4）用股权现金流量折现模型估算 2021 年末甲公司每股股权价值，并判断甲公司股价是否被低估。

·【答案】2021 年末甲公司股权价值 ＝1 640×（P/F，12%，1）+1 968×（P/F，12%，2）+ 3 732.48/（12%−6%）×（P/F，12%，2）=526.25（亿元）。

2021 年末甲公司每股股权价值 =526.25/5=105.25（元）。

甲公司股票价值被低估。

·【真题点评】本题考查现金流量折现模型的应用，涉及第 8 章的内容，属于计算型的知识点，考频较高。该类题目的计算方法就是先运用两阶段增长模型将详细预测期和后续期的股权现金流量分别进行折现，再加总计算股权价值。

·【知识速递】本题涉及知识点：现金流量折现模型

项目	适用条件	计算公式
股权现金流量模型	企业增长呈现两个阶段，第一个阶段没有稳定增长率，第二个阶段一般具有永续增长的特征，具有固定的增长率	假设详细预测期为 n，则： 股权价值 ＝详细预测期价值＋后续期价值 ＝详细预测期股权现金流量现值＋后续期股权现金流量现值 $= \sum_{t=1}^{n} \dfrac{股权现金流量_t}{(1+股权资本成本)^t} +$ $\dfrac{股权现金流量_{n+1}/(股权资本成本－永续增长率)}{(1+股权资本成本)^n}$

（续表）

项目	适用条件	计算公式
实体现金流量模型	企业增长呈现两个阶段，第一个阶段没有稳定增长率，第二个阶段一般具有永续增长的特征，具有固定的增长率	假设详细预测期为 n，则： 实体价值 = 详细预测期价值 + 后续期价值 　　　　= 详细预测期实体现金流量现值 + 后续期实体现金流量现值 $$= \sum_{t=1}^{n} \frac{实体现金流量_t}{（1+加权平均资本成本）^t} +$$ $$\frac{实体现金流量_{n+1} /（加权平均资本成本-永续增长率）}{（1+加权平均资本成本）^n}$$

（5）与现金流量折现模型相比，市盈率模型有哪些优点和局限性？

· 【答案】市盈率模型的优点：计算数据容易取得，计算简单；将价格和收益相联系，直观地反映投入和产出的关系；市盈率涵盖了风险、增长率、股利支付率的影响，具有综合性。

市盈率模型的局限性：用相对价值对企业估值，如果可比企业的价值被高估（或低估）了，目标企业的价值也会被高估（或低估）；如果收益是0或负值，市盈率就失去了意义。

· 【真题点评】本题考查市盈率模型的优缺点，涉及第8章的内容。本考点考频较低，考生备考时对于此类知识点不必死记硬背，只要能从现金流量折现模型和市盈率模型公式的原理出发，理解并记忆关键点即可。

· 【知识速递】本题涉及知识点：相对价值评估模型

市盈率模型的优缺点如下表所示：

项目	内容
优点	①计算市盈率的数据容易取得，并且计算简单 ②市盈率把价格和收益联系起来，直观地反映投入和产出的关系 ③市盈率涵盖了风险、增长率、股利支付率的影响，具有很高的综合性
缺点	如果收益是0或负值，市盈率就失去了意义

2020 年注册会计师全国统一考试

《财务成本管理》真题逐题解密

（考试时长：150 分钟）

一、单项选择题（本题型共 14 小题，每小题 1.5 分，共 21 分。每小题只有一个正确答案，请从每小题的备选答案中选出一个你认为最正确的答案，用鼠标点击相应的选项。）

1. 下列各项中，属于资本市场工具的是（　　）。

A. 商业票据

B. 短期国债

C. 银行承兑汇票

D. 公司债券

📢·**【解析】**选项 D 正确，资本市场是指期限在 1 年以上的金融工具交易市场，包括银行中长期存贷市场和有价证券市场，资本市场的工具包括股票、公司债券、长期政府债券和银行长期贷款等。综上，本题应选 D。

🔓·**【答案】**D

📋·**【真题点评】**本题考查了金融市场的类型，涉及第 1 章的内容，属于理解型的知识点。考生需重点记忆货币市场和资本市场这一分类，包括货币市场和资本市场中利率的特点、市场的功能以及常见的货币市场工具和资本市场工具，以应对考试中可能会出现的客观题。

✈·**【知识速递】**本题涉及知识点：金融工具与金融市场

按照不同的标准，金融市场有不同的分类，具体如下：

分类标准	类型	特征
交易的金融工具期限是否超过 1 年	货币市场（≤1 年）	①短期金融工具交易的市场，交易的证券期限不超过 1 年 ②通常情况下，短期债务利率低于长期债务利率，短期利率的波动大于长期利率 ③主要功能是保持金融资产的流动性，以便随时转换为货币；满足了借款者的短期资金需求，同时为暂时性闲置资金找到出路 ④货币市场工具包括短期国债（英国、美国将其称为国库券）、可转让存单、商业票据、银行承兑汇票等
	资本市场（>1 年）	①期限在 1 年以上的金融工具交易市场，包括银行中长期存贷市场和有价证券市场 ②风险较大，利率或要求的报酬率较高 ③主要功能是进行长期资本的融通 ④资本市场的工具包括股票、公司债券、长期政府债券和银行长期贷款等

（续表）

分类标准	类型	特征
证券的不同属性	债务市场	交易的对象是债务凭证，例如公司债券、抵押票据等
	股权市场	交易的对象是股票
证券是否初次发行	一级市场	也称发行市场或初级市场，是资本需求者将证券首次出售给公众时形成的市场。它是新证券和票据等金融工具的买卖市场
	二级市场	也称流通市场或次级市场，是各种证券发行后在不同投资者之间买卖流通所形成的市场
交易程序	场内交易市场	有固定的场所、固定的交易时间和规范的交易规则。通过交易所撮合主机集中进行，价格通过竞价形成 例如：深圳证券交易所、上海证券交易所
	场外交易市场	没有固定场所，由持有证券的交易商分别进行，任何人都可以在交易商的柜台上买卖证券，价格由双方协商形成 交易对象包括股票、债券、可转让存单和银行承兑汇票等

2. 一项投资组合由两项资产构成。下列关于两项资产的期望收益率相关系数与投资组合风险分散效应的说法中，正确的是（　　）。

A. 相关系数等于 0 时，风险分散效应最强

B. 相关系数等于 1 时，不能分散风险

C. 相关系数大小不影响风险分散效应

D. 相关系数等于 –1 时，才有风险分散效应

🔊 ·【解析】选项 B 正确，相关系数 =1 时，两项资产完全正相关，组合的标准差达到最大，资产组合不能抵消任何风险；–1 ＜相关系数＜ 1 时，资产组合可以分散风险，但不能完全消除风险；相关系数 =–1 时，两项资产完全负相关，组合的标准差最小，甚至可能为 0，资产组合能够最大程度地抵消风险。综上，本题应选 B。

🔓 ·【答案】B

📝 ·【真题点评】本题考查了相关系数与风险分散化效应的关系，涉及第 3 章的内容，属于理解型的知识点，考生可结合相关系数机会集曲线图理解掌握。针对这一知识点，考生需掌握相关系数的大小与机会集曲线弯曲程度的关系、相关系数对投资组合标准差的影响，以及相关系数的计算公式这些可能的出题点。

✈·【知识速递】本题涉及知识点：投资组合的风险与报酬

项目	说明
相关系数	相关系数介于区间［-1，+1］ ①当相关系数为 1 时，表明两项资产的报酬率变化方向和变化幅度完全相同 ②当相关系数为 -1 时，表明两项资产的报酬率变化方向完全相反，变化幅度完全相同 ③当相关系数为 0 时，表示两项资产的报酬率缺乏相关性

3. 甲公司采用债券收益率风险调整模型估计股权资本资本，税前债务资本成本 8%，股权相对债权风险溢价 6%。企业所得税税率 25%。甲公司的股权资本成本是（　　）。

A. 8%　　　　　　　　　　　　　B. 6%

C. 14%　　　　　　　　　　　　 D. 12%

🔊·【解析】根据债券收益率风险调整模型，股权资本成本 = 税后债务成本 + 股东比债权人承担更大风险所要求的风险溢价 =8%×（1-25%）+6%=12%。综上，本题应选 D。

🔒·【答案】D

📋·【真题点评】本题考查的是普通股资本成本的估计，涉及第 4 章的内容，属于计算型的知识点。应对此类目时，考生可直接根据题目已知条件套用模型计算公式得出结果，注意计算时需要将税前债务资本成本转化为税后债务资本成本。

✈·【知识速递】本题涉及知识点：普通股资本成本的估计

债券收益率风险调整模型

项目	内容
基本原理	根据投资"风险越大，要求的报酬率越高"的原理，普通股股东对企业的投资风险大于债券投资者，因而会在债券投资者要求的收益率上再要求一定的风险溢价
计算公式	普通股的资本成本 = 税后债务成本 + 股东比债权人承担更大风险所要求的风险溢价 $r_s=r_{dt}+RP_c$
风险溢价的估计	①凭借经验估计 一般认为，某企业普通股风险溢价对其自己发行的债券来讲，大约在 3%～5% 之间。对风险较高的股票用 5%，风险较低的股票用 3% ②使用历史数据分析 比较过去不同年份的权益报酬率和债券收益率

4. 某两年期债券，面值 1 000 元，票面年利率 8%，每半年付息一次，到期还本。假设有效年折现率是 8.16%，该债券刚刚支付过上期利息，其价值是（　　）元。

A. 997.10　　　　　　　　　　 B. 994.14

C. 1 002.85　　　　　　　　　 D. 1 000

🔊 · 【解析】选项D正确，计息期票面利率 =8%÷2=4%，有效年折现率为 8.16%，计息期折现率 $=\sqrt{1+8.16\%}-1=4\%$，与计息期票面利率相同，因此该债券为平价发行债券，债券价值等于其面值。综上，本题应选 D。

🔒 · 【答案】D

📝 · 【真题点评】本题是对基础知识的考查，复习过程中，考生应对报价利率、计息期利率和有效年利率进行重点区分。

✈ · 【知识速递】本题涉及知识点：货币时间价值、债券价值的评估方法

财务管理中经常用到的利率有三种：报价利率、计息期利率和有效年利率。

项目	内容
报价利率	银行等金融机构在为利息报价时，通常会提供一个年利率，并且同时提供每年的复利次数。此时金融机构提供的年利率被称为报价利率，有时也被称为名义利率
计息期利率	借款人对每 1 元本金每期支付的利息。它可以为年利率、半年利率、季度利率、月利率或日利率等 计息期利率 = 报价利率 / 每年复利次数
有效年利率	①报价利率：银行等金融机构在为利息报价时，通常会提供一个年利率，并且同时提供每年的复利次数。此时金融机构提供的年利率被称为报价利率，有时也被称为名义利率 ②计息期利率：借款人对每 1 元本金每期支付的利息。它可以为年利率、半年利率、季度利率、月利率或日利率等 计息期利率 = 报价利率 / 每年复利次数 ③有效年利率：在按照给定的计息期利率和每年复利次数计算利息时，能够产生相同结果的每年复利一次的年利率被称为有效年利率，或者称为等价年利率 有效年利率 = （1 + 计息期利率）^{每年复利次数} −1 ⚡ 当复利次数趋于无穷大时，利息支付的频率比每秒 1 次还频繁，所得到的利率为连续复利 连续复利的有效年利率 = e^{报价利率} −1 其中，e 为自然常数，是一个约等于 2.71828……的无理数

债券的三种发行方式如下图所示：

溢价发行	平价发行	折价发行
债券的价值＞债券面值 债券的折现率＜票面利率 有效年折现率＜有效年票面利率	债券的价值＝债券面值 债券的折现率＝票面利率 有效年折现率＝有效年票面利率	债券的价值＜债券面值 债券的折现率＞票面利率 有效年折现率＞有效年票面利率

5. 甲公司 2019 年净利润 150 万元，利息费用 100 万元，优先股股利 37.5 万元。企业所得税税率 25%。甲公司财务杠杆系数为（　　　）。

A. 2

B. 1.85

C. 3

D. 2.15

🔊 · **【解析】**选项 A 正确，甲公司财务杠杆系数 = $\dfrac{息税前利润}{息税前利润-债务利息-优先股股利/(1-所得税税率)}$

$\dfrac{150/(1-25\%)+100}{\dfrac{150}{1-25\%}+100-100-\dfrac{37.5}{1-25\%}}$ =2。综上，本题应选 A。

🔒 · **【答案】**A

📋 · **【真题点评】**本题是对财务杠杆系数计算式的直接考查，涉及第 9 章的内容，属于计算型的知识点。计算该题时，考生需注意：（1）题目中的净利润应先换算为息税前利润，再带入财务杠杆系数的公式进行计算；（2）由于债务利息是税前抵扣，而优先股股利是税后支付，因此计算时要将优先股股利换算为税前的，以保持口径一致。

✈ · **【知识速递】**本题涉及知识点：财务杠杆系数

财务杠杆系数	计算公式
定义式	财务杠杆系数（DFL）= $\dfrac{每股收益变化的百分比}{息税前利润变化的百分比}$ = $\dfrac{\Delta EPS/EPS}{\Delta EBIT/EBIT}$
计算式	财务杠杆系数（DFL）= $\dfrac{息税前利润}{息税前利润-债务利息-优先股股利/(1-所得税税率)}$ = $\dfrac{EBIT}{EBIT-I-\dfrac{PD}{1-T}}$

6. 甲公司采用配股方式进行融资，每 10 股配 5 股，配股价 20 元；配股前股价 27 元。最终参与配股的股权占 80%。乙在配股前持有甲公司股票 1 000 股，若其全部行使配股权，乙的财富（   ）。

A. 增加 1 000 元

B. 增加 500 元

C. 减少 1 000 元

D. 不发生变化

🔊 · **【解析】**选项 B 正确，配股除权参考价 =（配股前每股价格 + 配股价格 × 股份变动比例）/（1+股份变动比例）=（27+20×5/10×80%）/（1+5/10×80%）=25（元/股），配股后乙财富的变化 =1 000×（1+5/10）×25-20×1 000×5/10-1 000×27=500（元）。综上，本题应选 B。

🔒 · **【答案】**B

📋 · **【真题点评】**本题考查的是配股除权参考价的计算及配股对股东财富的影响，涉及第 10 章的内容，属于计算型的知识点。解答这类题目的关键是配股除权参考价的计算，考生应重点掌握其计算公式。此外，判断配股后原股东财富的变化情况，考生可参考"知识速递"中总结的公式灵活掌握。

🛫 · 【知识速递】本题涉及知识点：普通股筹资

项目	内容
配股除权参考价的计算	配股除权参考价 = $\dfrac{配股前每股价格 + 配股价格 × 股份变动比例}{1 + 股份变动比例}$
配股后原股东财富的变化	假设除权后股票交易市价等于理论除权参考价，考生可根据题目所给信息结合下面 2 个公式进行计算，结果为负值代表股东财富减少，结果为正值代表股东财富增加： ①未行使配股权的股东财富变化 = 配股后该部分股东股权的总价值 − 配股前该部分股东股权的价值 = 该部分股东持有的股票数量 × 配股除权参考价 − 该部分股东持有的股票数量 × 配股前股价 ②行使配股权的股东财富变化 = 配股后该部分股东股权的总价值 − 参与配股付出的成本 − 配股前该部分股东股权的价值 = 该部分股东持有的股票数量 ×（1+ 拟配售比例）× 配股除权参考价 − 该部分股东持有的股票数量 × 拟配售比例 × 配股价格 − 该部分股东持有的股票数量 × 配股前股价

7. 根据"一鸟在手"股利理论，公司的股利政策应采用（   ）。

　A. 低股利支付率　　　　　　　　　　B. 不分配股利

　C. 用股票股利代替现金股利　　　　　D. 高股利支付率

🔊 · 【解析】"一鸟在手"理论认为，为了实现股东价值最大化的目标，企业应实行高股利分配率的股利政策。综上，本题应选 D。

🔓 · 【答案】D

📑 · 【真题点评】本题考查股利理论，涉及第 11 章的内容，属于识记型的知识点。该知识点难度较低，但是作为财务管理的基础知识，考生应了解各股利理论的观点，在理解原理的基础上进行重点记忆。

🛫 · 【知识速递】本题涉及知识点：股利理论

理论	观点
股利无关论	①投资者并不关心公司股利的分配：投资者对股利和资本利得并无偏好 ②股利的支付比率不影响公司的价值：公司的价值完全由其投资政策和获利能力所决定，公司的盈余在股利和保留盈余之间的分配并不影响公司的价值

（续表）

理论		观点
股利相关论	税差理论	①如果不考虑股票交易成本，企业应采取低现金股利比率的分配政策，以提高留存收益再投资的比率，使股东在实现未来的资本利得中享有税收节省 ②如果考虑股票的交易成本，甚至当资本利得税与交易成本之和大于股利收益税时，偏好取得定期现金股利收益的股东更倾向于企业采用高现金股利支付率政策
	客户效应理论	①边际税率高（收入高、税负高）的投资者，偏好低股利支付率的股票，希望企业少分现金股利或不分现金股利，以便将更多的留存收益进行再投资，从而提高所持有的股票价格 ②边际税率低（收入低、税负低）的投资者，偏好高股利支付率的股票，希望企业支付较高而且稳定的现金股利
	"一鸟在手"理论	为了实现股东价值最大化的目标，企业应实行高股利分配率的股利政策
	代理理论	①股东VS债权人：债权人为了保护自身利益，希望企业采取低股利支付率政策 ②股东VS经理人员：实施高股利支付率的政策，有利于抑制经理人员随意支配自由现金流的代理成本，也有利于满足股东取得股利收益的愿望 ③控股股东VS中小股东：处于对外部投资者的保护程度较弱环境的中小股东希望企业采用多分配少留存的股利政策，以防控股股东的利益侵害
	信号理论	①股利增长的信号作用：企业股利支付率提高，被认为是经理人员对企业发展前景作出良好预期的结果，表明企业未来业绩将大幅度增长，此时，随着股利支付率提高，企业股票价格应该是上升的 ②股利减少的信号作用：企业股利支付率下降，股东与投资者会感受到这是企业经理人员对未来发展前景作出无法避免衰退预期的结果，此时，随着股利支付率下降，企业股票价格应该是下降的

8. 供货商向甲公司提供的信用条件是"2/30，N/90"。一年按360天计算，不考虑复利，甲公司放弃现金折扣的成本是（　　）。

A. 12.24%　　　　　　　　　　　B. 12%

C. 12.88%　　　　　　　　　　　D. 12.62%

◁)) ·【解析】选项A正确，放弃现金折扣的成本 =［折扣百分比／（1－折扣百分比）］×［360／（信用期－折扣期）］=［2%／（1-2%）］×［360/（90-30）］=12.24%。综上，本题应选A。

🔓 ·【答案】A

📝 · 【真题点评】本题考查了放弃现金折扣的成本的计算，涉及第12章的内容，属于计算型的知识点。在计算放弃现金折扣的成本时，需关注题干是要求按照单利计算还是按照复利计算，否则会造成计算错误。

✈ · 【知识速递】本题涉及知识点：短期债务管理

$$按单利计算时，放弃现金折扣的成本=\frac{折扣百分比}{1-折扣百分比}\times\frac{360}{信用期-折扣期}$$

$$按复利计算时，放弃现金折扣的成本=(1+\frac{折扣百分比}{1-折扣百分比})^{\frac{360}{信用期-折扣期}}-1$$

9. 甲公司生产X产品，需要经过三个步骤，第一步骤半成品直接转入第二步骤，第二步骤半成品直接转入第三步骤，第三步骤生产出产成品。各步骤加工费用随加工进度陆续发生。该公司采用平行结转分步法计算产品成本。月末盘点：第一步骤月末在产品100件，完工程度60%；第二步骤月末在产品150件，完工程度40%；第三步骤完工产品540件，在产品200件，完工程度20%。按照约当产量法（加权平均法），第二步骤加工费用应计入完工产品成本的份额占比是（　　）。

A. 60%
B. 40%
C. 80%
D. 67.5%

🔊 · 【解析】选项D正确，平行结转分步法下，在产品是指广义在产品，包括本步骤在产品和本步骤已完工但未最终完工的所有后续仍需继续加工的在产品、半成品，第二步骤广义在产品约当产量=150×40%+200×100%=260（件），应计入完工产品成本的份额占比=540/（540+260）=67.5%。综上，本题应选D。

🔒 · 【答案】D

📝 · 【真题点评】本题考查了平行结转分步法下在产品约当产量的计算，涉及第13章的知识点，属于计算型的知识点。作答时，考生须注意，平行结转分步法下的某步骤完工品是指最终产成品，某步骤在产品是指广义在产品，并且后续步骤在产品相对于本步骤而言的完工程度为100%。

✈ · 【知识速递】本题涉及知识点：平行结转分步法

项目	内容
概念	又称不计算半成品成本分步法，是指在计算各步骤成本时，不计算各步骤所产半成品成本，也不计算各步骤所耗用上一步骤的半成品成本，而只计算本步骤发生的各项其他费用，以及这些费用中应计入产成品成本的份额，将相同产品的各步骤成本明细账中的这些份额平行结转、汇总，即可计算出该种产品的产成品成本 💡 平行结转分步法虽然不核算各步骤所耗用上一步骤的半成品成本（成本转移），但是上一步骤的半成品确实转入本步骤进行了加工（实物转移），需要区分二者的差异
适用范围	适用于不要求计算半成品成本的企业

（续表）

项目	内容
优点	①各步骤可以同时计算产品成本，平行汇总计入产成品成本，不必逐步结转半成品成本 ②能够直接提供按原始成本项目反映的产成品成本资料，不必进行成本还原，因而能够简化和加速成本计算工作
缺点	①不能提供各个步骤的半成品成本资料 ②各生产步骤的产品成本不包括所耗半成品费用，因而不能全面地反映各步骤产品的生产耗费水平（第一步骤除外），不能更好地满足这些步骤成本管理的要求

10. 甲企业生产 X 产品，固定制造费用预算 125 000 元。全年产能 25 000 工时，单位产品标准工时 10 小时。2019 年实际产量 2 000 件，实际耗用工时 24 000 小时。固定制造费用闲置能力差异是（ ）。

A. 有利差异 5 000 元

B. 不利差异 5 000 元

C. 有利差异 20 000 元

D. 不利差异 20 000 元

· 【解析】选项 B 正确，固定制造费用标准分配率 =125 000/25 000=5（元 / 小时），固定制造费用闲置能力差异 = 固定制造费用预算数 − 实际工时 × 固定制造费用标准分配率 =125 000−24 000×5=5 000（元）（不利差异）。综上，本题应选 B。

· 【答案】B

· 【真题点评】本题考查了固定制造费用差异的计算，涉及第 14 章的内容，属于记忆型和计算型的知识点。考生在备考这一考点时，可以结合三种差异的"口诀"来进行记忆：耗费差异是"实际超预算"，闲置能力差异是"产能闲置"，效率差异是"出工不出力"。

· 【知识速递】本题涉及知识点：标准成本的差异分析

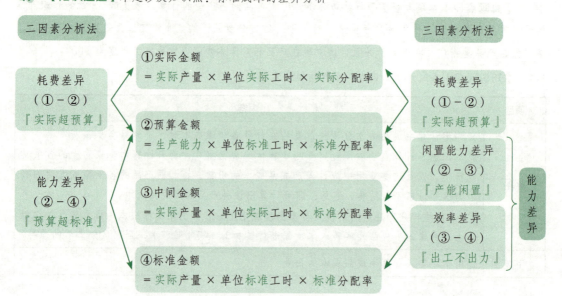

11. 甲公司生产 X 产品，产量处于 100 000 ~ 120 000 件范围内时，固定成本总额 220 000 元，单位变动成本不变。目前，X 产品产量 110 000 件，总成本 440 000 元。预计下年总产量 115 000 件，总成本是（　　）元。

A. 450 000
B. 440 000
C. 不能确定
D. 460 000

· 【解析】选项 A 正确，单位变动成本 =（440 000-220 000）/110 000=2（元），预计下年总成本 =2×115 000+220 000=450 000（元）。综上，本题应选 A。

· 【答案】A

· 【真题点评】本题考查的是弹性预算法，解题的关键是利用已知条件（目前的总成本、固定成本总额和产量），直接套用总成本函数公式 $y=a+bx$ 计算出单位变动成本后再求解预计产量下的总成本。该知识点难度较低，考生需要熟练记忆并应用，切勿在此失分。

· 【知识速递】本题涉及知识点：全面预算概述与编制方法

弹性预算法下的公式法，具体内容如下表所示：

项目	内容
含义	运用总成本性态模型测算预算期的成本费用数额，并编制成本费用预算的方法
计算公式	某项成本预算总额 $y=$ 固定成本预算总额 $a+$ 单位变动成本预算额 $b×$ 预计业务量 x
优点	便于计算任何业务量的预算成本
缺点	①阶梯成本和曲线成本只能用数学方法修正为直线，才能应用公式法 ②必要时，需在"备注"中说明适用不同业务量范围的固定费用和单位变动费用

12. 甲公司生产乙产品，最大产能 90 000 小时，单位产品加工工时 6 小时。目前订货量 13 000 件，剩余生产能力无法转移。乙产品销售单价 150 元，单位成本 100 元，单位变动成本 70 元。现有客户追加定货 2 000 件，单件报价 90 元，接受这笔订单，公司的营业利润（　　）。

A. 增加 100 000 元
B. 增加 40 000 元
C. 增加 180 000 元
D. 增加 160 000 元

· 【解析】选项 B 正确，最大产能 =90 000÷6=15 000（件），目前订货量 =13 000（件），剩余产能 =15 000-13 000=2 000（件），追加订货 2 000 件不会影响正常销售，也无需增加专属成本，接受订单，公司增加的营业利润 =2 000×（90-70）=40 000（元）。综上，本题应选 B。

· 【答案】B

· 【真题点评】本题考查的是特殊订单是否接受的决策，属于计算型的知识点，涉及第 17 章的内容。考生在做此类题目时需注意根据已知条件来判断是否还会涉及减少正常销售而产生的机会成本、生产能力转移的机会成本以及追加的专属成本等。

· 【知识速递】本题涉及知识点：生产决策

企业往往会面对一些特殊的订货合同，这些订货合同的价格有时会低于市场价格，甚至低于平均单位成本。在决定是否接受这些特殊订货时，决策分析的基本思路是比较该订单所提供的边际贡献是否能够大于该订单所增加的相关成本。相关情形如下：

项目	内容
决策指标	接受订单增加的相关损益＝订单所提供的边际贡献－该订单增加的相关成本
决策原则	接受订单增加的相关损益＞0，可接受订单

13. 下列选项中，不属于责任中心判断成本是否可控的条件是（　　　）。

  A.可计量性   B.可预知性

  C.可追溯性   D.可调控性

 ·【解析】选项C符合题意，可控成本是指在特定时期内、特定责任中心能够直接控制其发生的成本。可控成本通常应同时符合以下三个条件：（1）成本中心有办法知道将发生什么性质的耗费（可预知）；（2）成本中心有办法计量它的耗费（可计量）；（3）成本中心有办法控制并调节它的耗费（可控制、可调节）。综上，本题应选C。

 ·【答案】C

 ·【真题点评】本题是对可控成本基础概念的直接考查，考查频率较低。考生在备考过程中需注意全面复习。

 ·【知识速递】本题涉及知识点：责任成本

  责任成本是以具体的责任单位（部门、单位或个人）为对象，以其承担的责任为范围所归集的成本，也就是特定责任中心的全部可控成本。

  可控成本是指在特定时期内、特定责任中心能够直接控制其发生的成本。

  可控成本通常应同时符合以下三个条件：

  （1）成本中心有办法知道将发生什么性质的耗费。『可预知』

  （2）成本中心有办法计量它的耗费。『可计量』

  （3）成本中心有办法控制并调节它的耗费。『可控制、可调节』

14.【该题涉及的知识点新大纲已删除】甲公司是一家医用呼吸机生产企业，下列各项质量成本中，属于预防成本的是（　　　）。

  A.呼吸机顾客投诉费用   B.呼吸机检测费用

  C.呼吸机生产中废品的返修费用   D.呼吸机质量标准制定费用

 ·【答案】D

二、多项选择题（本题型共 12 小题，每小题 2 分，共 24 分。每小题均有多个正确答案，请从每小题的备选答案中选出你认为正确的答案。每小题所有答案选择正确的得分，不答、错答、漏答均不得分。）

1. 投资组合由证券 X 和证券 Y 各占 50% 构成。证券 X 的期望收益率 12%，标准差 12%，β 系数 1.5。证券 Y 的期望收益率 10%，标准差 10%，β 系数 1.3。下列说法中，正确的有（　　）。

 A. 投资组合的期望收益率等于 11%

 B. 投资组合的 β 系数等于 1.4

 C. 投资组合的变异系数等于 1

 D. 投资组合的标准差等于 11%

🔊 ·【解析】选项 A 正确，投资组合的期望收益率＝组合证券期望收益率的加权平均值 ＝12%×50%+10%×50%=11%；选项 B 正确，投资组合的 β 系数＝组合证券 β 系数的加权平均值 =1.5×50%+1.3×50%=1.4；选项 C、D 错误，投资组合的标准差不是各组成证券标准差的加权平均数，还与各组成证券报酬率之间的相关系数有关，变异系数＝标准差／均值，题中没有给出组成证券报酬率之间的相关系数，所以无法计算组合标准差和变异系数。综上，本题应选 AB。

🔓 ·【答案】AB

📝 ·【真题点评】本题考查了投资组合相关指标的计算，涉及第 3 章的内容，属于计算型的知识点。考生需牢记投资组合的期望报酬率和 β 系数分别是各组成证券期望报酬率和 β 系数的加权平均值，但标准差并非各组成证券标准差的加权平均值。

✈ ·【知识速递】本题涉及知识点：投资组合的风险与报酬

  投资组合的风险使用标准差来度量，其并不是单个证券标准差的简单加权平均。投资组合的风险不仅取决于组合内的各证券的风险，还取决于各个证券之间的关系。

2. 在市场有效的情况下，下列影响平息债券价格的说法中，正确的有（　　）。

 A. 假设其他条件不变，债券期限越短，市场利率变动对债券价格的影响越小

 B. 假设其他条件不变，当市场利率高于票面利率时，债券价格高于面值

 C. 假设其他条件不变，市场利率与票面利率的差异越大，债券价格与面值的差异越大

 D. 假设其他条件不变，债券期限越长，债券价格与面值的差异越大

🔊 ·【解析】选项 A 正确，在市场有效的情况下，债券价值＝债券价格。对于平息债券来说，随着到期时间的缩短，折现率（即市场利率）变动对债券价值的影响越来越小。选项 B 错误，对于平息债券来说，当市场利率高于票面利率时，债券折价发行，债券价格低于面值。选项 C 正确，对于平息债券来说，债券价格与面值的差异是由市场利率与票面利率的差异引起的，市场利率与票面利率的差异越大，债券价格与面值的差异越大。选项 D 错误，对于平息债券来说，如果市场利率等于票面利率并且连续付息的情况下，则债券价值等于面值。综上，本题应选 AC。

🔓 ·【答案】AC

📝 ·【真题点评】本题考查的是债券价值的影响因素，是考试中的常考点，发行方式和影响因素

结合出题使得这部分内容比较复杂，建议考生在复习这部分内容时结合图示理解掌握。

✈ ·【知识速递】本题涉及知识点：债券价值评估

平息债券价值的各项影响因素与债券价值的变动关系如下：

影响因素	折价发行	平价发行	溢价发行
面值	同向	同向	同向
票面利率	同向	同向	同向
折现率	反向	反向	反向
付息频率（有效年利率不变）	同向	同向	同向

3. 现有一份甲公司股票的欧式看涨期权，1个月后到期，执行价格50元。目前甲公司股票市价60元，期权价格12元。下列说法中，正确的有（ 　 ）。

A. 期权时间溢价2元
B. 期权处于实值状态
C. 期权到期时应被执行
D. 期权目前应被执行

🔊 ·【解析】选项A正确，时间溢价＝期权价值－内在价值＝12－（60－50）＝2（元）；选项B正确，目前股价大于执行价格，因此该看涨期权处于实值状态；选项C错误，期权到期时是否应被执行取决于期权到期日股价与执行价格的高低，而题目未告知到期日股价，因此无法判断期权到期时是否应被执行；选项D错误，该看涨期权是欧式看涨期权，只能在到期日行权。综上，本题应选AB。

🔒 ·【答案】AB

📝 ·【真题点评】本题考查的是金融期权的内在价值和时间溢价，涉及第7章的内容。此内容为考试中的常考点，考生在做题时须注意题目中是美式期权还是欧式期权，美式期权在到期日或者到期日之前的任何时间均可执行，而欧式期权只能在到期日执行。

✈ ·【知识速递】本题涉及知识点：金融期权价值的影响因素

期权价值由两部分构成，即内在价值和时间溢价。

期权的内在价值，是指期权立即执行产生的经济价值。内在价值的大小，取决于期权标的资产的现行市价（S_0）与期权执行价格（X）的高低。即：

看涨期权内在价值＝$max（S_0-X，0）$

看跌期权内在价值＝$max（X-S_0，0）$

通过对比标的资产的现行市价和执行价格，可以判断看涨期权和看跌期权的状态。

类别	看涨期权	看跌期权	回报	执行状况
实值状态（实值期权）	$S_0 > X$	$S_0 < X$	正回报	有可能被执行
虚值状态（虚值期权）	$S_0 < X$	$S_0 > X$	负回报	不会被执行
平价状态（平价期权）	$S_0 = X$	$S_0 = X$	零回报	不会被执行

4. 甲上市公司目前普通股市价每股 20 元，净资产每股 5 元。如果资本市场是有效的，下列关于甲公司价值的说法中，正确的有（   ）。

    A. 清算价值是每股 5 元

    B. 会计价值是每股 5 元

    C. 少数股权价值是每股 20 元

    D. 现时市场价值是每股 20 元

🔊 · **【解析】**选项 A 错误，清算价值是停止经营，出售资产产生的现金流，根据题干信息无法判断清算价值；选项 B 正确，会计价值是指资产、负债和所有者权益的账面价值，因此，会计价值是净资产价值每股 5 元；选项 C 正确，如果资本市场是有效的，少数股权价值为目前普通股市价每股 20 元；选项 D 正确，现时市场价值是指按现行市场价格计量的资产价值，因此，现时市场价值是目前普通股市价每股 20 元。综上，本题应选 BCD。

🔒 · **【答案】**BCD

📝 · **【真题点评】**本题考查的是企业价值评估的对象，涉及第 8 章的内容。考生在复习过程中应对以下三组概念进行重点区分：会计价值、现时市场价值与公平市场价值；持续经营价值与清算价值；少数股权价值与控股权价值。

✈ · **【知识速递】**本题涉及知识点：企业价值评估的目的和对象

    企业整体经济价值按照不同的标准，可以分为实体价值和股权价值、持续经营价值和清算价值、少数股权价值和控股权价值。

划分依据	类别	要点	
研究对象	实体价值	指企业全部资产的总体价值，实体价值＝股权价值＋净债务价值	
	股权价值	指股权的公平市场价值，而不是所有者权益的会计价值（账面价值）	
实现方式	持续经营价值	指由营业所产生的未来现金流量的现值	公平市场价值是持续经营价值和清算价值中较高者
	清算价值	指停止经营，出售资产产生的现金流	
持有对象	少数股权价值 V（当前）	是现有管理和战略条件下，企业能够给股票投资人带来的现金流量的现值	控股权溢价＝V（新的）－V（当前）
	控股权价值 V（新的）	是企业进行重组，改进管理和经营战略后可以为投资人带来的未来现金流量的现值	

5. 下列关于股票回购和现金股利影响的说法中，属于二者共同点的有（   ）。

    A. 均减少所有者权益

    B. 均降低股票市场价格

    C. 均改变所有者权益结构

    D. 均减少公司现金

🔊 · **【解析】**选项 B 错误，由于回购公司股票导致流通在外的普通股股数减少，导致股票价格提高。综上，本题应选 ACD。

🔒 · **【答案】**ACD

📝 · **【真题点评】**本题考查的是股票回购和现金股利的共同点，涉及第 11 章的内容，属于理解型的知识点。考生需注意公司无论采取股票回购还是支付现金股利的方式，对股东而言都是等效的，但是，股票回购有着与发放现金股利不同的意义。具体可结合"知识速递"重点掌握。

✈·【知识速递】本题涉及的知识点：股票分割与股票回购

项目	受影响的项目	不受影响的项目
股票回购	①股数减少 ②每股收益上升 ③股东权益总额下降 ④股东权益内部结构变化	每股面值
现金股利	①未分配利润减少 ②股东权益总额减少 ③所有者权益内部结构变化	①每股面值 ②股数

6. 甲持有乙公司股票，乙公司 2020 年利润分配及资本公积转增股本方案是每 10 股派发现金股利 2 元，同时以资本公积金向全体股东每 10 股转增 10 股。假设利润分配及资本公积金转增股本后股价等于除权参考价，下列关于该方案的说法中，正确的有（　　　　）。

　A. 甲财富不变　　　　　　　　　　　　　B. 乙股价不变

　C. 甲持有乙的股份比例不变　　　　　　　D. 甲持有乙的股数不变

🔊·【解析】选项 A 正确，选项 B 错误，乙公司发放现金股利以及资本公积转增资本后，股票的除权参考价＝（股权登记日收盘价－每股现金股利）/（1＋转增率），根据公式可以看出，派发现金股利以及资本公积金转增股本会导致乙公司股价下降，但是，因利润分配及资本公积金转增股本后股价等于除权参考价，所以甲的财富不变。选项 C 正确，选项 D 错误，由于乙公司向全体股东转增股本，因此甲持有乙的股数会增加，但是每个股东持有股份的比例并未改变。综上，本题应选 AC。

🔒·【答案】AC

📝·【真题点评】本题考查的是股利的种类、支付程序与分配方案，涉及第11章的内容，属于理解型的知识点。解答此类题目时，考生应当了解派发现金股利及资本公积转增股本背后的原理，这样更有利于加深理解。

✈·【知识速递】本题涉及知识点：股利的种类、支付程序与分配方案

　　在除息日，上市公司发放现金股利、股票股利以及资本公积转增资本后：

$$股票的除权参考价 = \frac{股权登记日收盘价 - 每股现金股利}{1 + 送股率 + 转增率}$$

7. 企业采用分步法计算产品成本时，可根据生产特点和管理要求选择逐步结转分步法或平行结转分步法。下列关于这两种方法的说法中，正确的有（　　　　）。

　A. 对外销售半成品的企业应采用逐步结转分步法

　B. 逐步分项结转分步法需要进行成本还原

C. 逐步结转分步法能全面反映各生产步骤的生产耗费水平

D. 平行结转分步法能提供各步骤半成品存货资金占用信息

· 【解析】选项B错误，逐步结转分步法按照成本在下一步骤成本计算单中的反映方式，还可以分为逐步综合结转分步法和逐步分项结转分步法，逐步综合结转分步法需要进行成本还原，而逐步分项结转分步法不需要进行成本还原；选项D错误，逐步结转分步法（而非平行结转分步法）能够提供各步骤半成品存货资金占用信息。综上，本题应选AC。

· 【答案】AC

· 【真题点评】本题考查了逐步结转分步法和平行结转分步法的特点，涉及第13章的内容，属于理解型的知识点。除了掌握使用逐步结转分步法和平行结转分步法计算产品成本外，考生还需掌握成本还原以及逐步结转分步法和平行结转分步法的特点。考生可将逐步结转分步法与平行结转分步法对比学习。

· 【知识速递】本题涉及知识点：逐步结转分步法 & 平行结转分步法

项目	逐步结转分步法	平行结转分步法
是否计算半成品成本	√	×
成本转移与实物转移是否同步	√	×
完工产品的含义	本步骤的完工产品	最终完工产成品
在产品的含义	狭义的在产品 （仅指本步骤尚未加工完成的在产品）	广义在产品 （既包括本步骤在产品，也包括本步骤已完工但未最终完工的所有后续仍需继续加工的在产品、半成品）
是否需要成本还原	逐步综合结转分步法：√ 逐步分项结转分步法：×	×
各步骤能否同时计算产成品成本	不能，需要依次结转、逐步累积，直到最后一个步骤才能计算出产品成本	可以，各步骤能同时计算产成品成本，平行汇总计算最终完工产品的成本

8. 下列关于直接人工标准成本制定及其差异分析的说法中，正确的有（ ）。

A. 直接人工标准工时包括调整设备时间

B. 直接人工工资率差异受使用临时工影响

C. 直接人工效率差异 =（实际工时 – 标准工时）× 实际工资率

D. 直接人工效率差异受工人经验影响

· 【解析】选项A正确，直接人工标准工时是指在现有生产技术条件下，生产单位产品所需要的时间，包括直接加工操作必不可少的时间、必要的间歇和停工（如工间休息、设备调整准备时间）、不可避免的废品耗用工时等；选项 B 正确，直接人工工资率差异的形成原因包括直接生产工人升级或降级使用、奖励制度未产生实效、工资率调整、加班或使用临时工、出勤率变化等；选项 C 错误，直接人工效率差异＝（实际工时－标准工时）×标准工资率；选项 D 正确，直接人工效率差异的形成原因，包括工作环境不良、工人经验不足、劳动情绪不佳、新工人上岗太多、机器或工具选用不当、设备故障较多、生产计划安排不当、产量规模太少而无法发挥经济批量优势等。综上，本题应选 ABD。

🔒 ·【答案】ABD

📋 ·【真题点评】本题考查了直接人工成本的差异分析，涉及第 14 章的内容，属于理解型的知识点。在备考时，考生可将直接人工标准成本的制定以及差异分析结合起来学习，根据差异产生的环节来确定某一差异形成的原因。

✈ ·【知识速递】本题涉及知识点：标准成本的差异分析

直接人工差异分析

项目	价格差异	数量差异
计算公式	工资率差异＝实际工时×（实际工资率－标准工资率）	效率差异＝（实际工时－标准工时）×标准工资率
形成原因	直接生产工人升级或降级使用、奖励制度未产生实效、工资率调整、加班或使用临时工、出勤率变化等 💡 直接人工的价格差异具体表现为工资率的差异，都是与直接生产工人的雇佣相关的，包括雇佣工人的级别、种类，以及工人的出勤率等	工作环境不良、工人经验不足、劳动情绪不佳、新工人上岗太多、机器或工具选用不当、设备故障较多、生产计划安排不当、产量规模太少而无法发挥经济批量优势等 💡 直接人工的数量差异具体表现为效率差异，主要与生产工人经验、具体的生产环境和生产规模相关
责任归属	主要由人力资源部门负责	主要由生产部门负责

9. 甲公司是一家空调生产企业，采用作业成本法核算产品成本，现正进行作业库设计，下列说法正确的有（　　　）。

A. 空调加工属于单位级作业

B. 空调设计属于品种级作业

C. 空调工艺流程改进属于生产维持级作业

D. 空调成品抽检属于批次级作业

🔊 ·【解析】选项 A 正确，单位级作业是指每一单位产品至少要执行一次的作业，如机器加工、组装；选项 B 正确、选项 C 错误，品种级作业是指服务于某种型号或样式产品的作业，如产品设计、产品生产工艺规程制定、工艺改造、产品更新等；选项 D 正确，批次级作业是指同时服务于每批产品或许多产品的作业，如生产前机器调试、成批产品转移至下一工序的运输、成批采购和检验等。综上，本题应选 ABD。

🔓 · 【答案】ABD

📋 · 【真题点评】本题考查了作业成本库的类型，涉及第15章的内容，属于理解型的知识点。在备考这一考点时，考生需重点记忆理解每种作业的受益对象和每种作业的举例，将二者结合起来透彻地理解这一知识点。

✈ · 【知识速递】本题涉及知识点：作业成本计算

种类	含义	特征	举例
单位级作业成本库	每一单位产品至少要执行一次的作业	单位级作业成本是直接成本，可以追溯到每个单位产品上，直接计入成本对象的成本计算单，与产量呈正比例变动	机器加工、组装等
批次级作业成本库	同时服务于每批产品或许多产品的作业	批次级作业成本取决于批次，而不是每批中单位产品的数量，与批次呈正比例变动	生产前机器调试、成批产品转移至下一工序的运输、成批采购和检验等
品种级（产品级）作业成本库	服务于某种型号或样式产品的作业	品种级作业成本仅仅因为某个特定的产品品种存在而发生，随产品品种数而变化，不随产量、批次数而变化	产品设计、产品更新、产品生产工艺规程制定、工艺改造等
生产维持级作业成本库	服务于整个工厂的作业	生产维持级作业是为了维护生产能力而进行的作业，不依赖于产品的数量、批次和种类	工厂保安、维修、行政管理、保险、财产税等

10. 甲公司是一家电子计算器制造商，计算器外壳可以自制或外购。如果自制，需为此购置一台专用设备，购价7 500元（使用1年，无残值，最大产能20 000件），单位变动成本2元。如果外购，采购量10 000件以内，单位报价3.2元；采购量10 000件及以上，单位报价可优惠至2.6元。下列关于自制或外购决策的说法中，正确的有（　　　）。

A. 预计采购量为8 000件时应自制

B. 预计采购量为12 000件时应外购

C. 预计采购量为16 000件时应外购

D. 预计采购量为4 000件时应外购

🔊 · 【解析】自制相关总成本＝生产量×单位变动成本＋专用设备购置价款＝生产量×2+7 500。外购相关总成本＝采购量×采购单价，当采购量在10 000件以内时，外购相关总成本＝采购量×3.2；当采购量在10 000件及以上时，外购相关总成本＝采购量×2.6。选项A正确，预计采购量为8 000件时，自制相关总成本为23 500元，外购相关总成本为25 600元，因此，应自制；选项B正确，预计采购量为12 000件时，自制相关总成本为31 500元，外购相关总成本为31 200元，因此，应外购；选项C错误，预计采购量为16 000件时，自制相关总成本为39 500元，外购相关总成本41 600元，因此，应自制；选项D正确，预计采购量为4 000件时，自制相关总成本为15 500元，外购相关总成本12 800元，因此，应外购。综上，本题应选ABD。

🔓 ·【答案】ABD

📝 ·【真题点评】本题考查的是零部件自制与外购的生产决策，涉及第17章的内容，也是考试的常考点。考生在应对此类题目时要全面考虑自制方案涉及的成本，并注意决策的原则是选择相关总成本小的方案。

✈ ·【知识速递】本题涉及知识点：生产决策

零部件是自制还是外购，从短期经营决策的角度看，需要比较两种方案的相关成本，选择相关成本较低的方案。相关情形如下：

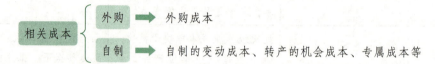

11. 企业在编制直接材料预算时，需预计各季度材料采购的现金支出额，影响该金额的因素有（　　　）。

A. 材料采购单价　　　　　　　　　　B. 预计材料库存量

C. 供应商提供的信用政策　　　　　　D. 预计产量

🔊 ·【解析】预计材料采购金额＝预计材料采购量×材料采购单价，其中：预计材料采购量＝预计生产需用量＋预计期末材料存量－预计期初材料存量，预计生产需用量＝预计产量×单位产品材料耗用量。此外，供货商提供的信用政策对企业材料采购的现金支出额也有影响。综上，本题答案为ABCD。

🔓 ·【答案】ABCD

📝 ·【真题点评】本题考查的是直接材料预算的内容，涉及第18章的内容。该知识点在客观题和主观题中均可考查。本题判断影响因素的时候，只需将计算公式逐项拆分，并结合信用政策的内容即可得出答案。

✈ ·【知识速递】本题涉及知识点：直接材料预算

直接材料预算是以生产预算为基础编制的，还要考虑预算期期初、期末的材料存量。

预计材料采购量＝预计生产需用量＋预计期末材料存量－预计期初材料存量

预计期末材料存量＝预计下期生产需用量×a%　　　预计期初材料存量＝上期期末材料存量

预计现金支出＝本期采购本期支付采购款＋前期采购本期支付采购款

12. 【该题涉及的知识点新大纲已删除】市场投资分析师在评价上市公司整体业绩时，可以计算的经济增加值指标有（　　　）。

A. 披露的经济增加值　　　　　　　B. 基本的经济增加值

C. 真实的经济增加值　　　　　　　D. 特殊的经济增加值

🔓 · 【答案】AB

三、计算分析题（本题型共 5 小题 40 分。其中一道小题可以选用中文或英文解答，请仔细阅读答题要求。如使用英文解答，须全部使用英文，答题正确的，增加 5 分。本题型最高得分为 45 分。涉及计算的，要求列出计算步骤，否则不得分，除非题目特别说明不需要列出计算过程。）

1.（本小题 8 分，可以选用中文或英文解答，如使用英文解答，需全部使用英文，答题正确的，增加 5 分，本小题最高得分为 13 分。）

甲公司有一基本生产车间，对外承接工业性加工服务，按照客户订单组织生产并核算成本。各订单分别领料，直接人工、制造费用分别按实际人工工时、实际机器工时在订单之间分配。原材料各订单开工时一次投入，加工费用随加工进度陆续发生。2020 年 9 月，产品成本相关资料如下：

（1）9 月初公司承接一新订单，订单编号 901，客户订购 M 产品 10 000 千克，立即开工，月底交付。在加工 M 产品时，同时产出 N 副产品。

（2）本月生产费用及工时资料：901 订单开工时实际耗用直接材料 178 000 元。801 订单（上月承接，未完工，本月继续加工）和 901 订单生产工人工资 154 000 元，车间制造费用 113 000 元。实际人工工时 12 320 小时，其中：801 订单 7 040 小时，901 订单 5 280 小时。实际机器工时 14 125 小时，其中：801 订单 8 125 小时，901 订单 6 000 小时。

（3）本月订单完成情况：截至 9 月 30 日，801 订单全部未完工；901 订单全部完工，加工完成 M 产品 10 000 千克，同时产出 N 副产品 500 千克。M 产品市场售价 45 元 / 千克。N 副产品进一步简装需每千克支付 2 元，简装后市场售价 10.8 元 / 千克。由于副产品价值相对较低，在计算 M 产品成本时，可将 N 副产品价值从 M 产品直接材料中扣除。

要求：

（1）什么是副产品？副产品成本分配通常采用何种方法？

📝 · 【答案】

①副产品，是指在同一生产过程中，使用同种原料，在生产主要产品的同时附带生产出来的非主要产品。

②由于副产品价值相对较低，而且在全部产品生产中所占的比重较小，因而可以采用简化的方法确定其成本，然后从总成本中扣除，其余额就是主产品的成本。比如，副产品可以按预先规定的固定单价确定成本。

📝 · 【真题点评】本题考查了主副产品成本的分配，属于第 13 章的知识点。主副产品成本的分配方法通常是考生备考中容易忽略的知识点，考生可将联产品和副产品的成本分配方法对比掌握。

✂ · 【知识速递】本题涉及知识点：联产品和副产品的成本分配

联产品 VS 副产品

项目		联产品	副产品
相同点		都是使用同种原料，经过同一生产过程同时生产出来的	
不同点	产品地位	主要产品	非主要产品
	销售价值	销售收入相对较高	销售收入远小于主产品
	成本计算	分离点售价法、可变现净值法、实物数量法	简化方法

（2）编制901订单产品成本计算单（结果填入下方表格中，不用列出计算过程）。

产品成本计算单

订单：901　　　　　　　　　　2020年9月　　　　　　　　　　单位：元

项目	直接材料	直接人工	制造费用	合计
月初在产品成本				
本月生产费用				
合计				
扣除副产品价值				
完工产品总成本				
完工产品单位成本				

· **【解析】**

产品成本计算单

订单：901　　　　　　　　　　2020年9月　　　　　　　　　　单位：元

项目	直接材料	直接人工	制造费用	合计
月初在产品成本	0	0	0	0
本月生产费用 〈资料（2）〉	178 000	（154 000/12 320）×5 280=66 000	（113 000/14 125）×6 000=48 000	292 000
合计	178 000	66 000	48 000	292 000
扣除副产品价值 〈资料（3）〉	（10.8-2）×500=4 400	0	0	4 400
完工产品总成本	178 000-4 400=173 600	66 000	48 000	287 600
完工产品单位成本	173 600/10 000=17.36	66 000/10 000=6.6	48 000/10 000=4.8	287 600/10 000=28.76

🔓 · 【答案】

产品成本计算单

订单：901　　　　　　　　　　2020 年 9 月　　　　　　　　　　单位：元

项目	直接材料	直接人工	制造费用	合计
月初在产品成本	0	0	0	0
本月生产费用	178 000	66 000	48 000	292 000
合计	178 000	66 000	48 000	292 000
扣除副产品价值	4 400	0	0	4 400
完工产品总成本	173 600	66 000	48 000	287 600
完工产品单位成本	17.36	6.6	4.8	28.76

📝 · 【真题点评】本题考查了主副产品成本的分配，属于第 13 章的知识点。在第（1）问确定了副产品成本的分配方法后，该小题考查了具体的计算过程。与普通的完工产品与在产品的成本分配不同的是，先采用简化的方法计算副产品的成本，再将其从总成本中扣除后得到主产品的成本。

✈ · 【知识速递】本题涉及知识点：联产品和副产品的成本分配

副产品成本的分配步骤：

第一步：采用简化方法确定副产品成本（如按预先规定的固定单价确定）；

第二步：从总成本中扣除副产品成本，其余额就是主产品的成本，即主产品成本 = 总成本 − 副产品成本。

（3）在产品是否应进一步深加工的决策中，公司管理者通常需要考虑哪些因素，用何种方法决策？假如公司对 N 副产品进一步深加工并简装后出售，简装成本仍为每千克 2 元，市场售价可提高至 15 元 / 千克，公司可接受的最高深加工成本是多少？

🔓 · 【答案】

①在产品是否应进一步深加工的决策中，进一步深加工前的半成品所发生的成本，都是无关的沉没成本；相关成本只包括进一步深加工所需的追加成本，相关收入是加工后出售和直接出售的收入之差；通常采用差量分析的方法计算出差额利润进行决策。

②若进一步深加工，单位 N 副产品的收入可以增加 15-10.8=4.2（元 / 千克），所以公司可以接受的最高深加工成本是 4.2 元 / 千克。

📝 · 【真题点评】本题考查了产品是否应进一步深加工的决策，属于第 17 章的知识点。考生需准确判断相关成本、相关收入，排除非相关成本的干扰。

✈ · 【知识速递】本题涉及知识点：产品是否应进一步深加工的决策

有些企业生产的产品，既可以直接对外销售，也可以进一步加工后再出售。此时企业需要对产品是直接出售还是进一步深加工两种方案进行选择。

项目	内容
决策方法	差量分析法
决策指标	差额利润＝深加工增加的收入－深加工追加的相关成本
决策原则	差额利润＞0，应继续深加工；反之，不应进一步深加工

2.（本小题 8 分）

甲公司是一家中低端护肤品生产企业，为适应市场需求，2020 年末拟新建一条高端护肤品生产线，项目期限 5 年。相关资料如下：

（1）新建生产线需要一栋厂房、一套生产设备和一项专利技术。新建厂房成本 5 000 万元，根据税法相关规定，按直线法计提折旧，折旧年限 20 年，无残值。假设厂房建设周期很短，2020 年末即可建成使用，预计 5 年后变现价值 4 000 万元。生产设备购置成本 2 000 万元，无需安装，根据税法相关规定，按直线法计提折旧，折旧年限 5 年，无残值，预计 5 年后变现价值为零。一次性支付专利技术使用费 1 000 万元，可使用 5 年，根据税法相关规定，专利技术使用费按受益年限平均摊销。

（2）生产线建成后，预计高端护肤品第一年销售收入 5 000 万元，第二年及以后每年销售收入 6 000 万元。付现变动成本占销售收入的 20%，付现固定成本每年 1 000 万元。

（3）项目需增加营运资本 200 万元，于 2020 年末投入，项目结束时收回。

（4）项目投产后，由于部分原中低端产品客户转而购买高端产品，预计会导致中低端产品销售收入每年流失 500 万元，同时付现变动成本每年减少 200 万元。

（5）假设厂房、设备和专利技术使用费相关支出发生在 2020 年末，各年营业现金流量均发生在当年年末。

（6）项目加权平均资本成本 14%。企业所得税税率 25%。

要求：

（1）计算该项目 2020 ~ 2025 年末的相关现金净流量和净现值（计算过程和结果填入下方表格中）。

单位：万元

	2020 年末	2021 年末	2022 年末	2023 年末	2024 年末	2025 年末
现金净流量						
折现系数						
现值						
净现值						

🔊·【解析】投资项目的现金流量由三个部分组成：建设期现金流量、经营期现金流量和终结点（寿命期末）现金流量。

①建设期：主要涉及现金流出，包括固定资产投资、无形资产投资、营运资本垫支等。

单位：万元

项目	金额
厂房建设成本	−5 000＜资料（1）＞
生产设备购置成本	−2 000＜资料（1）＞
专利技术使用费	−1 000＜资料（1）＞
垫支营运资本	−200＜资料（3）＞

②经营期：涉及现金流入与现金流出，包括销售收入、付现成本费用、折旧与摊销抵税及机会成本。

单位：万元

	2020 年末	2021 年末	2022 年末	2023 年末	2024 年末	2025 年末
税后收入		5 000×（1−25%）=3 750	6 000×（1−25%）=4 500	4 500	4 500	4 500
税后付现变动成本		−3 750×20%=−750	−4 500×20%=−900	−900	−900	−900
税后付现固定成本		−1 000×（1−25%）=−750	−750	−750	−750	−750
厂房折旧抵税		（5 000/20）×25%=62.5	62.5	62.5	62.5	62.5
生产设备折旧抵税		（2 000/5）×25%=100	100	100	100	100
专利技术使用费摊销抵税		（1 000/5）×25%=50	50	50	50	50
丧失中低端产品税后收入		−500×（1−25%）=−375	−375	−375	−375	−375
节约中低端产品税后变动成本		200×（1−25%）=150	150	150	150	150

③终结点（寿命期末）：主要涉及固定资产变现及营运资本的收回，考生需重点关注终结点固定资产的账面价值，并判断固定资产变现会产生抵税效应还是纳税义务。

单位：万元

项目	2025 年末
厂房账面价值	5 000-（5 000/20）×5=3 750
厂房变现价值	4 000
厂房变现收益纳税	-（4 000-3 750）×25%=-62.5
厂房变现相关现金流量	4 000-62.5=3 937.5
营运资本收回	200

④在前面三个步骤的基础上，进行如下计算：将上述计算结果填列至相应位置，并进行汇总，计算出各年现金净流量；再结合折现系数，计算出各年现金净流量现值；将各年的现金净流量现值进行汇总，计算出净现值。

· 【答案】

单位：万元

	2020 年末	2021 年末	2022 年末	2023 年末	2024 年末	2025 年末
厂房建设成本	-5 000					
生产设备购置成本	-2 000					
专利技术使用费	-1 000					
税后收入		5 000×（1-25%）=3 750	6 000×（1-25%）=4 500	4 500	4 500	4 500
税后付现变动成本		-3 750×20%=-750	-4 500×20%=-900	-900	-900	-900
税后付现固定成本		-1 000×（1-25%）=-750	-750	-750	-750	-750
厂房折旧抵税		（5 000/20）×25%=62.5	62.5	62.5	62.5	62.5
生产设备折旧抵税		（2 000/5）×25%=100	100	100	100	100
专利技术使用费摊销抵税		（1 000/5）×25%=50	50	50	50	50
厂房变现相关现金流量						3 937.5
垫支营运资本	-200					
营运资本收回						200

（续表）

	2020 年末	2021 年末	2022 年末	2023 年末	2024 年末	2025 年末
丧失中低端产品税后收入		$-500×（1-25\%）=-375$	-375	-375	-375	-375
节约中低端产品税后变动成本		$200×（1-25\%）=150$	150	150	150	150
现金净流量	-8 200	2 237.5	2 837.5	2 837.5	2 837.5	6 975
折现系数（14%）	1	0.8772	0.7695	0.6750	0.5921	0.5194
现值	-8 200	1 962.74	2 183.46	1 915.31	1 680.08	3 622.82
净现值	3 164.41					

📝 •【真题点评】投资项目现金流量的估计是历年考试中的常考点。做题过程中，考生应保持清醒的思路，按照建设期、经营期和终结点三个阶段从题干中提取关键信息并准确计算。其中应重点关注营运资本的计算、折旧摊销抵税额的计算和终结点固定资产变现现金流量的计算。

✈ •【知识速递】本题涉及知识点：投资项目现金流量的估计

项目的现金流量分为三个部分：建设期现金流量、经营期现金流量和终结点现金流量。

项目	具体估计内容
建设期	① - 固定资产、无形资产等长期资产投资 ② - 垫支的营运资本
经营期	+ 营业现金毛流量 = 营业收入 - 付现营业费用 - 所得税 = 税后经营净利润 + 折旧 = 营业收入 ×（1-税率）- 付现营业费用 ×（1-税率）+ 折旧 × 税率
终结点	① + 终结点长期资产变现相关现金流量： 变现价值＞账面价值，产生变现收益，需要纳税 　　资产变现相关现金流量 = 变现价值 -（变现价值 - 账面价值）× 税率 变现价值＜账面价值，产生变现损失，可以抵税 　　资产变现相关现金流量 = 变现价值 +（账面价值 - 变现价值）× 税率 ② + 收回垫支的营运资本

注：上述表格中"-"表示现金流出，"+"表示现金流入。

（2）计算该项目的动态投资回收期。

🔓 •【答案】该项目的动态投资回收期 =4+（8 200-1 962.74-2 183.46-1 915.31-1 680.08）/3 622.82=4.13（年）。

📝 •【真题点评】这类题目通常结合投资项目现金流量的估计在主观题中以一小问的形式考查。考生应注意如果题目要求计算静态投资回收期，则应使用每年现金净流量计算。

✈ · 【知识速递】本题涉及知识点：动态回收期法

为了克服静态回收期法不考虑货币时间价值的缺点，人们提出了动态回收期法。动态回收期也被称为折现回收期，是指在考虑货币时间价值的情况下，投资引起的未来现金流量累计到与原始投资额相等所需要的时间。

（3）分别用净现值法和动态投资回收期法判断该项目是否可行。假设甲公司设定的项目动态投资回收期为3年。

🔓 · 【答案】①用净现值法判断：该项目净现值大于0，项目可行。

②用动态投资回收期法判断：该项目动态投资回收期4.13年大于设定的项目动态投资回收期3年，项目不可行。

📝 · 【真题点评】本题主要考查投资项目的评价方法，考生在复习过程中，熟记各个评价方法的决策原则即可轻松应对此题。

✈ · 【知识速递】本题涉及知识点：投资项目的评价方法

净现值 VS 现值指数 VS 内含报酬率

项目	净现值	现值指数	内含报酬率
计算公式	A−B	A÷B	A=B 时的折现率
决策原则	评价单一方案时，结论一致 净现值＞0，现值指数＞1，内含报酬率＞资本成本，应予采纳 净现值 =0，现值指数 =1，内含报酬率 = 资本成本，可选择采纳或不采纳 净现值＜0，现值指数＜1，内含报酬率＜资本成本，应予放弃		
是否考虑时间价值	是	是	是
指标性质	绝对值指标	相对值指标	相对值指标
指标反映的收益特性	投资的效益	投资的效率	投资的效率
是否受预设折现率的影响	是	是	否
是否反映项目本身的报酬率	否	否	是

注：上表中 A 和 B 分别指未来现金净流量总现值和原始投资额总现值。

3.（本小题8分。）

甲公司是一家制造业企业，产品市场需求处于上升阶段。为提高产能，公司拟新建一个生产车间。该车间运营期6年，有两个方案可供选择：

方案一：设备购置。预计购置成本320万元，首年年初支付；设备维护费用每年2万元，年末支付。

方案二：设备租赁。租赁期6年，租赁费每年50万元，年初支付。租赁公司负责设备的维护，不再另外收费。租赁期内不得撤租，租赁期满时租赁资产所有权以60万元转让。

6年后该设备可按85万元出售，但需支付处置费用5万元。根据税法相关规定，设备折旧年限8年，净残值率4%，按直线法计提折旧。税前有担保借款利率8%，企业所得税税率25%。

要求：

（1）计算设备租赁相对于购置的差额现金流量及其净现值（计算过程和结果填入下方表格中）。

单位：万元

	T=0	T=1	T=2	T=3	T=4	T=5	T=6
差额现金流量							
折现系数							
现值							
净现值							

·【解析】

购买方案：

①购置设备（T=0）	第1年年初设备购置支出 =320（万元）『-』
②折旧抵税（T=1~6）	年折旧额 =320×（1-4%）/8=38.40（万元） 每年年末折旧抵税 =38.40×25%=9.60（万元）『+』
③税后维护费用(T=1~6)	因在租赁方案中租赁公司负责设备的维护，所以在购买方案中税后维护费用是相关现金流量，在计算现金流量时需要考虑 每年年末税后维护费用 =2×（1-25%）=1.50（万元）『-』
④期末设备变现（T=6）	第6年年末设备账面价值 =320-38.40×6=89.60（万元） 第6年年末设备变现流入 =85-5=80（万元）『+』 第6年年末设备变现损失抵税 =（89.60-80）×25%=2.40（万元）『+』

租赁方案：

①判断租赁的性质	不属于采用简化处理的短期租赁和低价值资产租赁，符合融资租赁的认定标准
②设备年租金（T=0~5）	每年年初支付租金 =50（万元）『-』
③折旧抵税（T=1~6）	租赁设备的计税基础 =6×50+60=360（万元） 年折旧额 =360×（1-4%）/8=43.20（万元） 每年年末折旧抵税 =43.20×25%=10.80（万元）『+』

（续表）

④期末设备变现（T=6）	第6年年末支付转让价款 =60（万元）『-』 第6年年末设备账面价值 =360-43.20×6=100.80（万元） 第6年年末设备变现流入 =85-5=80（万元）『+』 第6年年末设备变现损失抵税 =（100.80-80）×25%=5.20（万元）『+』

🔓·【答案】

单位：万元

	T=0	T=1	T=2	T=3	T=4	T=5	T=6
购买方案：							
购置成本	-320						
折旧抵税		9.60	9.60	9.60	9.60	9.60	9.60
税后维护费		-1.50	-1.50	-1.50	-1.50	-1.50	-1.50
变现流入							80
变现损失抵税							2.40
购买方案各年现金流量〈1〉	-320	8.10	8.10	8.10	8.10	8.10	90.50
租赁方案：							
租金	-50	-50	-50	-50	-50	-50	
折旧抵税		10.80	10.80	10.80	10.80	10.80	10.80
支付转让价款							-60
变现流入							80
变现损失抵税							5.20
租赁方案各年现金流量〈2〉	-50	-39.20	-39.20	-39.20	-39.20	-39.20	36
差额现金流量〈2〉-〈1〉	270	-47.30	-47.30	-47.30	-47.30	-47.30	-54.50
折现系数（6%）	1	0.9434	0.8900	0.8396	0.7921	0.7473	0.7050
现值	270	-44.62	-42.10	-39.71	-37.47	-35.35	-38.42
净现值	32.33						

📑·【真题点评】本题考查租赁的决策分析，属于计算型的知识点，其中涉及细节点较多，考生在做题过程中需格外细心。重点关注年折旧额的计算、租金的支付时间、税后维护费用的确定以及终结点现金流量的确定。

✈ ·【知识速递】本题涉及知识点：租赁的决策分析

租赁方案与购买方案的现金流量如下表所示：

项目	短期租赁和低价值资产租赁	融资租赁	购买方案
初始	—	－ 初始直接费用	－ 资产购置支出
租赁期/经营期	－ 税后租金	－ 年租金 ＋ 折旧抵税	＋ 折旧抵税 － 税后维护费用等
终结点	—	资产处置	资产处置

（2）判断企业应该选择何种方案，简要说明理由。

🔓 ·【答案】因为租赁净现值大于 0，甲公司应该选择租赁方案。

📝 ·【真题点评】本题要求在前一问计算结果的基础上进行判断。考生务必掌握租赁决策分析的原则，再结合前述计算结果判断。

✈ ·【知识速递】本题涉及知识点：租赁的决策分析

租赁决策分析的原则，如下图所示：

租赁方案的现金流量总现值 － 购买方案的现金流量总现值 ＝ 租赁净现值
- ＞0 ➡ 租赁方案
- ＝0 ➡ 二者均可
- ＜0 ➡ 购买方案

4.（本小题 8 分。）

甲公司是一家化工生产企业，生产需要 X 材料。该材料价格 2 300 元/吨，年需求量 3 600 吨（一年按 360 天计算）。一次订货成本 600 元，单位储存成本 300 元/年，缺货成本每吨 1 000 元，运费每吨 200 元。

材料集中到货，正常到货概率为 80%，延迟 1 天到货概率为 10%，延迟 2 天到货概率为 10%。假设交货期内材料总需求量根据每天平均需求量计算。如果设置保险储备，则以每天平均需求量为最小单位。

要求：

（1）计算 X 材料的经济订货量、年订货次数、与批量相关的年存货总成本。

🔊 ·【解析】

根据经济订货量的基本模型，经济订货量 $Q^* = \sqrt{\dfrac{2KD}{K_c}} = \sqrt{\dfrac{2 \times 600 \times 3\,600}{300}} = 120$（吨），

年订货次数 $N^* = \dfrac{D}{Q^*} = \dfrac{3\,600}{120} = 30$（次），

与批量相关的年存货总成本 $TC(Q^*) = \sqrt{2KDK_c} = \sqrt{2 \times 600 \times 3\,600 \times 300} = 36\,000$（元）。

🔓 · 【答案】

$$经济订货量 = \sqrt{\frac{2 \times 600 \times 3\ 600}{300}} = 120\ （吨），$$

年订货次数 $= 3\ 600/120 = 30$（次），

$$与批量相关的年存货总成本 = \sqrt{2 \times 600 \times 3\ 600 \times 300} = 36\ 000（元）。$$

📝 · 【真题点评】本题考查了经济订货量基本模型的应用，涉及第12章的内容，属于计算型的知识点。在应用公式进行计算时，考生需从题干中准确识别出计算公式涉及的数据，特别要排除订货固定成本和储存固定成本的干扰。

✈ · 【知识速递】本题涉及知识点：存货管理

经济订货量基本模型相关指标的计算公式如下：

① 经济订货量 $Q^* = \sqrt{\dfrac{2KD}{K_c}}$

② 与批量有关的存货总成本 $TC（Q^*） = \sqrt{2KDK_c}$

③ 每年最佳订货次数 $N^* = \dfrac{D}{Q^*}$

④ 最佳订货周期 $t^* = \dfrac{1}{N^*}$

⑤ 经济订货量占用资金 $I^* = \dfrac{Q^*}{2} \times U$

上式中，D 为存货的年需要量；K 为每次订货的变动成本；U 为单位购置成本；K_c 为单位储存变动成本。

（2）计算X材料不同保险储备量的年相关总成本，并确定最佳保险储备量。

🔊 · 【解析】平均每日耗用量 $= 3\ 600 \div 360 = 10$（吨），

材料延迟到货时间及其概率分布可总结如下：

延迟到货时间（天）	0	1	2
延迟到货期内的需求量（吨）	0	10×1=10	10×2=20
概率	80%	10%	10%

① 当保险储备 $=0$ 时：

一次订货缺货量 $= 10 \times 10\% + 20 \times 10\% = 3$（吨），

年缺货成本 $= 3 \times 30 \times 1\ 000 = 90\ 000$（元），

年保险储备成本 $= 0$，

年相关总成本 $= 90\ 000 + 0 = 90\ 000$（元）；

② 当保险储备 $=10$ 吨时：

一次订货缺货量 $=（20-10） \times 10\% = 1$（吨），

年缺货成本 $= 1 \times 30 \times 1\ 000 = 30\ 000$（元），

年保险储备成本 =10×300=3 000（元），

年相关总成本 =30 000+3 000=33 000（元）；

③当保险储备 =20 吨时：

一次订货缺货量 =0，

年缺货成本 =0，

年保险储备成本 =20×300=6 000（元），

年相关总成本 =0+6 000=6 000（元）；

综上，当保险储备为 20 吨时，年相关总成本最低，因此最佳保险储备量为 20 吨。

·【答案】

平均每日耗用量 =3 600/360=10（吨），

当保险储备 =0 时，$TC(S、B)$=[10%×（10×1-0）+10%×（10×2-0）]×30×1 000+0=90 000（元），

当保险储备 =10 吨时，$TC(S、B)$=[10%×（10×2-10）]×30×1 000+10×300=33 000（元），

当保险储备 =20 吨时，$TC(S、B)$=0+20×300=6 000（元），

综上，当保险储备为 20 吨时，年相关总成本最低，因此最佳保险储备量为 20 吨。

·【真题点评】 本题考查了最佳保险储备量的计算，涉及第 12 章的内容，属于计算型的知识点。计算最佳保险储备量的关键是准确计算一次订货缺货量。在解题时，考生务必准确计算考虑延迟到货后的到货时间和延迟到货期内的需求量。建议考生分别计算不同保险储备量下的年缺货成本和年保险储备成本，以防一步计算错误造成较多的失分。

·【知识速递】 本题涉及知识点：存货管理

保险储备相关成本：

总成本 $TC（S、B）$= 缺货成本 C_S+ 保险储备成本 C_B

缺货成本 C_S= 单位缺货成本 K_u× 一次订货缺货量 S× 年订货次数 N

保险储备成本 C_B= 保险储备量 B× 单位储存变动成本 K_c

5.（本小题 8 分。）

甲公司拟承包乙集团投资开发的主题公园中的游乐场，承包期限 5 年，承包时一次性支付经营权使用费 25 000 万元，按承包年限平均分摊；承包期内每年上交 5 000 万元承包费，并且每年按其年收入的 10% 向乙集团支付管理费。甲公司目前正在进行 2021 年盈亏平衡分析。相关资料如下：

（1）游乐场售卖两种门票，均当日当次有效。票价如下：

单位：元

	游乐场门票	公园观光和游乐场联票（联票）
成人普通票（普通票）	60	80
儿童及 60 岁以上老人优惠票（优惠票）	30	40

（2）2021年预计门票售卖情况：游乐场门票500万张，联票400万张。假设各类已售门票中，普通票和优惠票的比例均为40%：60%。

（3）联票收入甲、乙分享，各占50%。

（4）物业费为固定费用，2021年甲公司支付游乐场物业费10 286万元。

（5）假设不考虑企业所得税。

要求：

（1）分别计算游乐场2021年边际贡献总额、固定成本总额、营业利润。

🔊·【解析】根据题干信息，可将甲公司2021年门票售卖及收入情况总结如下：

项目		游乐场门票	公园观光和游乐场联票（联票）
成人普通票（普通票）	售价（元）	60	80
	数量（万张）	500×40%=200	400×40%=160
	收入（万元）	60×200=12 000	80×160×50%=6 400
儿童及60岁以上老人优惠票（优惠票）	售价（元）	30	40
	数量（万张）	500×60%=300	400×60%=240
	收入（万元）	30×300=9 000	40×240×50%=4 800
收入合计（万元）		12 000+9 000=21 000	6 400+4 800=11 200

根据上表可知：

销售收入=21 000+11 200=32 200（万元），

变动成本=销售收入×10%=32 200×10%=3 220（万元），

边际贡献总额=销售收入−变动成本=32 200−3 220=28 980（万元）；

固定成本总额=每年经营权使用费+承包费+物业费=25 000/5+5 000+10 286=20 286（万元）；

营业利润=边际贡献总额−固定成本总额=28 980−20 286=8 694（万元）。

🔒·【答案】

2021年边际贡献总额=（500×40%×60+500×60%×30+400×40%×80×50%+400×60%×40×50%）×（1−10%）=28 980（万元），

2021年固定成本总额−25 000/5+5 000+10 286=20 286（万元），

2021年营业利润=28 980−20 286=8 694（万元）。

📝·【真题点评】本题考查了本量利分析的基本模型，涉及第16章的内容，属于计算型的知识点。本题的难点在于将复杂的门票种类和门票售价及门票销售数量对应起来；其次，需要注意题干中的一个"陷阱"，即联票收入的50%归甲公司享有；计算固定成本时，需要识别固定成本的种类和金额，按照本量利分析的基本模型一步一步进行计算即可。

✈·【知识速递】本题涉及知识点：本量利分析基本模型

边际贡献方程式：

息税前利润=销售收入−变动成本−固定成本=边际贡献−固定成本

（2）分别计算游乐场 2021 年平均每人次边际贡献、盈亏临界点游客人次、安全边际率。

·【解析】

2021 年平均每人次边际贡献 = 边际贡献总额 / 门票总销量 =28 980/（500+400）=32.2（元），

盈亏临界点游客人次 = 固定成本总额 / 平均每人次边际贡献 =20 286/32.2=630（万人次），

安全边际率 =1－盈亏平衡点作业率 =1－630/（500+400）×100%=30%。

·【答案】

2021 年平均每人次边际贡献 =28 980/（500+400）=32.2（元），

2021 年盈亏临界点游客人次 =20 286/32.2=630（万人次），

2021 年安全边际率 =1－630/（500+400）×100%=30%。

·【真题点评】 本题考查了保本分析，涉及第 16 章的内容，属于计算型的知识点。本题的难度并不大，关键在于将计算公式与试题的实际信息联系起来进行解答。

·【知识速递】 本题涉及知识点：保本分析

①数量指标：

$$盈亏临界点销售量（保本量）（Q_0）=\frac{固定成本F}{单价P-单位变动成本V}$$

②金额指标：

$$盈亏临界点销售额（保本额）（S_0）=\frac{固定成本}{边际贡献率}$$

③比率指标：

$$盈亏临界点作业率=\frac{盈亏临界点销售量（额）}{实际或预计销售量（额）}=\frac{Q_0}{Q}=\frac{S_0}{S}$$

（3）如果甲公司计划 2021 年实现营业利润 10 000 万元，拟将游乐场普通票提价至 70 元，其他票价不变，联票销售预计增长 50%。假设其他条件不变，计算至少需要售卖多少万张游乐场门票才能实现目标利润。

·【解析】 2021 年联票预计销售量 =400×（1+50%）=600（万张），

设游乐场门票售卖 X 万张，则

项目		游乐场门票	公园观光和游乐场联票（联票）
成人普通票（普通票）	售价（元）	70	80
	数量（万张）	40%X	600×40%=240
	收入（万元）	70×40%X=28X	80×240×50%=9 600
儿童及 60 岁以上老人优惠票（优惠票）	售价（元）	30	40
	数量（万张）	60%X	600×60%=360
	收入（万元）	30×60%X=18X	40×360×50%=7 200
收入合计（万元）		28X+18X=46X	9 600+7 200=16 800

销售收入 = （46X+16 800）（万元），

变动成本 = 销售收入 ×10%=（46X+16 800）×10%=（4.6X+1 680）（万元），

根据题意，（46X+16 800）−（4.6X+1 680）−20 286=10 000，

解得，X=366.33（万张）。

📋 · 【答案】设游乐场门票售卖 X 万张，则：

[X×40%×70+X×60%×30+400×（1+50%）×40%×80×50%+400×（1+50%）×60%×

40×50%]×（1−10%）−20 286=10 000；

解得，X=366.33（万张）。

📝 · 【真题点评】本题考查了保利分析，涉及第16章的内容，属于计算型的知识点。在第（1）问的基础上，考生需结合题干信息，确定哪些信息发生了变化，哪些信息保持不变，再根据税前营业利润的计算公式，通过解方程求解保利量。

✈ · 【知识速递】本题涉及知识点：保利分析

$$保利量 = \frac{固定成本 + 目标利润}{单位边际贡献} = \frac{固定成本 + \dfrac{税后目标利润}{1 - 企业所得税税率}}{单位边际贡献}$$

四、综合题（本题共 15 分。涉及计算的，要求列出计算步骤，否则不得分，除非题目特别说明不需要列出计算过程。）

甲公司是一家制造业上市公司，乙公司是一家制造业非上市公司，两家公司生产产品不同，且非关联方关系。甲公司发现乙公司的目标客户多是小微企业，与甲公司的市场能有效互补，拟于 2020 年末通过对乙公司原股东非公开增发新股的方式换取乙公司 100% 的股权以实现对其的收购。目前，甲公司已完成该项目的可行性分析，拟采用实体现金流量折现法估计乙公司价值。相关资料如下：

（1）乙公司成立于 2017 年初，截至目前仅运行了 4 年，但客户数量增长较快。乙公司 2017 ~ 2020 年主要财务报表数据如下：

单位：万元

资产负债表项目	2017 年末	2018 年末	2019 年末	2020 年末
货币资金	80	120	160	250
应收账款	120	180	240	260
存货	240	290	320	400
固定资产	540	610	710	827.5
资产总计	980	1 200	1 430	1 737.5
应付账款	180	200	280	300
长期借款	220	300	420	600

（续表）

资产负债表项目	2017 年末	2018 年末	2019 年末	2020 年末
股东权益	580	700	730	837.5
负债及股东权益	980	1 200	1 430	1 737.5
利润表项目	2017 年	2018 年	2019 年	2020 年
营业收入	2 000	2 300	2 760	3 450
减：营业成本	1 000	1 100	1 200	1 600
税金及附加	14	16	22	30
销售和管理费用	186	356	250	348
财务费用	16	20	28	40
利润总额	784	808	1 260	1 432
减：所得税费用	196	202	315	358
净利润	588	606	945	1 074

乙公司货币资金均为经营活动所需，财务费用均为利息支出。

（2）甲公司预测，乙公司 2021 年、2022 年营业收入分别增长 20%、12%，自 2023 年起进入增长率为 4% 的稳定增长状态。假设收购不影响乙公司正常运营，收购后乙公司净经营资产周转率、税后经营净利率按 2017 ~ 2020 年的算术平均值估计。假设所有现金流量均发生在年末，资产负债表期末余额代表全年平均水平。

（3）乙公司目标资本结构（净负债 / 股东权益）为 2/3。等风险债券税前资本成本 8%；普通股 β 系数 1.4，无风险报酬率 4%，市场组合必要报酬率 9%。企业所得税税率 25%。

（4）甲公司非公开增发新股的发行价格按定价基准日前 20 个交易日公司股票均价的 80% 确定。定价基准日前 20 个交易日相关交易信息如下：

定价基准日前 20 个交易日	累计交易金额（亿元）	累计交易数量（亿股）	平均收盘价（元 / 股）
	4 000	160	24

要求：

（1）编制乙公司 2017 ~ 2020 年管理用资产负债表和利润表（结果填入下方表格中，不用列出计算过程）。

单位：万元

管理用财务报表项目	2017 年	2018 年	2019 年	2020 年
净经营资产				
净负债				
股东权益				

（续表）

管理用财务报表项目	2017年	2018年	2019年	2020年
税后经营净利润				
税后利息费用				
净利润				

·【解析】根据传统财务报表的数据，逐项分析各个报表项目的属性，特别需要关注的是题干关于货币资金和财务费用的表述。以2017年的数据为例，传统财务报表向管理用财务报表的转换过程如下：

资产负债表项目	属性	2017年末
货币资金	经营性流动资产	80
应收账款	经营性流动资产	120
存货	经营性流动资产	240
固定资产	经营性长期资产	540
资产总计	—	980
应付账款	经营性流动负债	180
长期借款	金融负债	220
股东权益	股东权益	580
负债及股东权益	—	980

利润表项目	属性	2017年
营业收入	经营损益	2 000
减：营业成本	经营损益	1 000
利润表项目	属性	2017年
税金及附加	经营损益	14
销售和管理费用	经营损益	186
财务费用	金融损益	16
利润总额	—	784
减：所得税费用	—	196
净利润	—	588

①根据上表，经营性流动资产＝总资产－经营性长期资产＝980-540=440（万元），经营性流动负债＝180（万元），经营营运资本＝440-180=260（万元），经营性长期资产＝540（万元），

经营性长期负债 =0，净经营性长期资产 =540（万元），净经营资产 = 经营营运资本 + 净经营性长期资产 =260+540=800（万元），或净经营资产 = 经营资产 − 经营负债 =980−180=800（万元）；

②净负债 = 金融负债 − 金融资产 =220−0=220（万元）；

③股东权益 =580（万元）；

④税前经营净利润 = 利润总额 + 利息费用 =784+16=800（万元），税后经营净利润 =800×（1−25%）=600（万元）；

⑤税后利息费用 =16×（1−25%）=12（万元）；

⑥净利润 = 税后经营净利润 − 税后利息费用 =600−12=588（万元）。

2018 年、2019 年和 2020 年的计算过程与 2017 年的计算类似，请注意数字的差别。

·【答案】

单位：万元

管理用财务报表项目	2017 年	2018 年	2019 年	2020 年
净经营资产	800	1 000	1 150	1 437.5
净负债	220	300	420	600
股东权益	580	700	730	837.5
税后经营净利润	600	621	966	1 104
税后利息费用	12	15	21	30
净利润	588	606	945	1 074

·【真题点评】 本题考查了传统财务报表向管理用财务报表的转换，涉及第 2 章的内容，属于计算型的知识点。管理用财务报表体系在历年考试中考查频率非常高，在将传统财务报表转换为管理用财务报表时，考生务必按照题干中关于货币资金和财务费用的表述对货币资金和财务费用进行处理，以免造成满盘皆输的后果。

·【知识速递】 本题涉及知识点：管理用财务报表体系

常见的资产负债表项目的属性

报表项目	经营资产	金融资产
货币资金	处理方法有： ①全部为经营资产或全部为金融资产 ②一定比例为经营资产，其余为金融资产 根据题目要求选择处理方法	
应收票据	无息应收票据	以市场利率计息的应收票据
应收账款	√	—
预付款项	√	—

（续表）

报表项目	经营资产	金融资产
交易性金融资产	—	√
债权投资	—	√
其他债权投资	—	√
其他权益工具投资	—	√
长期股权投资	√	—
其他应收款中的应收股利	由长期股权投资形成	由短期权益性投资形成
其他应收款中的应收利息	—	√
投资性房地产	—	√
递延所得税资产	经营性资产产生	金融性资产产生

（2）预测乙公司 2021 年及以后年度净经营资产周转率、税后经营净利率。

· **【解析】** 根据题干信息"收购后乙公司净经营资产周转率、税后经营净利率按 2017 ~ 2020 年的算术平均值估计"，则

$$2017 \text{ 年净经营资产周转率} = \frac{\text{营业收入}}{\text{净经营资产}} = 2\,000/800 = 2.5 \text{（次）}，$$

2018 年净经营资产周转率 =2 300/1 000=2.3（次），

2019 年净经营资产周转率 =2 760/1 150=2.4（次），

2020 年净经营资产周转率 =3 450/1 437.5=2.4（次），

净经营资产周转率 =（2.5+2.3+2.4+2.4）/4=2.4（次）；

同理，税后经营净利率 =（600/2 000+621/2 300+966/2 760+1 104/3 450）/4=31%。

· **【答案】**

净经营资产周转率 =（2 000/800+2 300/1 000+2 760/1 150+3 450/1 437.5）/4=2.4（次），

税后经营净利率 =（600/2 000+621/2 300+966/2 760+1 104/3 450）/4=31%。

· **【真题点评】** 本题考查了管理用财务分析体系下特有的财务比率：净经营资产周转率和税后经营净利率的计算，涉及第 2 章的内容，属于计算型的知识点。考生需熟练掌握这两个指标的计算公式，并严格按照题干中关于两个指标取值口径的表述进行计算。

· **【知识速递】** 本题涉及知识点：管理用财务报表体系

传统的财务分析体系指标	管理用财务分析体系指标
$\text{营业净利率} = \dfrac{\text{净利润}}{\text{营业收入}}$	$\text{税后经营净利率} = \dfrac{\text{税后经营净利润}}{\text{营业收入}}$
$\text{总资产周转次数} = \dfrac{\text{营业收入}}{\text{总资产}}$	$\text{净经营资产周转次数} = \dfrac{\text{营业收入}}{\text{净经营资产}}$

（续表）

传统的财务分析体系指标	管理用财务分析体系指标
总资产净利率 $= \dfrac{净利润}{总资产}$ $=$ 营业净利率 $\times$ 总资产周转次数	净经营资产净利率 $= \dfrac{税后经营净利润}{净经营资产}$ $=$ 税后经营净利率 $\times$ 净经营资产周转次数
权益乘数 $= \dfrac{总资产}{股东权益}$	净财务杠杆 $= \dfrac{净负债}{股东权益}$
—	税后利息率 $= \dfrac{税后利息费用}{净负债}$

（3）采用资本资产定价模型，估计乙公司的股权资本成本；按照目标资本结构，估计乙公司的加权平均资本成本。

📢·【解析】根据资本资产定价模型，股权资本成本 = 无风险报酬率 + $\beta \times$（市场组合必要报酬率 − 无风险报酬率）= 4%+1.4×（9%−4%）=11%；

加权平均资本成本 = 税前债务资本成本 ×（1− 所得税税率）× 净负债 /（净负债 + 股东权益）+ 股权资本成本 × 股东权益 /（净负债 + 股东权益）=8%×（1−25%）×2/（2+3）+11%×3/（2+3）=9%。

🔒·【答案】乙公司的股权资本成本 =4%+1.4×（9%−4%）=11%，

乙公司的加权平均资本成本 =8%×（1−25%）×2/（2+3）+11%×3/（2+3）=9%。

📝·【真题点评】本题考查了股权资本成本和加权平均资本成本的计算，涉及第 3 章和第 4 章的内容。资本成本的计算通常与投资项目资本预算或企业价值评估结合考查，在使用资本资产定价模型计算股权成本时，务必看清已知的信息是市场风险溢价还是市场组合必要报酬率；在计算加权平均资本成本时，务必看清题干已知的信息是税前债务资本成本还是税后债务资本成本。

✂·【知识速递】本题涉及知识点：普通股资本成本的估计 & 加权平均资本成本的计算

关于资本资产定价模型指标的常见表述如下：

参数	表述
r_{RF}	无风险利率、无风险收益率、国库券利率
r_m	①市场(组合)平均收益率(报酬率)、市场组合要求的收益率、证券市场平均收益率、市场组合的必要报酬率 ②股票市场的平均收益率、平均风险股票报酬率、股票价格指数的收益率等
$r_m - r_{RF}$	①市场风险溢价、平均风险收益率、平均风险溢价、平均风险补偿率、市场组合的(风险)收益率 ②证券市场的风险溢价率、证券市场的平均风险收益率 ③股票市场的风险附加率、股票市场的风险收益率
$\beta \times (r_m - r_{RF})$	股票的风险收益率、股票的风险报酬率、股票的风险补偿率

（4）基于上述结果，计算 2021 ~ 2023 年乙公司实体现金流量，并采用实体现金流量折现法，

估计2020年末乙公司实体价值（计算过程和结果填入下方表格中）。

单位：万元

	2020年末	2021年末	2022年末	2023年末
实体现金流量				
折现系数				
现值				
实体价值				

【解析】 本题的解题思路如下：

第一步，根据第（1）小题的计算结果、第（2）小题计算出的净经营资产周转率和税后经营净利率，分别计算税后经营净利润和净经营资产；

第二步，根据前后两年净经营资产的比较，分别计算净经营资产的增加值；

第三步，根据"实体现金流量＝税后经营净利润－净经营资产增加"，分别计算2020年～2023年的实体现金流量；

第四步，根据永续增长模型，计算2023年以后实体现金流量在2023年年末的价值；

第五步，汇总计算2020年年末实体价值。

单位：万元

	2020年末	2021年末	2022年末	2023年末
营业收入	3 450	3 450×（1+20%）=4 140	4 140×（1+12%）=4 636.8	4 636.8×（1+4%）=4 822.27
税后经营净利润	1 104	4 140×31%=1 283.4	4 636.8×31%=1 437.41	4 822.27×31%=1 494.90
净经营资产	1 437.5	4 140÷2.4=1 725	4 636.8÷2.4=1 932	4 822.27÷2.4=2 009.28
净经营资产增加	1 437.5-1 150=287.5	1 725-1 437.5=287.5	1 932-1 725=207	2 009.28-1 932=77.28
实体现金流量	816.5	1 283.4-287.5=995.9	1 437.41-207=1 230.41	1 494.90-77.28=1 417.62
折现系数（9%）	1	0.9174	0.8417	—

（续表）

	2020 年末	2021 年末	2022 年末	2023 年末
现值		913.64	1 035.64	—
后续期价值	28 352.40×0.8417 =23 864.22		1 417.62/（9%- 4%）=28 352.40	
实体价值	913.64+1 035.64+23 864.22=25 813.50			

🔓·【答案】

单位：万元

	2020 年末	2021 年末	2022 年末	2023 年末
营业收入	3 450	3 450×（1+ 20%）=4 140	4 140×（1+ 12%）=4 636.8	4 636.8×（1+ 4%）=4 822.27
税后经营净利润	1 104	1 283.4	1 437.41	1 494.90
净经营资产	1 437.5	1 725	1 932	2 009.28
净经营资产增加	1 437.5-1 150=287.5	287.5	207	77.28
实体现金流量	816.5	995.9	1 230.41	1 417.62
折现系数（9%）	1	0.9174	0.8417	—
现值		913.64	1 035.64	
后续期价值	23 864.22		1 417.62/（9%- 4%）=28 352.40	
实体价值	25 813.50			

📝·【真题点评】本题综合考查了管理用财务报表体系和企业价值评估的内容，涉及第 2 章和第 8 章的内容。考生需灵活掌握实体现金流量相关的计算公式，根据题干已知信息灵活选择计算公式；在分阶段计算企业价值时，需准确计算后续期实体现金流量，并选择正确的折现期数。

✈·【知识速递】本题涉及知识点：现金流量折现模型

两阶段增长模型

项目	适用条件	计算公式
股权现金流量模型	企业增长呈现两个阶段，第一个阶段没有稳定增长率，第二个阶段一般具有永续增长的特征，具有固定的增长率	假设详细预测期为 n，则 股权价值 = 详细预测期价值 + 后续期价值 = 详细预测期股权现金流量现值 + 后续期股权现金流量现值 $= \sum_{t=1}^{n} \dfrac{股权现金流量_t}{（1+股权资本成本）^t} +$ $\dfrac{股权现金流量_{n+1}/（股权资本成本-永续增长率）}{（1+股权资本成本）^n}$

（续表）

项目	适用条件	计算公式
实体现金流量模型	企业增长呈现两个阶段，第一个阶段没有稳定增长率，第二个阶段一般具有永续增长的特征，具有固定的增长率	假设详细预测期为 n，则 实体价值 = 详细预测期价值 + 后续期价值 = 详细预测期实体现金流量现值 + 后续期实体现金流量现值 $= \sum\limits_{t=1}^{n} \dfrac{\text{实体现金流量}_t}{(1+\text{加权平均资本成本})^t} +$ $\dfrac{\text{实体现金流量}_{n+1} / (\text{加权平均资本成本} - \text{永续增长率})}{(1+\text{加权平均资本成本})^n}$

（5）假设乙公司净负债按 2020 年末账面价值计算，估计 2020 年末乙公司股权价值。

· **【解析】**根据第（4）小题计算出的 2020 年末乙公司实体价值，2020 年末乙公司股权价值 = 实体价值 − 净债务价值 =25 813.50−600=25 213.50（万元）。

· **【答案】**2020 年末乙公司股权价值 =25 813.50−600=25 213.50（万元）。

· **【真题点评】**本题考查了股权价值的计算，计算相对简单，掌握了股权价值和实体价值的关系即可轻松作答。在考试时，考生务必看清债务价值的取值口径。

· **【知识速递】**本题涉及知识点：企业价值评估的目的和对象

实体价值指企业全部资产的总体价值。

实体价值 = 股权价值 + 净债务价值

（6）计算甲公司非公开增发新股的发行价格和发行数量。

· **【解析】**定价基准日前 20 个交易日股票交易均价 = $\dfrac{\text{定价基准日前 20 个交易日股票交易总额}}{\text{定价基准日前 20 个交易日股票交易总量}}$

=4 000÷160=25（元 / 股），

发行价格 = 定价基准日前 20 个交易日股票交易均价 ×80%=25×80%=20（元 / 股），

发行数量 =25 213.50÷20=1 260.68（万股）。

· **【答案】**定价基准日前 20 个交易日股票交易均价 =4 000/160=25（元 / 股），

发行价格 =25×80%=20（元 / 股），

发行数量 =25 213.50/20=1 260.68（万股）。

· **【真题点评】**本题考查了非公开增发新股时股票发行价格的计算，涉及第 10 章的内容，属于计算型的知识点。考生务必区分清楚公开增发和非公开增发时股票发行价格的规定。

· **【知识速递】**本题涉及知识点：普通股筹资

项目	公开增发	非公开增发
增发对象	没有特定的发行对象，股票市场上的投资者均可以认购	有特定的发行对象，主要是机构投资者、大股东及关联方等

（续表）

项目	公开增发	非公开增发
增发条件	除满足前述公开发行的基本条件外，还应当符合下列规定： ①最近 3 个会计年度加权平均净资产收益率平均不低于（≥）6%，扣除非经常性损益后的净利润与扣除前的净利润相比，以低者作为加权平均净资产收益率的计算依据 ②除金融类企业外，最近一期末不存在持有金额较大的交易性金融资产和可供出售的金融资产、借予他人款项、委托理财等财务性投资的情形	—
定价方式	不低于公告招股意向书前 20 个交易日公司股票均价或前 1 个交易日的均价	不低于定价基准日前 20 个交易日公司股票均价的 80%
认购方式	通常为现金认购	不限于现金，还包括股权、债权、无形资产、固定资产等非现金资产

2019 年注册会计师全国统一考试

《财务成本管理》真题逐题解密

（考试时长：150 分钟）

一、单项选择题（本题型共 14 小题，每小题 1.5 分，共 21 分。每小题只有一个正确答案，请从每小题的备选答案中选出一个你认为最正确的答案，用鼠标点击相应的选项。）

1. 企业目标资本结构是使加权平均资本成本最低的资本结构。假设其他条件不变，该资本结构也是（   ）。

A. 使每股收益最高的资本结构

B. 使股东财富最大的资本结构

C. 使股票价格最高的资本结构

D. 使利润最大的资本结构

🔊·**【解析】**公司的最佳资本结构不一定是使每股收益最大的资本结构，而是使市净率最高的资本结构（假设市场有效）。假设股东投资资本和债务价值不变，该资本结构也是使企业价值最大化的资本结构。在这种情况下，企业价值最大化与增加股东财富具有相同的意义。综上，本题应选 B。

🔓·**【答案】**B

📝·**【真题点评】**本题考查的是企业价值比较法及财务管理的目标，属于理解型的知识点，涉及第 9 章和第 1 章的内容。要正确作答这道题目，考生需要能够区分不同的财务管理目标，尤其需要注意股价最大化和公司价值最大化适用的前提条件；此外，还需熟悉不同的资本结构决策方法。

✈·**【知识速递】**本题涉及知识点：财务管理的目标

关于公司财务管理基本目标，主要有以下三种观点：

（1）利润最大化

此观点认为，利润代表了公司新创造的财富，利润越多则说明财富增加得越多，越接近公司的目标。

（2）每股收益最大化

此观点认为，应当把公司的利润和股东投入的资本联系起来考察，用每股收益（或权益净利率）来概括公司的财务管理目标，以克服"利润最大化"目标的局限性。

（3）股东财富最大化

此观点认为，增加股东财富是财务管理的基本目标，这也是本书采纳的观点。有时财务管理目标也可被表述为股价最大化和公司价值最大化。

2.甲公司处于可持续增长状态，2019年年初总资产为1 000万元，总负债为200万元，预计
2019年净利润为100万元，股利支付率为20%，甲公司2019年可持续增长率为（   ）。

  A. 2.5%   B. 8%

  C. 10%   D. 11.1%

·【解析】甲公司目前处于可持续增长状态，且题目中给出的数据为2019年年初的数据，因此可以根据期初股东权益计算可持续增长率，期初股东权益=总资产－负债=1 000-200=800（万元），可持续增长率=100×（1-20%）/800=10%。综上，本题应选C。

·【答案】C

·【真题点评】本题考查的是可持续增长率的计算，涉及第2章的内容，属于计算型的知识点。历年考试中，本考点在2015年以主观题形式考查过。考生在备考这一知识点时，需熟记可持续增长率的计算公式以便在考试时能够根据题干信息迅速正确地确定适合的计算公式。作答本题时，考生需注意题干中给出的是利润留存率还是股利支付率，是期初数据还是期末数据。

·【知识速递】本题涉及知识点：增长率的测算

取值	可持续增长率的计算公式
期初股东权益	可持续增长率 = 期初权益本期净利率 × 本期利润留存率 = 营业净利率 × 期末总资产周转次数 × 期末总资产期初权益乘数 × 本期利润留存率
期末股东权益	可持续增长率 $= \dfrac{\text{期末权益净利率} \times \text{本期利润留存率}}{1 - \text{期末权益净利率} \times \text{本期利润留存率}}$ $= \dfrac{\text{营业净利率} \times \text{期末总资产周转次数} \times \text{期末总资产权益乘数} \times \text{本期利润留存率}}{1 - \text{营业净利率} \times \text{期末总资产周转次数} \times \text{期末总资产权益乘数} \times \text{本期利润留存率}}$

3.甲商场进行分期付款销售活动，某款手机可在半年内分6期付款，每期期初付款600元，假设年利率为12%，该手机价款如果购买时一次性付清，下列各项金额中最接近的是（   ）元。

  A. 2 912   B. 3 437

  C. 3 477   D. 3 512

·【解析】根据每期期初付款600元，分6期付款，可判断出付款形式为预付年金。半年内分6期付款，则每期间隔为一个月，年利率为12%，期利率为12%/12=1%，则付款金额现值=$A×（P/A,i,n）×（1+i）$=600×（P/A，1%，6）×（1+1%）=600×5.795 5×（1+1%）=3 512.07（元）。综上，本题应选D。

·【答案】D

·【真题点评】本题考查的是预付年金现值的计算，涉及第3章的内容，属于计算型的知识点。本题中考生需根据题干信息判断付款形式所属的年金类别，然后再根据公式计算现值，同时需注意题目中给出的是年利率还是期利率，判断是否需要进行利率间的换算。

·【知识速递】本题涉及知识点：货币时间价值

项目	预付年金终值	预付年金现值
计算公式	$F=A\times[\dfrac{(1+i)^{n+1}-1}{i}-1]$ $=A\times(F/A, i, n)\times(1+i)$ $=A\times[(F/A, i, n+1)-1]$	$P=A\times[\dfrac{1-(1+i)^{-(n-1)}}{i}+1]$ $=A\times(P/A, i, n)\times(1+i)$ $=A\times[(P/A, i, n-1)+1]$
与普通年金系数的换算关系	与普通年金终值系数的换算关系： ①在普通年金终值系数的基础上乘以（1+i） ②在普通年金终值系数的基础上，期数加1，系数减1	与普通年金现值系数的换算关系： ①在普通年金现值系数的基础上乘以（1+i） ②在普通年金现值系数的基础上，期数减1，系数加1

4.甲公司有X、Y两个项目组，分别承接不同的项目类型，X项目组的资本成本为10%，Y项目组的资本成本为14%，甲公司资本成本为12%，下列项目中，甲公司可以接受的是（　　）。

A.报酬率为9%的X类项目　　　　　　　　B.报酬率为11%的X类项目

C.报酬率为12%的Y类项目　　　　　　　　D.报酬率为13%的Y类项目

·【解析】本题考查的是通过项目资本成本与项目内含报酬率的比较进行项目评价和选择，选项中的"报酬率"指项目"内含报酬率"。X类项目的（内含）报酬率大于10%时可以接受，Y类项目（内含）报酬率大于14%时可以接受，因此选项A、C、D均不符合题意。综上，本题应选B。

·【答案】B

·【真题点评】本题考查的是投资项目的评价方法，涉及第5章的内容。判断投资项目是否可行，需要将投资项目的内含报酬率与其资本成本相比较，内含报酬率大于资本成本的项目是可行的，反之则不可行。

·【知识速递】本题涉及知识点：投资项目的评价方法

内含报酬率（IRR）是指能够使未来现金净流量现值等于原始投资额现值的折现率，或者说是使投资项目净现值为零的折现率。

项目		说明
计算公式	各年现金净流量相等	每年现金净流量×（P/A, i, n）=原始投资额现值 利用插值法求解，得出内含报酬率
	各年现金净流量不等	采用逐步测试法： （1）估计折现率：找到分别使净现值大于零和小于零的两个相邻折现率 （2）利用插值法求解，得出内含报酬率
决策原则		内含报酬率＞资本成本，项目可以增加股东财富，应予采纳 内含报酬率＝资本成本，项目不改变股东财富，可选择采纳或不采纳 内含报酬率＜资本成本，项目将减损股东财富，应予放弃

（续表）

项目	说明
评价	（1）是根据项目的现金流量计算的，是项目本身的投资报酬率 （2）不必事先估计资本成本，只是最后需要一个切合实际的资本成本来与之比较，判断项目是否可行

5.甲、乙公司已进入稳定增长状态，股票信息如下：

项目	甲	乙
期望报酬率	10%	14%
股利稳定增长率	6%	10%
股票价格	30 元	40 元

下列关于甲、乙股票投资的说法中，正确的是（　　）。

A.甲、乙股票预期股利相同　　　　　　B.甲、乙股票股利收益率相同

C.甲、乙股票预期资本利得相同　　　　D.甲、乙股票资本利得收益率相同

🔊 · 【解析】选项A错误，期望报酬率 $=D_1/P_0+g$，可得10%= 甲股票预期股利 /30+6%，14%= 乙股票预期股利 /40+10%，解得甲股票预期股利 =（10%-6%）×30=1.2（元），乙股票预期股利 =（14%-10%）×40=1.6（元）；

选项B正确，股利收益率 $=D_1/P_0$，可得甲股票股利收益率 =1.2/30=4%，乙股票股利收益率 =1.6/40=4%；

选项D错误，g 为股利增长率，由于甲、乙公司已进入稳定增长状态，股利的增长速度也就是股价的增长速度，因此 g 可以解释为股价增长率或资本利得收益率，则甲股票的资本利得收益率 = 股利稳定增长率 =6%，乙股票的资本利得收益率 = 股利稳定增长率 =10%；

选项C错误，资本利得收益率 = 预期资本利得 $/P_0$，则甲股票预期资本利得 = 资本利得收益率 $\times P_0$=6%×30=1.8（元），乙股票预期资本利得 = 资本利得收益率 $\times P_0$=10%×40=4（元）。综上，本题应选B。

🔓 · 【答案】B

📋 · 【真题点评】本题考查的是普通股价值评估，涉及第6章的内容。以期望报酬率作为考查角度，考生需要熟悉股利固定增长模型下各个参数的含义，理清参数之间的关系。此外，考生还需清楚资本利得收益率取决于股价的增长，股利收益率取决于股利的增长；在稳定增长状态下，股价的增长率和股利稳定增长率是相等的。

✈ · 【知识速递】本题涉及知识点：普通股价值评估

股票投资的期望报酬率是指股票未来现金流量现值等于股票购入价格时的折现率，类似于债券的到期收益率和投资项目的内含报酬率。

模型	计算公式
零增长股票期望报酬率	期望报酬率 $r_s = \dfrac{股利}{当前股票的价格} = \dfrac{D}{P_0}$
固定增长股票期望报酬率	期望报酬率 $r_s = \dfrac{下一年股利}{当前股票的价格} + 股利增长率 = \dfrac{D_1}{P_0} + g$ 其中，$\dfrac{D_1}{P_0}$ 称为股利收益率，由于该模型下股利的增长速度也就是股价的增长速度，因此，g 可以解释为股价增长率或资本利得收益率
非固定增长股票期望报酬率	类似于债券到期收益率的计算方法『内插法』

6. 假设其他条件不变，下列影响期权价值的各项因素中，会引起期权价值同向变动的是（ ）。

A. 执行价格
B. 标的股票股价波动率
C. 无风险利率
D. 标的股票市价

· 【解析】选项 A 错误，在其他条件不变时，执行价格越高，看涨期权价值越低，看跌期权价值越高；选项 B 正确，在其他条件不变时，股价波动率越大，期权价值越高；选项 C、D 错误，在其他条件不变时，无风险利率以及标的股票市价上升，都会使看涨期权价值上升，看跌期权价值下降。综上，本题应选 B。

· 【答案】B

· 【真题点评】本题考查的是金融期权价值的影响因素，涉及第 7 章的内容，属于理解、识记型的知识点。考生需要对期权价值的不同影响因素进行理解识记，并且需要注意题干中期权的类型，不同影响因素对不同类型期权的影响也是不同的。

· 【知识速递】本题涉及知识点：金融期权价值的影响因素

影响期权价值的主要因素有股票价格、执行价格、无风险利率、预期红利、股价波动率、到期期限。一个变量增加（其他变量不变）对期权价格的影响，如下表所示：

期权类型 影响因素	美式期权		欧式期权	
	看涨期权	看跌期权	看涨期权	看跌期权
股票价格	+	−	+	−
执行价格	−	+	−	+
无风险利率	+	−	+	−
预期红利	−	+	−	+
股价波动率『最重要』	+	+	+	+
到期期限	+	+	不一定	不一定

提示："+"表示同向变动；"−"表示反向变动。

7. 甲公司股票每股 10 元，以配股价格每股 8 元向全体股东每 10 股配售 10 股。拥有甲公司 80% 股权的投资者行使了配股权，乙持有甲公司股票 1 000 股，未行使配股权，配股除权使乙的财富（   ）。

A. 增加 220 元

B. 减少 890 元

C. 减少 1 000 元

D. 不发生变化

🔊 · **【解析】** 甲公司向全体股东每 10 股配售 10 股，但是只有 80% 的股东行使了配股权，因此股份变动比例 =10/10×80%=0.8，配股后每股价格 =（10+0.8×8）/（1+0.8）=9.11（元），股东乙财富损失 =1 000×10-9.11×1 000=10 000-9 110=890（元）。综上，本题应选 B。

🔓 · **【答案】** B

📝 · **【真题点评】** 本题考查的是配股除权参考价的计算及配股对股东财富的影响，属于计算型的知识点，涉及第 10 章的内容。考生在应对此类题目时需注意题干中的说明，明确是否所有股东都参与了配股。

✈ · **【知识速递】** 本题涉及知识点：普通股筹资

配股是指向原普通股股东按其持股比例、以低于市价的某一特定价格配售一定数量新发行股票的融资行为。

配股除权价格	通常配股股权登记日后要对股票进行除权处理。除权后股票的理论除权基准价格为： 配股除权参考价 = $\dfrac{\text{配股前股票市值} + \text{配股价格} \times \text{配股数量}}{\text{配股前股数} + \text{配股数量}}$（公式一） 配股除权参考价 = $\dfrac{\text{配股前每股价格} + \text{配股价格} \times \text{股份变动比例}}{1 + \text{股份变动比例}}$（公式二）
每股股票 配股权价值	利用配股除权参考价可以估计每股股票配股权价值。每股股票配股权价值为： 每股股票配股权价值 = $\dfrac{\text{配股除权参考价} - \text{配股价格}}{\text{购买一股新配股所需的原股数}}$

8. 甲公司是一家啤酒生产企业，淡季需占用 300 万元货币资金、200 万元应收账款、500 万元存货、1 000 万元固定资产以及 200 万元无形资产（除此以外无其他资产），旺季需额外增加 300 万元季节性存货。经营性流动负债、长期负债和股东权益总额始终保持在 2 000 万元，其余靠短期借款提供资金。甲公司的营运资本筹资策略是（   ）。

A. 保守型策略

B. 适中型策略

C. 激进型策略

D. 无法确定

🔊 · **【解析】** 甲公司经营性流动负债、长期负债和股东权益总额始终保持在 2 000 万元，长期资产包含固定资产及无形资产，价值 =1 000+200=1 200（万元），经营性流动资产包括货币资金、应收账款及存货，在淡季的价值 =300+200+500=1 000（万元），则甲公司生产经营淡季的易变现率 =（2 000-1 200）/1 000=80%，在淡季易变现率小于 1，可知甲公司营运资本筹资策略为激进型筹资策略。综上，本题应选 C。

🔓 · **【答案】** C

📝·【真题点评】本题考查的是营运资本筹资策略的判断，涉及第12章的内容，属于计算型的知识点。要正确作答这道题目，考生可以根据题干信息计算出生产经营淡季的易变现率，再根据易变现率的大小作出判断，也可以比较生产经营淡季的全部资金需求和全部资金来源的大小，根据生产经营淡季是否需要借入短期金融负债来判断筹资策略的类型。

🔍·【知识速递】本题涉及知识点：营运资本筹资策略

营运资本筹资策略通常用经营性流动资产中长期筹资来源的比重来衡量，该比率称为易变现率。

$$易变现率 = \frac{（经营性流动负债＋长期债务＋股东权益）－长期资产}{经营性流动资产} \quad \begin{array}{l}『分子』\\[6pt]『分母』\end{array}$$

项目	适中型筹资策略		
匹配性	波动性流动资产＝短期金融负债（临时性负债） 稳定性流动资产＋长期资产＝经营性流动负债＋长期债务＋股东权益		
特点	风险适中、收益适中、资本成本适中		
易变现率	旺季： 　波动性流动资产＞0 　短期金融负债＞0 　易变现率＜1		淡季： 　波动性流动资产＝0 　短期金融负债＝0 　易变现率＝1

项目	保守型筹资策略		
匹配性	波动性流动资产＞短期金融负债（临时性负债） 稳定性流动资产＋长期资产＜经营性流动负债＋长期债务＋股东权益		
特点	风险低、收益低、资本成本高		
易变现率	旺季： 　波动性流动资产＞0 　短期金融负债＞0 　易变现率＜1		淡季： 　波动性流动资产＝0 　短期金融负债＝0 　易变现率＞1 💡 企业存在闲置资金，可用于购买短期金融资产获取短期收益

（续表）

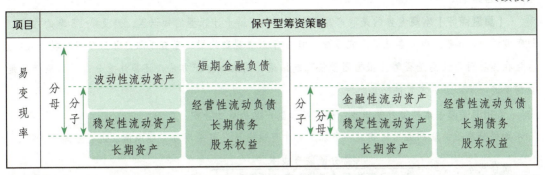

| 项目 | 保守型筹资策略 |

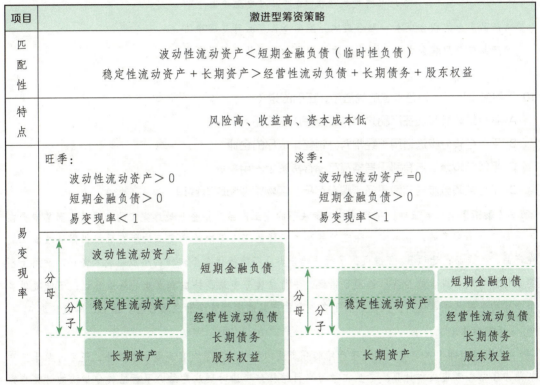

项目	激进型筹资策略
匹配性	波动性流动资产＜短期金融负债（临时性负债） 稳定性流动资产＋长期资产＞经营性流动负债＋长期债务＋股东权益
特点	风险高、收益高、资本成本低

9. 甲工厂生产联产品 X 和 Y，9 月份产量分别为 690 件与 1 000 件，分离点前发生联合成本 4 万元，分离点后分别发生深加工成本 1 万元和 1.8 万元，X 和 Y 的最终销售总价分别为 97 万元和 145.8 万元，按照可变现净值法，X 和 Y 的总加工成本分别是（   ）。

A. 1.2 万元和 2.8 万元　　　　　　B. 1.6 万元和 2.4 万元

C. 2.2 万元和 4.6 万元　　　　　　D. 2.6 万元和 4.2 万元

🔊 ·【解析】X、Y 产品因为需要深加工后才可供出售，因此分离点可变现净值 ＝ 该产品最终售价 － 分离后该产品后续加工至可销售状态的费用，则 X 产品的可变现净值 ＝97－1＝96（万元），Y 产品的可变现净值 ＝145.8－1.8＝144（万元）。X 产品应分配的联合成本 ＝96×4/（96＋144）＝1.6（万元），Y 产品应分配的联合成本 ＝144×4/（96＋144）＝2.4（万元）。所以 X 产品的总加工成本 ＝1.6＋1＝2.6（万元），Y 产品的总加工成本 ＝2.4＋1.8＝4.2（万元）。综上，本题应选 D。

⊙ · 【答案】D

📝 · 【真题点评】本题考查的是联产品成本的分配，属于计算型的知识点，涉及第13章的内容。历年考试中，本考点多以客观题形式考查，2017年以主观题的形式考查了联产品应分摊的联合成本。考生在作答时需注意是否需要根据题干信息选择适合的成本分配方法，还需注意分离后的联产品是否需要进一步加工后才可供出售。

✈ · 【知识速递】本题涉及知识点：联产品和副产品的成本分配

如果分离后的联产品尚需要进一步加工后才可供出售，可采用可变现净值法进行分配。

$$联合成本分配率 = \frac{待分配联合成本}{A产品可变现净值 + B产品可变现净值}$$

A产品应分配联合成本 = 联合成本分配率 × A产品可变现净值

B产品应分配联合成本 = 联合成本分配率 × B产品可变现净值

10. 下列关于平行结转分步法的说法中，正确的是（　　　）。

　　A.平行结转分步法在产品是尚未最终完成的产品

　　B.平行结转分步法适用于经常对外销售半成品的企业

　　C.平行结转分步法有利于考察在产品存货资金占用情况

　　D.平行结转分步法有利于各步骤在产品的实物管理和成本管理

🔊 · 【解析】选项A正确，平行结转分步法下的完工产品是指企业最终完工的产成品，而某步骤在产品是广义的在产品，包括本步骤在产品和本步骤已完工但未最终完工的所有后续仍需继续加工的在产品、半成品；选项B、C错误，平行结转分步法不能提供各个步骤的半成品成本资料，适用于不要求计算半成品成本的企业；选项D错误，平行结转分步法是按成本发生的地点登记，不能提供各个步骤的半成品成本资料，因此不利于各步骤在产品的实物管理和成本管理。综上，本题应选A。

⊙ · 【答案】A

📝 · 【真题点评】本题考查的是平行结转分步法的特征。除了在客观题中考查外，还可与第十三章其他内容结合考查成本计算。考生在学习平行结转分步法时要注意结合平行结转分步法的计算步骤和特征理解在产品的含义。

✈ · 【知识速递】本题涉及知识点：平行结转分步法

项目	内容
概念	平行结转分步法又称不计算半成品成本分步法，是指在计算各步骤成本时，不计算各步骤所产半成品成本，也不计算各步骤所耗用上一步骤的半成品成本，而只计算本步骤发生的各项其他费用，以及这些费用中应计入产成品成本的份额，将相同产品的各步骤成本明细账中的这些份额平行结转、汇总，即可计算出该种产品的产成品成本
适用范围	适用于不要求计算半成品成本的企业

（续表）

项目	内容
优点	①各步骤可以同时计算产品成本，平行汇总计入产成品成本，不必逐步结转半成品成本 ②能够直接提供按原始成本项目反映的产成品成本资料，不必进行成本还原，因而能够简化和加速成本计算工作
缺点	①不能提供各个步骤的半成品成本资料 ②各生产步骤的产品成本不包括所耗半成品费用，因而不能全面地反映各步骤产品的生产耗费水平（第一步骤除外），不能更好地满足这些步骤成本管理的要求

11. 电信运营商推出"手机 10 元保号，可免费接听电话和接收短信，主叫国内通话每分钟 0.2 元"的套餐业务，选用该套餐的消费者每月手机费属于（　　）。

A. 半变动成本　　　　　　　　　B. 固定成本

C. 阶梯式成本　　　　　　　　　D. 延期变动成本

🔊·【解析】半变动成本是指在初始成本的基础上随业务量正比例增长的成本。题干中的"10 元保号"即为初始成本；在初始成本的基础上，成本总额随业务量变化呈正比例变化，即题干中的"主叫国内通话每分钟 0.2 元"，这两部分构成半变动成本。综上，本题应选 A。

🔒·【答案】A

📝·【真题点评】本题考查的是成本性态分析中混合成本的区分，属于理解型的知识点，涉及第 16 章的内容。历年考试中，本考点多以客观题形式考查成本的分类。考生可结合图形掌握每种成本的特征，并理解识记不同成本类型的举例。

✈·【知识速递】本题涉及知识点：成本性态分析

项目	概念	图示	举例
半变动成本	指在初始成本的基础上随业务量正比例增长的成本 $y=a+bx$		电费和电话费等公用事业费、燃料、维护和修理费等
阶梯式成本	指总额随业务量呈阶梯式增长的成本，亦称步增成本或半固定成本		受开工班次影响的动力费、整车运输费用、检验人员工资等

（续表）

项目	概念	图示	举例
延期变动成本	指在一定业务量范围内总额保持稳定，超出特定业务量则开始随业务量比例增长的成本	总成本（y）／业务量（x）	在正常业务量情况下给员工支付固定月工资，当业务量超过正常水平后则需支付加班费的人工成本

12. 甲公司是一家汽车制造企业，每年需要 M 零部件 20 000 个，可以自制或外购，自制时直接材料 400 元／个，直接人工 100 元／个，变动制造费用 200 元／个，固定制造费用 150 元／个，甲公司有足够的生产能力，如不自制，设备出租可获得年租金 400 000 元，甲公司选择外购的条件是单价小于（　　）元。

A. 680

B. 720

C. 830

D. 870

🔊·【解析】甲公司有足够的生产能力且生产能力可以转移，即存在机会成本，则自制零件的总成本 =20 000×（400+100+200）+400 000=14 400 000（元），则自制零件的单位成本 =14 400 000/20 000 =720（元），若要选择外购方案，则外购方案的成本需小于自制方案的成本，即外购单价小于 720 元。综上，本题应选 B。

🔒·【答案】B

📝·【真题点评】本题考查的是短期生产决策，属于计算型的知识点，涉及第 17 章的内容。本考点在 2018 年和 2020 年均考查过，可以文字型题目和计算型题目的形式呈现。考生在应对此类题目时要注意生产能力是否可以转移，是否需要追加专属成本，并排除固定成本的干扰，计算出两个方案各自的成本，再选择成本较低者即可。

✈·【知识速递】本题涉及知识点：生产决策

零部件是自制还是外购，从短期经营决策的角度看，需要比较两种方案的相关成本，选择相关成本较低的方案。相关情形如下：

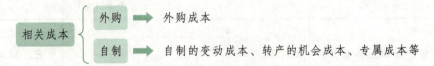

13. 甲公司正在编制直接材料预算，预计单位产品材料消耗量 10 千克，材料价格 50 元／千克，第一季度期初、期末材料存货分别为 500 千克和 550 千克，第一季度、第二季度产成品销量分别为 200 件和 250 件；期末产成品存货按下季度销量 10% 安排。预计第一季度材料采购金额是（　　）元。

A. 100 000 B. 102 500

C. 105 000 D. 130 000

【解析】 ①计算本期生产量。（单位：件）

销量	期初产成品存货	期末产成品存货	本期生产量
200	200×10%=20	250（第二季度销量）×10%=25	200+25-20=205

②计算本期材料采购款。

本期材料消耗量（千克）	期初材料存货（千克）	期末材料存货（千克）	本期材料采购量（千克）	本期材料采购款（元）
205×10=2 050	500	550	2 050+550-500=2 100	2 100×50=105 000

综上，本题应选C。

【答案】 C

【真题点评】 本题考查的是营业预算的编制，本考点在2016年、2017年、2019年和2020年均以客观题的形式考查过，主要考查内容为各项营业预算数据的计算及考虑的因素。考生在作答时需注意题目已知条件的关联关系，建议考生多练习题目，提高做题速度和准确性。

【知识速递】 本题涉及知识点：各项营业预算的编制

直接材料预算是以生产预算为基础编制的，还要考虑预算期期初、期末的材料存量。

预计材料采购量＝预计生产需用量＋预计期末材料存量－预计期初材料存量

预计现金支出＝本期采购本期支付采购款＋前期采购本期支付采购款

14. 甲公司销售收入为50万元，边际贡献率为30%。该公司仅设K和W两个部门，其中K部门的变动成本为30万元，边际贡献率为25%。下列说法中，错误的是（ ）。

A. K部门的变动成本率为70% B. K部门的边际贡献为10万元

C. W部门的边际贡献率为50% D. W部门的销售收入为10万元

【解析】 选项A表述错误，变动成本率＋边际贡献率＝1，所以K部门的变动成本率＝1-25%=75%；选项B表述正确，边际贡献率＝边际贡献/销售收入，变动成本率＝变动成本/销售收入，则K部门销售收入＝变动成本/变动成本率＝30/75%=40（万元），K部门边际贡献＝销售收入×边际贡献率＝40×25%=10（万元）；选项C表述正确，该公司边际贡献总额＝50×30%=15（万元），W部门边际贡献＝15-10=5（万元），W部门边际贡献率＝5/（50-40）=50%；选项D表述正确，W部门销售收入＝50-40=10（万元）。综上，本题应选A。

【答案】 A

【真题点评】 本题考查的是变动成本率及边际贡献率的计算、二者之间的关系及其与销售收入的关系，属于计算型的知识点，涉及第16章的内容。考生在备考时需灵活掌握不同比率之间的关系及相互转换。解答本题时，考生需注意部门与整体、指标与指标之间的关系，记清楚公式，正确计算。

✈·【知识速递】本题涉及知识点：本量利分析基本模型

项目	边际贡献率	变动成本率
概念	边际贡献在销售收入中所占的百分率	变动成本在销售收入中所占的百分率
含义	每1元销售收入中边际贡献所占的比重，反映产品给企业作出贡献的能力	每1元销售收入中变动成本所占的比重，反映产品自身的耗费
方程式	$边际贡献率 = \dfrac{边际贡献}{销售收入} \times 100\%$ $= \dfrac{单位边际贡献 \times 销量}{单价 \times 销量} \times 100\%$ $= \dfrac{单位边际贡献}{单价} \times 100\%$	$变动成本率 = \dfrac{变动成本}{销售收入} \times 100\%$ $= \dfrac{单位变动成本 \times 销量}{单价 \times 销量} \times 100\%$ $= \dfrac{单位变动成本}{单价} \times 100\%$
关系	边际贡献率 + 变动成本率 =1	

二、多项选择题（本题型共 12 小题，每小题 2 分，共 24 分。每小题均有多个正确答案，请从每小题的备选答案中选出你认为正确的答案。每小题所有答案选择正确的得分，不答、错答、漏答均不得分。）

1. 甲投资组合由证券 X 和证券 Y 各占 50% 组成。下列说法中，正确的有（　　）。

A. 甲的期望报酬率 =X 的期望报酬率 ×50%+Y 的期望报酬率 ×50%

B. 甲期望报酬率的标准差 =X 期望报酬率的标准差 ×50%+Y 期望报酬率的标准差 ×50%

C. 甲期望报酬率的变异系数 =X 期望报酬率的变异系数 ×50%+Y 期望报酬率的变异系数 ×50%

D. 甲的 β 系数 =X 的 β 系数 ×50%+Y 的 β 系数 ×50%

🔊·【解析】选项 A 正确，投资组合理论认为，若干种证券组成的投资组合，其收益是这些证券收益的加权平均数，因此，甲投资组合的期望报酬率等于证券 X 和 Y 的期望报酬率的加权平均数；选项 B 错误，证券组合的标准差并不是单个证券标准差的简单加权平均，还取决于组合内证券报酬率之间的相关系数；选项 C 错误，投资组合的变异系数是投资组合的标准差与投资组合期望报酬率的比，并非组成证券变异系数的加权平均数；选项 D 正确，投资组合的 β 系数等于被组合各证券 β 系数的加权平均数。综上，本题应选 AD。

🔓·【答案】AD

📝·【真题点评】本题考查的是投资组合的风险与报酬，涉及第 3 章的内容，属于理解型的知识点。历年考试中，本考点多以客观题形式出现，考生需熟记投资组合的期望报酬率、标准差、变异系数和贝塔系数与组成证券之间的关系，并特别注意证券投资组合风险的影响因素为投资比重、标准差及相关系数。

✈ ·【知识速递】本题涉及知识点：投资组合的风险与报酬

投资组合的期望报酬率等于组合中各单项资产报酬率的加权平均值，其期望报酬率可以直接表示为：组合的期望报酬率（r_p）$= \sum\limits_{j=1}^{m} r_j \times A_j$

公式中 r_j 指第 j 种证券的期望报酬率；A_j 指第 j 种证券在全部投资额中的比重；m 是组合中的证券种类总数。

2. 甲公司拟在华东地区建立一家专卖店，经营期限6年，资本成本8%，假设该投资的初始现金流量发生在期初，营业现金流量均发生在投产后各年末，该投资现值指数小于1。下列关于该投资的说法中，正确的有（   ）。

　　A.净现值小于0　　　　　　　　　　B.内含报酬率小于8%

　　C.折现回收期小于6年　　　　　　　D.会计报酬率小于8%

🔊 ·【解析】选项A、B正确，净现值法、现值指数法和内含报酬率法在评价单一方案是否可行时结论是一致的，该项目现值指数小于1，说明项目不可行，则项目的净现值小于0，内含报酬率小于资本成本8%；选项C错误，净现值小于0，所以折现回收期大于经营期限6年；选项D错误，根据题目无法判断会计报酬率和资本成本的关系。综上，本题应选AB。

🔒 ·【答案】AB

📝 ·【真题点评】本题考查的是单一项目的评价方法，涉及第5章的内容，属于理解型的知识点。历年考试中，本考点客观题和主观题均可考查，考生需注意不同评价方法的特征、决策原则及方法之间的相互关系，备考时注意不同方法之间的联系与区别。

✈ ·【知识速递】本题涉及知识点：投资项目的评价方法

投资项目评价的三种主要方法（净现值法、现值指数法、内含报酬率法）都考虑了货币的时间价值，在评价单一方案时，结论一致，三者之间的对应关系如下表所示：

净现值法	现值指数法	内含报酬率法
$P_I - P_0$	$P_I \div P_0$	$P_I = P_0$ 时的折现率
净现值 > 0	现值指数 > 1	内含报酬率 > 资本成本
净现值 = 0	现值指数 = 1	内含报酬率 = 资本成本
净现值 < 0	现值指数 < 1	内含报酬率 < 资本成本

注：上表中 P_I 和 P_0 分别指未来现金净流量总现值和原始投资额总现值。

3. 优先股股东比普通股股东的优先权体现在（   ）。

　　A.优先取得剩余财产　　　　　　　　B.优先出席股东大会

　　C.公司重大决策的优先表决权　　　　D.优先获得股息

🔊 ·【解析】相对普通股而言，优先股有如下特殊性：（1）优先分配利润（选项D正确）；（2）优先分配剩余财产（选项A正确）；（3）表决权限制。除规定情形外，优先股股东不出席股东大会会议，所持股份没有表决权。综上，本题应选AD。

🔓 · 【答案】AD

📝 · 【真题点评】本题考查的是优先股的特殊性，涉及第6章的内容，属于识记型的知识点。除此之外，考生还需熟记优先股股东出席股东大会行使表决权的情形。

✈ · 【知识速递】本题涉及知识点：混合筹资工具价值评估

优先股筹资的优缺点

特殊性	内容
优先分配利润	优先股股东按照约定的票面股息率，优先于普通股股东分配公司利润
优先分配剩余财产	公司进行清算时，公司按照相关法规进行清偿后的剩余财产应当优先向优先股股东支付未派发的股息和公司章程约定的清算金额，不足以支付的按照优先股股东持股比例分配
表决权限制	除以下情况外，优先股股东不出席股东大会会议，所持股份没有表决权： ①修改公司章程中与优先股相关的内容 ②一次或累计减少公司注册资本超过10% ③公司合并、分立、解散或变更公司形式 ④发行优先股 ⑤公司章程规定的其他情形

4. 甲公司股票目前每股20元，市场上有X、Y两种该股票的看涨期权，执行价格分别为15元、25元，到期日相同。下列说法中，正确的有（　　　）。

A. X期权内在价值5元

B. Y期权时间溢价0元

C. X期权价值高于Y期权价值

D. 股票价格上涨5元，X、Y期权内在价值均上涨5元

🔊 · 【解析】X期权的执行价格为15元，目前股价为20元，因此X期权内在价值=20-15=5（元），选项A正确。期权的时间溢价是一种等待的价值，期权未到期前，时间溢价大于0，选项B错误。Y期权的执行价格为25元，目前股价为20元，因此Y期权内在价值=0，X期权内在价值大于Y期权内在价值，到期日相同，两种期权的时间溢价相同，则X期权价值高于Y期权价值，选项C正确。股票价格上涨5元，X期权内在价值=25-15=10（元），X期权内在价值上涨5元，Y期权内在价值=25-25=0（元），Y期权内在价值没有变化，选项D错误。综上，本题应选AC。

🔓 · 【答案】AC

📝 · 【真题点评】此题考查的是金融期权的内在价值和时间溢价，涉及第7章的内容。考生除了需熟练掌握期权的投资策略和期权价值的影响因素这些高频考点之外，也不能忽略基础知识的理解和掌握。

✈ · 【知识速递】本题涉及知识点：金融期权价值的影响因素

期权价值由两部分构成，即内在价值和时间溢价。

期权的内在价值，是指期权立即执行产生的经济价值。内在价值的大小，取决于期权标的资产的现行市价（S_0）与期权执行价格（X）的高低。即：

$$看涨期权内在价值 = \max(S_0 - X, 0)$$

$$看跌期权内在价值 = \max(X - S_0, 0)$$

理解内在价值时应注意：

①内在价值不同于到期日价值，期权的到期日价值取决于标的股票到期日市价（S_T）与执行价格（X）的高低。如果现在已经到期，则内在价值与到期日价值相同。

②内在价值不存在负数情况，最低为0。

5. 甲公司2019年9月30日资产负债表显示，总资产100亿元，所有者权益50亿元，总股数5亿股，当日甲公司股票收盘价为每股25元，下列关于当日甲公司股权价值的说法中，正确的有（　　）。

A. 清算价值是50亿元

B. 持续经营价值是100亿元

C. 现时市场价值是125亿元

D. 会计价值是50亿元

🔊 · 【解析】现时市场价值是股票市价乘以股数得到的，因此现时市场价值 =25×5=125（亿元），选项C正确；会计价值是指资产、负债和所有者权益的账面价值，因此，会计价值 =50（亿元），选项D正确；持续经营价值是营业所产生的未来现金流量的现值，清算价值是停止经营，出售资产产生的现金流，本题中没有给出相应的数据，因此无法计算持续经营价值和清算价值，选项A、B错误。综上，本题应选CD。

🔒 · 【答案】CD

📝 · 【真题点评】本题考查的是企业价值评估的对象，涉及第8章的内容。历年考试中，本考点在2017年也以客观题形式考查过。选项中提及的概念极易混淆，考生需特别注意会计价值、现时市场价值与公平市场价值的区别。

✈ · 【知识速递】本题涉及知识点：企业价值评估的目的和对象

项目	含义
会计价值	指资产、负债和所有者权益的账面价值。会计计量大多使用历史成本
现时市场价值	指按照现行市场价格计量的资产价值
清算价值	指停止经营，出售资产产生的现金流
持续经营价值	指由营业所产生的未来现金流量的现值

6. 下列关于有企业所得税情况下MM理论的说法中，正确的有（　　）。

A. 高杠杆企业的债务资本成本大于低杠杆企业的债务资本成本

B. 高杠杆企业的权益资本成本大于低杠杆企业的权益资本成本

C.高杠杆企业的加权平均资本成本大于低杠杆企业的加权平均资本成本

D.高杠杆企业的价值大于低杠杆企业的价值

· 【解析】选项A错误，在有税MM理论下，随着债务比例的提高，债务资本成本保持不变；选项B正确，在有税MM理论下，负债比重越大，权益资本成本越高；选项C错误，负债比重越大，加权平均资本成本越低；选项D正确，负债比重越大，企业价值越大。综上，本题应选BD。

· 【答案】BD

· 【真题点评】本题考查的是有税MM理论的观点，涉及第9章的内容，属于理解、识记型的知识点。历年考试中，在2016年及2017年均以客观题的形式考查了企业价值、资本结构的影响因素。考生需注意区分所得税对债务资本成本、权益资本成本及加权平均资本成本的不同影响。

· 【知识速递】本题涉及知识点：资本结构理论

MM理论对企业价值和资本成本的影响

项目		无税MM理论	有税MM理论
企业价值		负债比重对企业价值无影响	负债比重越大，企业价值越大『同向变动』
资本成本	加权平均资本成本	负债比重对加权平均资本成本无影响	负债比重越大，加权平均资本成本越低『反向变动』
	权益资本成本	负债比重越大，权益资本成本越高『同向变动』 因（1-T）影响，有税时有负债企业的权益资本成本比无税时的要小

7.为确保债券平价发行，假设其他条件不变，下列各项可导致票面利率降低的有（ ）。

A.附转换条款   B.附赎回条款

C.附回售条款   D.附认股权证

· 【解析】选项A、C、D正确，附转换条款、附回售条款、附认股权证都赋予了投资人一定的选择权，在确保债券平价发行的情况下，均会导致票面利率降低。综上，本题应选ACD。

· 【答案】ACD

· 【真题点评】本题考查的是可转换债券筹资和附认股权证债券筹资，涉及第10章的内容。本题中考生需注意发行认股权证的用途之一是作为筹资工具，与公司债券同时发行，用来吸引投资者购买票面利率低于市场要求的长期债券。

· 【知识速递】本题涉及知识点：可转换债券筹资；附认股权证债券筹资

可转换债券是一种特殊的债券，它在一定期间内依据约定的条件可以转换为普通股。其主要条款如下表所示：

主要条款		内容
转换条款	可转换性	①在资产负债表上只是负债转换为普通股，并不增加额外的资本 ②是一种期权，持有人可以自由选择是否转换

（续表）

主要条款		内容
转换条款	转换价格	发行时规定的转换发生时投资者为取得普通股每股所支付的实际价格。转换价格通常比发行时的股价高出 20% ~ 30%
	转换比率	转换比率是债权人将一份债券转换成普通股可获得的普通股股数 转换比率 = 债券面值 ÷ 转换价格
	转换期	①转换期是指可转换债券转换为股份的起始日至结束日的期间 ②可转换债券的转换期可以与债券的期限相同，也可以短于债券的期限。超过转换期后的可转换债券，不再具有转换权，自动成为不可转换债券（或普通债券）
赎回条款		赎回条款是可转换债券的发行企业可以在债券到期日之前提前赎回债券的规定
回售条款		回售条款是在可转换债券发行公司的股票价格达到某种恶劣程度时，债券持有人有权按照约定的价格将可转换债券卖给发行公司的有关规定，主要是为了保护债券持有人的权益
强制性转换条款		①含义：在某些条件具备之后，债券持有人必须将可转换债券转换为股票，无权要求偿还债券本金的规定 ②目的：为了保证可转换债券顺利地转换成股票，实现发行公司扩大权益筹资的目的

8. 甲公司采用成本分析模式确定最佳现金持有量。下列说法中，正确的有（　　）。

　A. 现金机会成本和短缺成本相等时的现金持有量是最佳现金持有量

　B. 现金机会成本最小时的现金持有量是最佳现金持有量

　C. 现金机会成本、管理成本和短缺成本之和最小时的现金持有量是最佳现金持有量

　D. 现金机会成本和管理成本相等时的现金持有量是最佳现金持有量

·【解析】在成本分析模式下，最佳现金持有量是使机会成本、管理成本和短缺成本之和最小时的现金持有量，由于管理成本是固定成本，在一定范围内不变，也就是现金机会成本和短缺成本相等时的现金持有量是最佳现金持有量。综上，本题应选 AC。

·【答案】AC

·【真题点评】本题考查的是最佳现金持有量分析，涉及第12章的内容。历年考试中，在2016年、2017年、2018年及2019年均以客观题形式考查了现金管理的决策原则及结论。考生需注意成本分析模式下，管理成本是固定成本，和现金持有量之间并没有明显的比例关系。

·【知识速递】本题涉及知识点：现金管理

　1. 成本分析模式下最佳现金持有量相关成本

成本类型	项目	说明
机会成本	概念	企业因持有现金而失去的将其投入其他活动获得的收益
	相关性	随着现金持有量的增加而增加

（续表）

成本类型	项目	说明
短缺成本	概念	企业因缺乏必要的现金，不能满足日常业务开支需要而使企业遭受的损失或为此付出的转换成本等代价
	相关性	随着现金持有量的增加而减少
管理成本	概念	企业因持有现金而发生的管理费用，如现金管理人员工资、安全措施费等
	相关性	一种固定成本，与现金持有量之间无明显的比例关系

2.最佳现金持有量

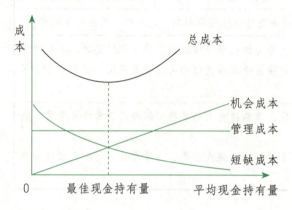

如左图所示，在成本分析模式下，最佳现金持有量是：

（1）使机会成本等于短缺成本时的现金持有量；

（2）机会成本、管理成本和短缺成本之和（总成本）最小时的现金持有量；

（3）机会成本与短缺成本之和最小时的现金持有量，因为管理成本是固定的。

9.甲公司采用作业成本法，下列选项中，属于生产维持级作业库的有（　　）。

　　A.机器加工　　　　　　　　　　B.行政管理

　　C.半成品检验　　　　　　　　　D.工厂安保

🔊·【解析】生产维持级作业，是指服务于整个工厂的作业，它们是为了维护生产能力而进行的作业，不依赖于产品的数量、批次和种类，例如工厂保安、维修、行政管理、保险、财产税等。综上，本题应选BD。

🔒·【答案】BD

📝·【真题点评】本题考查的是生产维持级作业库的内容，涉及第15章的内容，属于识记型的知识点。本题中考生需理解记忆各作业成本库的含义，识记其典型举例。

✈·【知识速递】本题涉及知识点：作业成本计算

　　作业成本库按作业成本动因可分为如下四类：

种类	含义	特征	举例
单位级作业成本库	每一单位产品至少要执行一次的作业	单位级作业成本是直接成本，可以追溯到每个单位产品上，直接计入成本对象的成本计算单，与产量呈正比例变动	机器加工、组装等

（续表）

种类	含义	特征	举例
批次级作业成本库	同时服务于每批产品或许多产品的作业	批次级作业成本取决于批次，而不是每批中单位产品的数量，与批次呈正比例变动	生产前机器调试、成批产品转移至下一工序的运输、成批采购和检验等
品种级（产品级）作业成本库	服务于某种型号或样式产品的作业	品种级作业成本仅仅因为某个特定的产品品种存在而发生，随产品品种数而变化，不随产量、批次数而变化	产品设计、产品更新、产品生产工艺规程制定、工艺改造等
生产维持级作业成本库	服务于整个工厂的作业	生产维持级作业是为了维护生产能力而进行的作业，不依赖于产品的数量、批次和种类	工厂保安、维修、行政管理、保险、财产税等

10. 编制直接人工预算时，影响直接人工总成本的因素有（　　　）。

    A. 预计直接人工工资率　　　　　　　B. 预计车间辅助人员工资

    C. 预计单位产品直接人工工时　　　　D. 预计产量

· **【解析】** 直接人工预算是以生产预算为基础编制的，其主要内容有预计产量、单位产品工时、人工总工时、每小时人工成本（直接人工工资率）和人工总成本。综上，本题应选 ACD。

· **【答案】** ACD

· **【真题点评】** 本题考查的是直接人工预算的内容，涉及第18章的内容，属于识记型的知识点。考生应对这类题目时，应根据直接人工预算的定义和计算式，排除题目中的干扰选项。此考点经常结合其他预算一起考查计算分析题，在解题的过程中需注意前后的联系以及项目的数据来源。

· **【知识速递】** 本题涉及知识点：各项营业预算的编制

    直接人工预算是以生产预算为基础编制的，其主要内容有预计产量、单位产品工时、人工总工时、每小时人工成本和人工总成本。由于人工工资都需要使用现金支付，所以不需另外预计现金支出，可直接汇入现金预算。

11. 下列各项关于经济增加值的说法中，正确的有（　　　）。

    A. 经济增加值为正表明经营者为股东创造了价值

    B. 计算经济增加值使用的资本成本应随资本市场变化而调整

    C. 经济增加值是税后净营业利润扣除全部投入资本的资本成本后的剩余收益

    D. 经济增加值便于不同规模公司之间的业绩比较

· **【解析】** 经济增加值为正，表明经营者在为企业创造价值；经济增加值为负，表明经营者在损毁企业价值，因此选项A正确；由于经济增加值与公司的实际资本成本相联系，因此是基于资本市场的计算方法，资本市场上权益成本和债务成本变动时，公司要随之调整加权平均资本成本，因此选项B正确；经济增加值指从税后净营业利润中扣除全部投入资本的资本成本后的剩余收益，因此选项C正确；由于经济增加值是绝对数指标，不便于比较不同规模公司的业绩，因此选项D错误。综上，本题应选ABC。

🔓·【答案】ABC

📝·【真题点评】本题考查的是经济增加值的含义和优缺点，涉及第20章的内容，属于识记型的知识点。考生在掌握时需注意通过把握关键字词理解，无需逐字逐句死记硬背。

✈·【知识速递】本题涉及知识点：经济增加值

经济增加值评价的优缺点包含如下内容：

优缺点	内容
优点	（1）考虑了所有资本的成本，更真实地反映了企业的价值创造能力 （2）实现了企业利益、经营者利益和员工利益的统一，激励经营者和所有员工为企业创造更多价值 （3）能有效遏制企业盲目扩张规模以追求利润总量和增长率的倾向，引导企业注重价值创造 （4）把资本预算、业绩评价和激励报酬结合起来，是一种全面财务管理和薪酬激励框架 （5）在经济增加值的框架下，公司可以向投资人宣传他们的目标和成就，投资人也可以用经济增加值选择最有前景的公司 （6）经济增加值是股票分析家手中的一个强有力的工具，便于投资人、公司和股票分析人之间的价值沟通
缺点	（1）经济增加值仅对企业当期或未来1～3年价值创造情况进行衡量和预判，无法衡量企业长远发展战略的价值创造情况 （2）经济增加值计算主要基于财务指标，无法对企业的营运效率与效果进行综合评价 （3）不同行业、不同发展阶段、不同规模等的企业，其会计调整项和加权平均资本成本各不相同，计算比较复杂，影响指标的可比性 （4）经济增加值是绝对数指标，不便于比较不同规模公司的业绩 （5）经济增加值不便于对处于不同成长阶段的公司进行业绩比较 （6）如何计算经济增加值尚存许多争议，这些争议不利于建立一个统一的规范，以致经济增加值只能在一个公司的历史分析以及内部评价中使用

12.【该题涉及的知识点新大纲已删除】下列质量成本中，发生在产品交付顾客之前的有（　　　）。

  A.鉴定成本   B.内部失败成本

  C.外部失败成本   D.预防成本

🔓·【答案】ABD

三、计算分析题（本题型共 5 小题 40 分。涉及计算的，要求列出计算步骤，否则不得分，除非题目特别说明不需要列出计算过程。）

1. 甲公司是一家能源类上市公司，当年取得的利润在下年分配，2018 年公司净利润 10 000 万元，2019 年分配现金股利 3 000 万元。预计 2019 年净利润为 12 000 万元，2020 年只投资一个新项目，总投资额为 8 000 万元。

要求：

（1）如果甲公司采用固定股利政策，计算 2019 年净利润的股利支付率。

🔓 ·【答案】由于采用固定股利政策，则 2019 年支付的现金股利为 3 000 万元。

2019 年股利支付率 =3 000/12 000×100%=25%。

📝 ·【真题点评】本题考查的是固定股利或稳定增长股利政策，涉及第 11 章的内容，属于计算、理解型的知识点。考生需注意固定股利或稳定增长股利政策是企业将每年派发的股利固定在某一相对稳定的水平或是在此基础上维持某一固定增长率从而逐年稳定增长。

✈ ·【知识速递】本题涉及知识点：股利政策

项目	固定股利政策	稳定增长股利政策
含义	将每年发放的股利固定在某一相对稳定的水平上并在较长的时期内不变，只有当公司认为未来盈余会显著地、不可逆转地增长时，才提高年度股利发放额	每年发放的股利在上一年股利的基础上按固定增长率稳定增长
理论依据	"一鸟在手"理论和股利信号理论	
优点	①可以消除投资者内心的不确定性 ②有利于投资者安排股利收入和支出，特别是对那些对股利有着很高依赖性的股东更是如此	
缺点	①股利的支付与盈余相脱节：当盈余较低时仍要支付固定或稳定增长的股利，这可能导致资金短缺，财务状况恶化 ②不能保持较低的资本成本	
适用情况	①适用于成熟的、盈利充分且获利能力比较稳定的、扩张需求减少的公司 ②从公司发展的生命周期考虑，稳定增长期的企业可采用稳定增长股利政策，成熟期的企业可采用固定股利政策	

（2）如果甲公司采用固定股利支付率政策，计算 2019 年净利润的股利支付率。

🔓 ·【答案】

2019 年股利支付率 =2018 年股利支付率 =3 000/10 000×100%=30%。

📝 ·【真题点评】本题考查的是固定股利支付率政策，涉及第 11 章的内容，属于计算、理解型的知识点。考生需注意固定股利支付率政策是指每年分配的股利占净利润的比值是固定的。

✈ ·【知识速递】本题涉及知识点：股利政策

固定股利支付率政策	
含义	公司确定一个股利占盈余的比率，长期按此比率支付股利
优点	股利分配与公司盈利状况紧密结合，体现了多盈多分、少盈少分、无盈不分的原则
缺点	各年的股利变动较大，极易造成公司不稳定的感觉，对于稳定股票价格不利

（3）如果甲公司采用剩余股利政策，目标资本结构是负债/权益为2/3，计算2019年净利润的股利支付率。

【答案】投资需要的权益资金=8 000×3/（2+3）=4 800（万元），

股利支付率=（12 000-4 800）/12 000×100%=60%。

【真题点评】本题考查的是剩余股利政策，涉及第11章的内容，属于计算、理解型的知识点，考生需注意剩余股利政策是先从盈余中留用投资所需的权益资本，再将剩余的盈余作为股利予以分配。

【知识速递】本题涉及知识点：股利政策

剩余股利政策	
含义	当公司有良好的投资机会时，根据一定的目标资本结构（最佳资本结构），测算出投资所需的权益资本，先从盈余中留用，再将剩余的盈余作为股利予以分配
决策程序	①设定目标资本结构，即确定权益资本与债务资本的比率，在此资本结构下，加权平均资本成本将达到最低水平 ②确定目标资本结构下投资所需的股东权益数额 ③最大限度地使用保留盈余来满足投资方案所需的权益资本数额 ④满足权益资本需求后剩余的盈余，用于发放股利
优点	保持理想的资本结构，使加权平均资本成本最低
缺点	股利发放额每年随投资机会和盈利水平的波动而波动，不利于投资者安排收入和支出，也不利于树立企业良好形象

（4）如果甲公司采用低正常股利加额外股利政策，低正常股利为2 000万元，额外股利为2019年净利润扣除低正常股利后余额的16%，计算2019年净利润的股利支付率。

【答案】

额外股利=（12 000-2 000）×16%=1 600（万元），

股利支付率=（2 000+1 600）/12 000×100%=30%。

【真题点评】本题考查的是低正常股利加额外股利政策，涉及第11章的内容。考生需注意低正常股利加额外股利政策是指每年分配的股利由两部分构成，在作答时切勿遗漏。

【知识速递】本题涉及知识点：股利政策

低正常股利加额外股利政策	
含义	公司一般情况下每年只支付固定的、数额较低的股利，在盈余多的年份，再根据实际情况向股东发放额外股利

（续表）

	低正常股利加额外股利政策
特点	①使公司具有较大的灵活性 ②可使那些依靠股利度日的股东每年至少可以得到虽然较低但比较稳定的股利收入，从而吸引住这部分股东

（5）比较上述各种股利政策的优点和缺点。

🔓 ·【答案】

①剩余股利政策

优点：保持理想的资本结构，使加权平均资本成本最低。

缺点：股利发放额每年随投资机会和盈利水平的波动而波动，不利于投资者安排收入和支出，也不利于树立企业良好形象。

②固定股利或稳定增长股利政策

优点：固定或稳定增长的股利可以消除投资者内心的不确定性，等于向市场传递公司经营业绩正常或稳定增长的信息，有利于树立公司良好形象，增强投资者对公司的信心，从而使公司股票价格保持稳定或上升；固定或稳定增长的股利有利于投资者安排股利收入和支出，特别是对那些对股利有着很高依赖性的股东更是如此。

缺点：股利的支付与盈余脱节，当盈余较低时仍要支付固定或稳定增长的股利，可能导致资金短缺，财务状况恶化；不能像剩余股利政策那样保持较低的资本成本。

③固定股利支付率政策

优点：使股利与公司盈余紧密结合，以体现多盈多分、少盈少分、无盈不分的原则。

缺点：各年的股利变动较大，极易造成公司不稳定的感觉，对稳定股票价格不利。

④低正常股利加额外股利政策

优点：具有较大灵活性，有利于股东增强对公司的信心，有利于股票价格稳定；可使那些依靠股利度日的股东每年至少可以得到虽然较低但比较稳定的股利收入，从而吸引住这部分股东。

缺点：股利不稳定，兼具固定股利政策和固定股利支付率政策的缺点。

📝 ·【真题点评】本题考查的是不同股利政策的优缺点，涉及第11章的内容，属于识记型的知识点。考生注意在学习时切忌死记硬背，通过对各项股利政策的理解，抓住关键词识记即可。

✈ ·【知识速递】本题涉及知识点：股利政策

此处请参考本题中其他小题"知识速递"内容。

2.甲汽车租赁公司拟购置一批新车用于出租。现有两种投资方案，相关信息如下：

方案一：购买中档轿车100辆，每辆车价格10万元，另需支付车辆价格10%的购置相关税费。每年平均出租300天，日均租金150元/辆。车辆可使用年限8年，8年后变现价值为0。前5年每年维护费2 000元/辆，后3年每年维护费3 000元/辆。车辆使用期间每年保险费3 500元/辆，其他税费500元/辆。每年增加付现固定运营成本20.5万元。

方案二：购买大型客车20辆，每辆车价格50万元，另需支付车辆价格10%的购置相关税费。每年平均出租250天，日均租金840元/辆。车辆可使用年限10年，10年后变现价值为0。前6年每年维护费5 000元/辆，后4年每年维护费10 000元/辆，车辆使用期间每年保险费30 000元/辆，其他税费5 000元/辆。每年增加付现固定运营成本10万元。

根据税法相关规定，车辆购置相关税费计入车辆原值，采用直线法计提折旧，无残值。等风险投资必要报酬率12%。企业所得税税率25%。

假设购车相关支出发生在期初，每年现金流入、现金流出均发生在年末。

要求：

（1）分别估计两个方案的现金流量。

🔊·**【解析】**

方案一现金流量：

单位：万元

	0	第1—5年	第6—8年
车辆购置支出	$-100 \times 10 \times (1+10\%)$ $=-1\ 100$		
税后收入		$300 \times 150 \times 100 \times (1-25\%) /$ $10\ 000=337.5$	337.5
税后维护费		$-0.2 \times 100 \times (1-25\%)=-15$	$-0.3 \times 100 \times (1-25\%)$ $=-22.5$
税后保险费、税费		$-(0.35+0.05) \times 100 \times (1-25\%)$ $=-30$	-30
税后付现固定运营成本		$-20.5 \times (1-25\%)=-15.375$	-15.375
年折旧额		$100 \times 10 \times (1+10\%) /8=137.5$	137.5
年折旧抵税		$137.5 \times 25\%=34.375$	34.375
现金净流量	$-1\ 100$	311.5	304

方案二现金流量：

单位：万元

	0	第1—6年	第7—10年
车辆购置支出	$-20 \times 50 \times (1+10\%)$ $=-1\ 100$		
税后收入		$250 \times 840 \times 20 \times (1-25\%) /$ $10\ 000=315$	315

（续表）

	0	第1-6年	第7-10年
税后维护费		$-0.5×20×（1-25\%）=-7.5$	$-1×20×（1-25\%）$ $=-15$
税后保险费、税费		$-3.5×20×（1-25\%）=-52.5$	-52.5
税后付现固定运营成本		$-10×（1-25\%）=-7.5$	-7.5
年折旧额		$20×50×（1+10\%）/10$ $=110$	110
年折旧抵税		$110×25\%=27.5$	27.5
现金净流量	$-1\ 100$	275	267.5

·【答案】

方案一：

$NCF_0=-100×10×（1+10\%）=-1\ 100（万元）$，

$NCF_{1-5}=150×300×100×（1-25\%）/10\ 000-（2\ 000+3\ 500+500）×100×（1-25\%）/10\ 000-$ $20.5×（1-25\%）+1\ 100/8×25\%=311.5（万元）$，

$NCF_{6-8}=150×300×100×（1-25\%）/10\ 000-（3\ 000+3\ 500+500）×100×（1-25\%）/$ $10\ 000-20.5×（1-25\%）+1\ 100/8×25\%=304（万元）$。

方案二：

$NCF_0=-20×50×（1+10\%）=-1\ 100（万元）$，

$NCF_{1-6}=840×250×20×（1-25\%）/10\ 000-（5\ 000+30\ 000+5\ 000）×20×（1-25\%）/$ $10\ 000-10×（1-25\%）+1\ 100/10×25\%=275（万元）$，

$NCF_{7-10}=840×250×20×（1-25\%）/10\ 000-（10\ 000+30\ 000+5\ 000）×20×（1-25\%）/10\ 000-$ $10×（1-25\%）+1\ 100/10×25\%=267.5（万元）$。

·【真题点评】 本题考查的是现金流量的估计，涉及第5章的内容。考生在作答此类题目时，首先需注意各项收入、支出发生的年份，要将金额和年份正确对应；其次注意费用、收入的单位换算，即元与万元之间的换算，单位不同，计算的时候容易出现错误；最后要注意税前税后的转换以及折旧、摊销的抵税作用。

·【知识速递】 本题涉及知识点：投资项目现金流量的估计

在估算投资项目现金流量时，因该项目而产生的税后增量现金流量是相关现金流量。一般来说，项目现金流量可分为三部分：项目建设期现金流量、项目经营期现金流量和项目终结点（寿命期末）现金流量。具体如下表所示：

现金流量	现金流入	现金流出
建设期现金流量	—	设备购置及安装支出 垫支营运资本 机会成本
经营期现金流量	税后增量现金流入	税后增量现金流出
寿命期末现金流量	设备变现税后净现金流入 收回营运资本现金流入	（可能的）弃置义务

（2）分别计算两个方案的净现值。

◁》·**【解析】**第（1）小题中已经求出了各年的现金净流量，在本题中直接根据净现值的公式求解即可，考生需要注意现金净流量的发生时点不同，在作答时要注意判断，以防出现错误。

方案一中，第6年到第8年的现金净流量需要先使用年金现值系数折算到第5年年末，再使用复利现值系数折现到零时点；方案二中，第7年到第10年的现金净流量需要先使用年金现值系数折算到第6年年末，再使用复利现值系数折现到零时点。

🔓·**【答案】**

方案一的净现值 $=311.5×$（P/A，12%，5）$+304×$（P/A，12%，3）$×$（P/F，12%，5）$-1\,100$

$=311.5×3.6048+304×2.4018×0.5674-1\,100=437.18$（万元），

方案二的净现值 $=275×$（P/A，12%，6）$+267.5×$（P/A，12%，4）$×$（P/F，12%，6）$-1\,100$

$=275×4.1114+267.5×3.0373×0.5066-1\,100=442.24$（万元）。

📝·**【真题点评】**本题考查的是净现值的计算，涉及第5章的内容，属于计算型的知识点。考生在作答时要注意根据现金净流量的特征及发生时点选择对应的折现系数。

✈·**【知识速递】**本题涉及知识点：投资项目的评价方法

净现值（NPV）是指特定项目未来现金净流量现值与原始投资额现值的差额，它是评价项目是否可行的最重要的指标。

项目	内容
含义	净现值（NPV）是指特定项目未来现金净流量现值与原始投资额现值的差额，它是评价项目是否可行的最重要的指标
计算公式	净现值＝未来现金净流量现值－原始投资额现值
决策原则	①净现值为正数，表明投资报酬率大于资本成本，项目可以增加股东财富，应予采纳 ②净现值为零，表明投资报酬率等于资本成本，项目不改变股东财富，可选择采纳或不采纳 ③净现值为负数，表明投资报酬率小于资本成本，项目将减损股东财富，应予放弃
优点	具有广泛的适用性，在理论上也比其他方法更完善
缺点	①是绝对值，在比较投资额不同或寿命期不同的项目时有一定的局限性 ②没有揭示项目本身的投资报酬率

（3）分别计算两个方案净现值的等额年金。

⚿ ·【答案】

方案一净现值的等额年金 =437.18/（P/A，12%，8）=437.18/4.9676=88.01（万元），

方案二净现值的等额年金 =442.24/（P/A，12%，10）=442.24/5.6502=78.27（万元）。

📋 ·【真题点评】本题考查的是等额年金法，涉及第5章的内容，属于计算型的知识点。考生需掌握等额年金法的概念及计算，准确记忆公式，代入数据计算即可。

✈ ·【知识速递】本题涉及知识点：投资项目的评价方法

等额年金法是用于年限不同项目比较的一种方法。计算步骤如下：

（1）计算两项目的净现值；

（2）计算净现值的等额年金：$\text{等额年金} = \dfrac{\text{方案净现值}}{(P/A, i, n)}$

（3）计算永续净现值：$\text{永续净现值} = \dfrac{\text{等额年金}}{\text{资本成本}}$

提示：永续净现值的计算并非总是必要的，在资本成本相同时，等额年金大的项目永续净现值肯定大，所以根据等额年金大小就可以直接判断项目的优劣。

（4）假设两个方案都可以无限重置，且是互斥项目，用等额年金法判断甲公司应采用哪个投资方案。

⚿ ·【答案】方案一净现值的等额年金高于方案二，所以应该选择方案一。

📋 ·【真题点评】本题考查的是互斥项目的优选方法，涉及第5章的内容，属于理解型的知识点。考生只需掌握使用等额年金法进行互斥项目优选的决策原则即可正确作答。

✈ ·【知识速递】本题涉及知识点：投资项目的评价方法

此处参考本题第（3）小题"知识速递"内容。

3.甲公司是一家投资公司，拟于2020年初以18 000万元收购乙公司全部股权，为分析收购方案可行性，收集相关资料如下：

（1）乙公司是一家传统汽车零部件制造企业，收购前处于稳定增长状态，增长率7.5%。2019年净利润750万元，当年取得的利润在当年分配，股利支付率80%。2019年末（当年利润分配后）净经营资产4 300万元，净负债2 150万元。

（2）收购后，甲公司将通过拓宽销售渠道、提高管理水平、降低成本费用等多种方式，提高乙公司的销售增长率和营业净利率。预计乙公司2020年营业收入6 000万元，2021年营业收入比2020年增长10%，2022年进入稳定增长状态，增长率8%。

（3）收购后，预计乙公司相关财务比率保持稳定，具体如下：

营业成本/营业收入	65%
销售和管理费用/营业收入	15%
净经营资产/营业收入	70%

（续表）

净负债／营业收入	30%
债务利息率	8%
企业所得税税率	25%

（4）乙公司股票等风险投资必要报酬率收购前 11.5%，收购后 11%。

（5）假设各年现金流量均发生在年末。

要求：

（1）如果不收购，采用股利现金流量折现摸型，估计 2020 年初乙公司股权价值。

· 【答案】根据股利现金流量折现模型，股权价值 $= \dfrac{750 \times (1+7.5\%) \times 80\%}{11.5\% - 7.5\%} = 16\,125$（万元）。

· 【真题点评】此题考查的是现金流量折现模型，考生在作答时首先需要明确题目要求使用的现金流量折现模型的种类，其次要明确企业在预测期的增长率是否相同，需要使用永续增长模型还是两阶段增长模型，若为两阶段增长模型，在折现时需要注意折现率的选择及折现期数的正确使用。

· 【知识速递】本题涉及知识点：现金流量折现模型

项目	股权现金流量模型	实体现金流量模型
适用条件	企业必须处于永续状态，即企业有永续的增长率和净投资资本报酬率	
公式	股权价值 $= \dfrac{\text{下期股权现金流量}}{\text{股权资本成本} - \text{永续增长率}}$	实体价值 $= \dfrac{\text{下期实体现金流量}}{\text{加权平均资本成本} - \text{永续增长率}}$
特例	零增长模型（永续增长率 =0）： 股权价值 $= \dfrac{\text{下期股权现金流量}}{\text{股权资本成本}}$	零增长模型（永续增长率 =0）： 实体价值 $= \dfrac{\text{下期实体现金流量}}{\text{加权平均资本成本}}$

（2）如果收购，采用股权现金流量折现摸型，估计 2020 年初乙公司股权价值（计算过程和结果填入下方表格中）。

单位：万元

	2020 年	2021 年	2022 年

（续表）

	2020 年	2021 年	2022 年
股权现金流量			
股权价值			

·【解析】

单位：万元

	2020 年	2021 年	2022 年
营业收入	6 000	6 000×（1+10%）=6 600	6 600×（1+8%）=7 128
减：营业成本	6 000×65%=3 900	6 600×65%=4 290	7 128×65%=4 633.2
销售和管理费用	6 000×15%=900	6 600×15%=990	7 128×15%=1 069.2
税前经营利润	6 000−3 900−900=1 200	6 600−4 290−990=1 320	7 128−4 633.2−1 069.2=1 425.6
减：经营利润所得税	1 200×25%=300	1 320×25%=330	1 425.6×25%=356.4
税后经营净利润	1 200−300=900	1 320−330=990	1 425.6−356.4=1 069.2
净经营资产	6 000×70%=4 200	6 600×70%=4 620	7 128×70%=4 989.6
减：净经营资产增加	4 200−4 300=−100	4 620−4 200=420	4 989.6−4 620=369.6
实体现金流量	900−（−100）=1 000	990−420=570	1 069.2−369.6=699.6
净负债	6 000×30%=1 800	6 600×30%=1 980	7 128×30%=2 138.4
减：税后利息费用	1 800×8%×（1−25%）=108	1 980×8%×（1−25%）=118.8	2 138.4×8%×（1−25%）=128.30
加：净负债增加	1 800−2 150=−350	1 980−1 800=180	2 138.4−1 980=158.4
股权现金流量	1 000−108+（−350）=542	570−118.8+180=631.2	699.6−128.30+158.4=729.7
股权价值	20 741.95（答案在 20 741.8−20 742 间均正确）		

股权价值的计算过程如下：（题目假设各年现金流量均发生在年末）

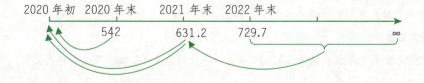

首先，将 2022 年及以后年度的股权现金流量折算到 2021 年年末，再与 2021 年年末的现金流量一起折现到 2020 年初；其次，将 2020 年年末的股权现金流量折现到 2020 年年初；最后，将折现到 2020 年初的全部现值加总得到乙公司股权价值。

2022 年及以后年度股权现金流量在 2021 年年末的价值 $=729.7/(11\%-8\%)=24\,323.33$（万元），

2020 年年初乙公司股权价值 $=542/(1+11\%)+(631.2+24\,323.33)/(1+11\%)^2$

$=20\,741.95$（万元）。

· 【答案】

单位：万元

	2020 年	2021 年	2022 年
营业收入	6 000	6 600	7 128
减：营业成本	3 900	4 290	4 633.2
销售和管理费用	900	990	1 069.2
税前经营利润	1 200	1 320	1 425.6
减：经营利润所得税	300	330	356.4
税后经营净利润	900	990	1 069.2
净经营资产	4 200	4 620	4 989.6
减：净经营资产增加	−100	420	369.6
实体现金流量	1 000	570	699.6
净负债	1 800	1 980	2 138.4
减：税后利息费用	108	118.8	128.30
加：净负债增加	−350	180	158.4
股权现金流量	542	631.2	729.7
股权价值	20 741.95（答案在 20 741.8~20 742 间均正确）		

· 【真题点评】 本题将第 2 章及第 8 章结合起来考查，涉及到现金流量的估计、管理用财务报表体系下相关指标及企业价值的计算。考生需要理清各指标之间的关系，熟悉现金流量的估计，同时注意计算过程中的准确性。

· 【知识速递】 本题涉及知识点：现金流量折现模型；管理用财务报表体系

此处参考本题第（1）小题"知识速递"内容。

（3）计算该收购产生的控股权溢价、为乙公司原股东带来的净现值、为甲公司带来的净现值。

· 【解析】

①收购前乙公司的股权价值为 16 125 万元，收购后的股权价值为 20 741.95 万元，因此收购产生的控股权溢价 $=20\,741.95-16\,125=4\,616.95$（万元）。

②收购前乙公司的股权价值为 16 125 万元，甲公司拟用 18 000 万元收购乙公司，因此为乙公

司原股东带来的净现值 =18 000-16 125=1 875（万元）。

③乙公司被收购后的股权价值为 20 741.95 万元，甲公司拟用 18 000 万元收购乙公司，因此为甲公司带来的净现值 =20 741.95-18 000=2 741.95（万元）。

·【答案】

收购产生的控股权溢价 =20 741.95-16 125=4 616.95（万元），

为乙公司原股东带来的净现值 =18 000-16 125=1 875（万元），

为甲公司带来的净现值 =20 741.95-18 000=2 741.95（万元）。

·【真题点评】本题考查控股权溢价及净现值的计算，考查方式较为灵活，涉及第 8 章和第 5 章的内容，所谓控股权溢价是指由于转变控股权而增加的价值。考生需要根据所学知识结合问题进行理解计算。

·【知识速递】本题涉及知识点：企业价值评估的目的和对象、投资项目的评价方法

（1）控股权溢价：是指转变控股权增加的价值。

（2）净现值 = 未来现金净流量现值 - 原始投资额现值

（4）判断甲公司收购是否可行，并简要说明理由。

·【答案】收购可行，因为收购给甲公司带来了正的净现值。

·【真题点评】收购方案是否可行需要根据收购方案是否可以增加企业的价值来判断，根据前两个小题的结果结合题目条件即可作出判断。

·【知识速递】本题涉及知识点：投资项目的评价方法

净现值为正数，表明投资报酬率大于资本成本，项目可以增加股东财富，应予采纳。

4.甲公司下属乙部门生产 A 产品，全年生产能力为 1 200 000 机器工时，单位产品标准机器工时 120 小时。2018 年实际产量 11 000 件，实际耗用机器工时 1 331 000 小时。

2018 年标准成本资料如下：

（1）直接材料标准消耗 10 千克 / 件，标准价格 22 元 / 千克；

（2）变动制造费用预算额为 3 600 000 元；

（3）固定制造费用预算额为 2 160 000 元。

2018 年完全成本法下的实际成本资料如下：

（1）直接材料实际耗用 121 000 千克，实际价格 24 元 / 千克；

（2）变动制造费用实际 4 126 100 元；

（3）固定制造费用实际 2 528 900 元。

该部门作为成本中心，一直采用标准成本法控制成本和考核业绩，最近，新任部门经理提出，按完全成本法下的标准成本考核业绩不合理，建议公司调整组织结构，将销售部门和生产部门合并为事业部，采用部门可控边际贡献考核经理业绩。目前，该产品年销售 10 000 件，每件售价 1 000 元。经分析，40% 的固定制造费用为部门可控成本，60% 的固定制造费用为部门不可控成本。

要求：

（1）计算 A 产品的单位标准成本和单位实际成本。

📢·【解析】根据题干信息，变动（固定）制造费用标准分配率 = $\dfrac{\text{变动（固定）制造费用预算总数}}{\text{机器加工标准总工时}}$

🔓·【答案】

变动制造费用标准分配率 =3 600 000/1 200 000=3（元 / 小时），

固定制造费用标准分配率 =2 160 000/1 200 000=1.8（元 / 小时），

单位标准成本 =22×10+3×120+1.8×120=796（元 / 件），

单位实际成本 =（121 000/11 000）×24+（4 126 100+2 528 900）/11 000=869（元 / 件）。

📝·【真题点评】本题考查的是标准成本的计算，涉及第 14 章的内容。本题中考生在计算标准分配率时需注意公式的分子和分母的取值，以防出错，同时注意标准成本和实际成本的区别。

✈·【知识速递】本题涉及知识点：标准成本及其制定

项目		标准	说明
用量标准	变动制造费用	单位产品直接人工工时标准（通常）	用量标准包括直接人工工时、机器工时或其他用量标准等，注意变动制造费用和固定制造费用的用量标准要保持一致，以便进行差异分析
	固定制造费用		
价格标准	变动制造费用	标准分配率	标准分配率 = $\dfrac{\text{变动（固定）制造费用预算总数}}{\text{直接人工标准总工时}}$
	固定制造费用		
计算公式	单位产品制造费用标准成本 = 用量标准 × 变动（固定）制造费用标准分配率		

（2）分别计算 A 产品总成本的直接材料的价格差异和数量差异、变动制造费用的价格差异和数量差异，用三因素分析法计算固定制造费用的耗费差异、闲置能力差异和效率差异，并指出各项差异是有利差异还是不利差异。

📢·【解析】

直接材料价格差异 = 实际数量 ×（实际价格 − 标准价格），

直接材料数量差异 =（实际数量 − 标准数量）× 标准价格；

变动制造费用价格差异（耗费差异）= 实际工时 ×（变动制造费用实际分配率 − 变动制造费用标准分配率），

变动制造费用数量差异（效率差异）=（实际工时 − 标准工时）× 变动制造费用标准分配率；

固定制造费用耗费差异 = 固定制造费用实际数 − 生产能力 × 固定制造费用标准分配率，

固定制造费用闲置能力差异 =（生产能力 − 实际工时）× 固定制造费用标准分配率，

固定制造费用效率差异 =（实际工时 − 实际产量标准工时）× 固定制造费用标准分配率。

🔓·【答案】

直接材料价格差异 =121 000×（24-22）=242 000（元）（不利差异），

直接材料数量差异 =（121 000-11 000×10）×22=242 000（元）（不利差异）；

变动制造费用价格差异（耗费差异）

=4 126 100-1 331 000×3=133 100（元）（不利差异），

变动制造费用数量差异（效率差异）

＝（1 331 000－11 000×120）×3＝33 000（元）（不利差异）；

固定制造费用耗费差异 ＝2 528 900－2 160 000＝368 900（元）（不利差异），

固定制造费用闲置能力差异 ＝（1 200 000－1 331 000）×1.8＝－235 800（元）（有利差异），

固定制造费用效率差异 ＝（1 331 000－11 000×120）×1.8＝19 800（元）（不利差异）。

· **【真题点评】** 本题考查的是变动成本差异分析和固定制造费用差异分析，涉及第 14 章的内容。考生需要掌握各项差异的含义、计算公式、形成的原因以及责任归属。考生在学习和计算时对实际数、预算数、标准数容易混淆，导致使用数据错误，因此一定要注意理解其含义。

· **【知识速递】** 本题涉及知识点：标准成本的差异分析

固定制造费用差异二因素分析法 VS 固定制造费用差异三因素分析法

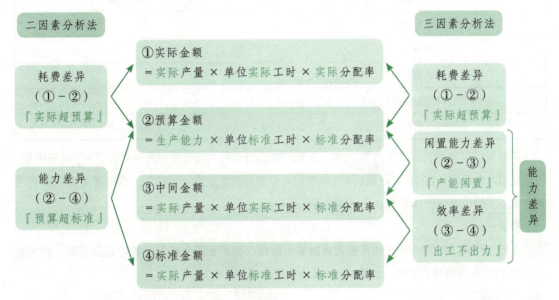

（3）计算乙部门实际的部门可控边际贡献。

· **【解析】** 部门可控边际贡献 ＝ 部门边际贡献 － 部门可控固定成本，部门边际贡献 ＝ 部门销售收入 － 部门变动成本总额

	直接材料	变动制造费用
11 000 件时的变动成本（元）	121 000×24＝2 904 000	4 126 100
单位变动成本（元／件）	2 904 000/11 000＝264	4 126 100/11 000＝375.1
10 000 件时的变动成本（元）	264×10 000＝2 640 000	375.1×10 000＝3 751 000

40% 的固定制造费用是部门可控成本。

· **【答案】**

乙部门的部门可控边际贡献 ＝10 000×1 000－121 000×24/11 000×10 000－4 126 100/

11 000×10 000－2 528 900×40%

＝2 597 440（元）。

📝·【真题点评】本题考查的是部门可控边际贡献的计算，涉及第19章的内容。历年考试中，本考点多以客观题形式考查部门可控边际贡献的特点，仅在今年以主观题的形式考查了部门可控边际贡献的计算。

✈·【知识速递】本题涉及知识点：利润中心

部门可控边际贡献反映了部门经理在其权限和控制范围内有效使用资源的能力，所以部门可控边际贡献是最适合评价利润中心部门经理的业绩评价指标。

5. 甲公司乙部门只生产一种产品，投资额25 000万元，2019年销售500万件。该产品单价25元，单位变动成本资料如下：

项目	单位变动成本（元）
直接材料	3
直接人工	4
变动制造费用	2
变动销售费用	1
合计	10

该产品目前盈亏临界点作业率20%，现有产能已满负荷运转。因产品供不应求，为提高销量，公司经可行性研究，2020年拟增加50 000万元投资。新产能投入运营后，每年增加2 700万元固定成本。假设公司产销平衡，不考虑企业所得税。

要求：

（1）计算乙部门2019年税前投资报酬率；假设产能扩张不影响产品单位边际贡献，为达到2019年税前投资报酬率水平，计算2020年应实现的销量。

🔊·【解析】

①保本量＝固定成本/（单价－单位变动成本），盈亏临界点作业率＝保本量/实际销售量，

2019年固定成本＝实际销售量×盈亏临界点作业率×（单价－单位变动成本）

$$=500×20\%×（25-10）=1\ 500（万元），$$

投资额为25 000万元，则2019年税前投资报酬率$=\dfrac{500×（25-10）-1\ 500}{25\ 000}×100\%=24\%$。

②产能扩张不影响产品单位边际贡献，即单位边际贡献不变，

2020年税前投资报酬率＝2019年税前投资报酬率＝24%。

假设2020年销量为X万件：

$$\dfrac{X×（25-10）-（1\ 500+2\ 700）}{25\ 000+50\ 000}×100\%=24\%，$$

解得，X＝1 480（万件）。

🔒·【答案】2019年固定成本＝500×20%×（25-10）＝1 500（万元），

2019 年税前投资报酬率 $= \dfrac{500 \times (25-10) - 1\,500}{25\,000} \times 100\% = 24\%$。

假设 2020 年销量为 X 万件，则：

$[X \times (25-10) - (1\,500 + 2\,700)] / (25\,000 + 50\,000) \times 100\% = 24\%$，

解得，$X = 1\,480$（万件）。

2020 年应实现的销量为 1 480 万件。

· 【真题点评】本题综合考查投资报酬率、保本分析和保利分析，根据不变的投资报酬率来计算销量。此处需注意本题中的投资报酬率不是评价投资中心业绩指标的投资报酬率，注意结合题目理解比率含义。

· 【知识速递】本题涉及知识点：保利分析；保本分析

（1）保本分析

项目	保本点	安全边际
概念	亦称盈亏临界点，是指边际贡献等于固定成本时企业所处的既不盈利又不亏损的状态，通常用一定的业务量（保本量或保本额）来表示	实际或预计的销售额（量）超过盈亏临界点销售额（量）的差额，表明销售额（量）下降多少企业仍不至亏损
计算公式	①数量指标： 盈亏临界点销售量（保本量）（Q_0） $= \dfrac{\text{固定成本 } F}{\text{单价 } P - \text{单位变动成本 } V}$ ②金额指标： 盈亏临界点销售额（保本额）（S_0） $= \dfrac{\text{固定成本}}{\text{边际贡献率}}$ ③比率指标： 盈亏临界点作业率 $= \dfrac{\text{盈亏临界点销售量（额）}}{\text{实际或预计销售量（额）}} = \dfrac{Q_0}{Q} = \dfrac{S_0}{S}$	①数量指标： 安全边际量 = 实际或预计销售量 Q - 盈亏临界点销售量 Q_0 ②金额指标： 安全边际额 = 实际或预计销售额 S - 盈亏临界点销售额 S_0 ③比率指标： 安全边际率 $= \dfrac{\text{安全边际额（量）}}{\text{实际或预计销售额（量）}} = \dfrac{Q - Q_0}{Q} = \dfrac{S - S_0}{S}$ 一般而言，安全边际量、安全边际额或安全边际率的数值越大，企业发生亏损的可能性就越小，企业也越安全
相互关系	①盈亏临界点销售量 + 安全边际量 = 实际或预计销售量 ②盈亏临界点销售额 + 安全边际额 = 实际或预计销售额 ③盈亏临界点作业率 + 安全边际率 = 1	
与利润的关系	①息税前利润 = 安全边际额 × 边际贡献率 对于单一产品，息税前利润 = 安全边际量 × 单价 × $\dfrac{\text{单位边际贡献}}{\text{单价}}$ $\qquad\qquad\qquad\qquad\quad$ = 安全边际量 × 单位边际贡献 ②销售息税前利润率 = 安全边际率 × 边际贡献率	

（2）保利分析

保利分析需确定的保利点，是在单价和成本水平一定的情况下，为确保预先制定的目标利润可以实现，而必须达到的销售量或销售额。

项目	保利量	保利额
概念	使企业实现目标利润（即目标税前经营利润，或以目标息税前利润代替）所需完成的业务量	企业为实现既定的目标利润所需的业务额
计算公式	数量指标： $保利量 = \dfrac{固定成本 + 目标利润}{单位边际贡献}$ $= \dfrac{固定成本 + \dfrac{税后目标利润}{1 - 所得税率}}{单位边际贡献}$	金额指标： $保利额 = \dfrac{固定成本 + 目标利润}{边际贡献率}$ $= \dfrac{固定成本 + \dfrac{税后目标利润}{1 - 所得税率}}{边际贡献率}$

（2）利用 2019 年的数据计算乙部门的经营杠杆系数；假设产能扩张不影响产品单位边际贡献，且经营杠杆水平保持不变，计算 2020 年应实现的销量。

【解析】①经营杠杆系数 $= \dfrac{Q \times (P-V)}{Q \times (P-V) - F} = \dfrac{500 \times (25-10)}{500 \times (25-10) - 1\,500} = \dfrac{7\,500}{6\,000} = 1.25$；

②产能扩张不影响产品单位边际贡献，即单位边际贡献不变；

假设 2020 年销量为 X 万件：

$$\dfrac{X \times (25-10)}{X \times (25-10) - (1\,500+2\,700)} = 1.25,$$

解得，$X = 1\,400$（万件）。

【答案】经营杠杆系数 $= \dfrac{500 \times (25-10)}{500 \times (25-10) - 1\,500} = 1.25$，

假设 2020 年销量为 X 万件，则

$[X \times (25-10)] / [X \times (25-10) - (1\,500+2\,700)] = 1.25$，

解得，$X = 1\,400$（万件）。

2020 年应实现的销量为 1 400 万件。

【真题点评】本题考查杠杆系数的计算，考生需理解识记经营杠杆系数的计算公式，计算准确即可。

【知识速递】本题涉及知识点：杠杆系数的衡量

	定义	经营杠杆系数反映的是在一定销售量范围内，固定成本总额不变的情况下，营业收入的变动对息税前利润变动的影响程度
公式	定义式	经营杠杆系数（DOL）$= \dfrac{息税前利润变化的百分比}{营业收入变化的百分比} = \dfrac{\Delta EBIT / EBIT}{\Delta S / S}$

（续表）

公式	计算式	经营杠杆系数（DOL）$=\dfrac{Q\times(P-V)}{Q\times(P-V)-F}=\dfrac{S-VC}{S-VC-F}$ 式中，S——营业收入 　　　VC——变动成本总额
影响因素 『根据计算式』		同向变动：固定经营成本、单位变动成本 反向变动：产品销售数量、产品单价
与经营风险的 关系		经营风险是指企业未使用债务时经营的内在风险。经营杠杆系数越大，表明固定经营成本产生的杠杆作用越大，经营风险也就越大

四、综合题（本题共 15 分。涉及计算的，要求列出计算步骤，否则不得分，除非题目特别说明不需要列出计算过程。）

甲公司是一家制造业上市公司，目前公司股票每股 45 元，预计股价未来增长率 8%；长期借款合同中保护性条款约定甲公司长期资本负债率不可高于 50%、利息保障倍数不可低于 5 倍。为占领市场并优化资本结构，公司拟于 2019 年末发行附认股权证债券筹资 20 000 万元。为确定筹资方案是否可行，收集资料如下：

资料一：甲公司 2019 年预计财务报表主要数据。

单位：万元

资产负债表项目	2019 年末
资产总计	105 000
流动负债	5 000
长期借款	40 000
股东收益	60 000
负债和股东权益总计	105 000
利润表项目	2019 年度
营业收入	200 000
财务费用	2 000
利润总额	12 000
所得税费用	3 000
净利润	9 000

甲公司 2019 年财务费用均为利息费用，资本化利息 200 万元。

资料二：筹资方案。

甲公司拟平价发行附认股权证债券，面值 1 000 元，票面利率 6%，期限 10 年，每年末付息一次，到期还本。每份债券附送 20 张认股权证，认股权证 5 年后到期，在到期前每张认股权证可按 60 元的价格购买 1 股普通股。不考虑发行成本等其他费用。

资料三：甲公司尚无上市债券，也找不到合适的可比公司，评级机构评定甲公司的信用级别为 AA 级。目前上市交易的同行业其他公司债券及与之到期日相近的政府债券信息如下：

公司债券				政府债券	
发行公司	信用等级	到期日	到期收益率	到期日	到期收益率
乙	AAA	2021 年 2 月 15 日	5.05%	2021 年 1 月 31 日	4.17%
丙	AA	2022 年 11 月 30 日	5.63%	2022 年 12 月 10 日	4.59%
丁	AA	2025 年 1 月 1 日	6.58%	2024 年 11 月 15 日	5.32%
戊	AA	2029 年 11 月 30 日	7.20%	2029 年 12 月 1 日	5.75%

甲公司股票目前 β 系数 1.5，市场风险溢价 4%，企业所得税税率 25%。假设公司所筹资金全部用于购置资产，资本结构以长期资本账面价值计算权重。

资料四：如果甲公司按筹资方案发债，预计 2020 年营业收入比 2019 年增长 20%，财务费用在 2019 年财务费用基础上增加新发债券利息，资本化利息保持不变，企业应纳税所得额为利润总额，营业净利率保持 2019 年水平不变，不分配现金股利。

要求：

（1）根据资料一，计算筹资前长期资本负债率、利息保障倍数。

🔊 · 【解析】长期资本负债率 =［非流动负债 ÷（非流动负债 + 股东权益）］×100%，根据题目信息可得，非流动负债只包含长期借款一项，金额为 40 000 万元，股东权益为 60 000 万元；

利息保障倍数 =（净利润 + 利息费用 + 所得税费用）/ 利息支出，分子的"利息费用"是指计入本期利润表中财务费用的利息费用，根据财务报表数据可得利息费用为 2 000 万元；分母的"利息支出"包括计入利润表中财务费用的费用化利息和计入资产负债表固定资产等成本的资本化利息，资本化利息为 200 万元，因此分母为 2 200 万元。

🔒 · 【答案】

长期资本负债率 =40 000/（40 000+60 000）×100%=40%，

利息保障倍数 =（9 000+2 000+3 000）/（2 000+200）=6.36（倍）。

📝 · 【真题点评】本题考查的是长期资本负债率和利息保障倍数的计算，涉及第 2 章的内容，属于计算型的知识点。本题中考生需正确记忆公式，注意分子和分母的取值，尤其是在计算利息保障倍数的时候，分子和分母需要区分，以防出现错误。

✈ · 【知识速递】本题涉及知识点：偿债能力比率

长期偿债能力指标	存量指标	资产负债率＝（总负债÷总资产）×100%	还本能力
		产权比率＝总负债÷股东权益	
		权益乘数＝总资产÷股东权益	
		长期资本负债率＝[非流动负债÷（非流动负债＋股东权益）]×100%	
	流量指标	现金流量与负债比率＝（经营活动现金流量净额÷负债总额）×100%	付息能力
		利息保障倍数＝（净利润＋利息费用＋所得税费用）÷利息支出	
		现金流量利息保障倍数＝经营活动现金流量净额÷利息支出	

（2）根据资料二，计算发行附认股权证债券的资本成本。

🔓 · **【答案】**

①行权时股票市价＝5年后股票市价＝45×（1+8%）^{5}＝66.12（元）；

②设附认股权证债券的资本成本为 IRR，则：

1 000＝1 000×6%×（P/A, IRR, 10）+（66.12−60）×20×（P/F, IRR, 5）+1 000×（P/F, IRR, 10），

1 000＝60×（P/A, IRR, 10）+122.4×（P/F, IRR, 5）+1 000×（P/F, IRR, 10），

IRR＝7% 时，60×（P/A, 7%, 10）+122.4×（P/F, 7%, 5）+1 000×（P/F, 7%, 10）

$\qquad$ ＝60×7.0236+122.4×0.7130+1 000×0.5083

$\qquad$ ＝421.42+87.27+508.3＝1 016.99（元），

IRR＝8% 时，60×（P/A, 8%, 10）+122.4×（P/F, 8%, 5）+1 000×（P/F, 8%, 10）

$\qquad$ ＝60×6.7101+122.4×0.6806+1 000×0.4632

$\qquad$ ＝402.61+83.31+463.2＝949.12（元），

则：$\dfrac{IRR-7\%}{8\%-7\%}=\dfrac{1\ 000-1\ 016.99}{949.12-1\ 016.99}$,

解得，IRR＝7.25%。

附认股权证债券的资本成本为7.25%（答案在7.24%～7.26%之间均正确）。

📝 · **【真题点评】** 本题考查的是附认股权证债券资本成本的计算，涉及第10章的内容，属于计算型的知识点。历年考试中，本考点在2015年也以客观题的形式考查过。在计算附认股权证债券资本成本时，考生需使用插值法求解，在计算过程中应注意利息和面值折现的期数为附认股权证债券的存续期限，认股权证行权净流入的折现期数为行权时点的期限。

✈ · **【知识速递】** 本题涉及知识点：附认股权证债券筹资

附认股权证债券的筹资成本，可以用投资人的内含报酬率（IRR）来估计，根据现金流，利用插值法求解 IRR。公式如下：

购买价款＝利息×（P/A, IRR, n）+

$\qquad$（行权时股票市价−行权价）×每份债券附带的认股权证张数×（P/F, IRR, m）+

$\qquad$ 债券面值×（P/F, IRR, n）

上式中，m指认股权证行权时点距现在的期限，n指附认股权证债券的发行期限。

（3）为判断筹资方案是否可行，根据资料三，利用风险调整法，计算甲公司税前债务资本成本；假设无风险利率参考10年期政府债券到期收益率，计算筹资后股权资本成本。

◁·【解析】

（1）使用风险调整法估计税前债务资本成本。

①确定政府债券的市场收益率

选择与本公司拟发行债券具有相同或相近到期日的长期政府债券的到期收益率，本题中甲公司于2019年年末发行债券，期限为10年，因此到期日为2029年年末，与2029年12月1日到期的政府债券到期日接近，因此选择其到期收益率作为政府债券的市场收益率，即5.75%。

②确定企业的信用风险补偿率。

发行公司	公司债券		政府债券	信用风险补偿率 ①－②	企业信用风险补偿率（信用风险补偿率的平均值）
	信用等级	到期收益率 ①	到期收益率 ②		
丙	AA	5.63%	4.59%	5.63%-4.59%=1.04%	（1.04%+1.26%+1.45%）/3 =1.25%
丁	AA	6.58%	5.32%	6.58%-5.32%=1.26%	
戊	AA	7.20%	5.75%	7.20%-5.75%=1.45%	

③甲公司税前债务资本成本＝政府债券的市场收益率（无风险利率）＋企业的信用风险补偿率

$$=5.75\%+1.25\%=7\%。$$

（2）股权资本成本估计。

①β值的调整

企业筹资后资本结构发生变化，需要对原$\beta_{权益}$进行调整，需先卸载筹资前的财务杠杆，再加载筹资后的财务杠杆。

甲公司的$\beta_{资产}$＝筹资前甲公司的$\beta_{权益}$÷［1＋（1－所得税税率）×甲公司原负债与权益比］

$$=1.5÷\left[1+(1-25\%)×\frac{40\ 000}{60\ 000}\right]=1，$$

筹资后甲公司的$\beta_{权益}$＝甲公司的$\beta_{资产}$×［1＋（1－所得税税率）×甲公司筹资后负债与权益比］

$$=1×\left[1+(1-25\%)×\frac{40\ 000+20\ 000}{60\ 000}\right]=1.75；$$

②股权资本成本＝无风险利率＋股票的贝塔系数×市场风险溢价

$$=5.75\%+1.75×4\%=12.75\%。$$

🔓·【答案】

甲公司税前债务资本成本＝5.75%＋［（5.63%-4.59%）＋（6.58%-5.32%）＋（7.20%-5.75%）］/3＝7%，

$$甲公司的\beta_{资产}=\frac{1.5}{1+(1-25\%)×\dfrac{40\ 000}{60\ 000}}=1，$$

筹资后甲公司 $\beta_{权益} = 1 \times \left[1 + (1-25\%) \times \dfrac{40\,000+20\,000}{60\,000} \right] = 1.75$，

筹资后股权资本成本 $= 5.75\% + 1.75 \times 4\% = 12.75\%$。

· 【真题点评】 本题考查的是债务资本成本和股权资本成本的计算，涉及第 4 章的内容，属于计算型的知识点。本题中考生需注意在确定政府债券的市场收益率时是选择与债券到期日相同或接近的而不是发行时间相近的，其次注意筹资后 β 值发生了改变，需要对其进行调整。

· 【知识速递】 本题涉及知识点：债务资本成本的估计；普通股资本成本的估计；投资项目折现率的估计

风险调整法

应用前提	目标公司没有上市的长期债券，也找不到合适的可比公司
计算原理	税前债务资本成本 = 政府债券的市场收益率（无风险利率）+ 企业的信用风险补偿率
计算步骤	第一步：确定政府债券的市场收益率 选择与目标公司债券具有相同或相近到期日的长期政府债券到期收益率 第二步：确定企业的信用风险补偿率 ①选择若干信用级别与目标公司相同的上市的公司债券，并计算这些上市公司债券的到期收益率（不一定符合可比公司法中选择可比公司的条件） ②计算与上述公司债券具有相同或相近到期日的长期政府债券的到期收益率 ③计算上述两个到期收益率的差额，即各公司信用风险补偿率 ④计算信用风险补偿率的平均值，作为目标公司的信用风险补偿率 第三步：计算税前债务资本成本 税前债务资本成本 = 政府债券的市场收益率 + 企业的信用风险补偿率

（4）为判断是否符合借款合同中保护性条款的要求，根据资料四，计算筹资方案执行后 2020 年年末长期资本负债率、利息保障倍数。

· 【解析】

①营业净利率保持 2019 年水平不变，预计 2020 年营业收入比 2019 年增长 20%，因此净利润的增长幅度也为 20%，则 2020 年净利润 $= 9\,000 \times (1+20\%) = 10\,800$（万元）。

②增加的新发债券利息费用 $= 20\,000 \times 6\% = 1\,200$（万元），则 2020 年费用化利息 $= 2\,000 + 1\,200 = 3\,200$（万元），资本化、费用化利息总额 $= 3\,200 + 200 = 3\,400$（万元）。

③2020 年非流动负债增加新发债券金额 20 000 万元，即为 60 000 万元（40 000+20 000）。

④2020 年息税前利润 $= 10\,800/(1-25\%) + 3\,200 = 17\,600$（万元）。

· 【答案】

2020 年净利润 $= 9\,000 \times (1+20\%) = 10\,800$（万元），

2020 年不分配现金股利，2020 年末股东权益 $= 60\,000 + 10\,800 = 70\,800$（万元），

2020 年年末长期资本负债率 $= (40\,000+20\,000)/(40\,000+20\,000+70\,800) \times 100\% = 45.87\%$，

增加的新发债券利息费用 $= 20\,000 \times 6\% = 1\,200$（万元），

2020 年息税前利润 =10 800/（1−25%）+（2 000+1 200）=17 600（万元），

利息保障倍数 = 息税前利润 / 利息支出 =17 600/（2 000+1 200+200）=5.18（倍）。

· **【真题点评】** 本题考查的是长期资本负债率、利息保障倍数的计算，涉及第 2 章的内容，属于计算型的知识点。本题中考生需正确记忆公式中分子和分母的参数。

· **【知识速递】** 本题涉及知识点：偿债能力比率

此处参考本题第（1）小题"知识速递"内容。

（5）基于上述结果，判断筹资方案是否可行，并简要说明理由。

· **【答案】**

①资本成本

税前股权资本成本 =12.75%/（1−25%）=17%，

此方案税前资本成本 7.25% 大于税前债务资本成本 7%，小于税前股权资本成本 17%。

②保护性条款

筹资后长期资本负债率为 45.87%，低于 50%；利息保障倍数为 5.18 倍，大于 5 倍，符合长期借款合同中保护性条款的规定。

因此该筹资方案可行。

· **【真题点评】** 本题考查的是附认股权证债券资本成本的范围，涉及第 10 章的内容，属于理解型的知识点。考生需明确附认股权证债券筹资方案可行的资本成本的范围，再根据计算出的资本成本的结果判断即可。

· **【知识速递】** 本题涉及知识点：附认股权证债券筹资

附认股权证债券的（税前）资本成本决策原则是计算出来的内含报酬率必须处在普通债券的市场利率和税前普通股成本之间，才可以被发行人和投资人同时接受。

2018 年注册会计师全国统一考试

《财务成本管理》真题逐题解密

（考试时长：150 分钟）

一、单项选择题（本题型共 14 小题，每小题 1.5 分，共 21 分，每小题只有一个正确答案，请从每小题的备选答案中选出一个你认为最正确的答案。）

1. 如果投资基金经理根据公开信息选择股票，投资基金的平均业绩与市场整体收益率大体一致，说明该资本市场至少是（   ）。

A. 完全无效   B. 弱式有效

C. 半强式有效   D. 强式有效

🔊 · **【解析】** 半强式有效资本市场的主要特征是现有股票市价能充分反映历史信息和所有公开的信息。对于投资者来说，在半强式有效的资本市场中不能通过对公开信息的分析获得超额收益，公开信息已反映于股票价格中。综上，本题应选 C。

🔓 · **【答案】** C

📝 · **【真题点评】** 本题考查的是资本市场效率，是一个高频考点，在 2016 年、2017 年及 2018 年均以客观题的形式考查。根据资本市场的有效程度可以把资本市场分为三种：弱式有效资本市场、半强式有效资本市场及强式有效资本市场，考生需识记资本市场效率的程度、股价反映的信息及验证方法之间的对应关系。

✂ · **【知识速递】** 本题涉及知识点：金融工具与金融市场

资本市场分为三种有效程度：

（1）弱式有效资本市场

项目	说明
特征	资本市场的股价只反映历史信息 提示：如果有关证券的历史资料对证券的价格变化仍有影响，则证券市场无效
无效策略	技术分析无效，任何投资者都不可能通过分析历史信息获得超额收益 提示：不能获得超额收益 ≠ 不能获得收益
验证方法	①随机游走模型：验证证券价格的变动模式，看其是否与历史价格相关 ②过滤检验：使用过滤原则买卖证券，将其所获收益与"简单购买 / 持有"策略所获收益相比较，若能赚取超额收益，则说明市场并未达到弱式有效

（2）半强式有效资本市场

项目	说明
特征	资本市场的股价不仅反映历史信息，还能反映所有的公开信息

（续表）

项目	说明
无效策略	技术分析、基本面分析和各种估值模型都无效，各种投资基金都不能获得超额收益
验证方法	①事件研究法：比较事件发生前后的投资收益率，看特定事件的信息能否被价格迅速吸收。如果发现超额收益只与当天披露的事件相关，则资本市场属于半强式有效 ②投资基金表现研究法：投资基金经理根据公开信息选择股票，如果其平均业绩与市场整体的收益率大体一致，投资基金并没有"跑赢大盘"，则资本市场达到半强式有效

（3）强式有效资本市场

项目	说明
特征	资本市场的股价不仅反映历史和公开的信息，还能反映内部信息
无效策略	技术分析、基本面分析、估值模型、内幕交易无效
验证方法	主要考查"内幕信息获得者"参与交易时能否获得超额收益，若不能获得超额收益，则说明资本市场达到强式有效

2.【该题已根据新大纲改编】在"利息保障倍数 $= \dfrac{净利润+利息费用+所得税费用}{利息支出}$"计算式中，分子的"利息费用"是（   ）。

A. 计入本期利润表的费用化利息

B. 计入本期现金流量表的利息支出

C. 计入本期资产负债表的资本化利息

D. 计入本期利润表的费用化利息和资产负债表的资本化利息

🔊·【解析】利息保障倍数是指息税前利润对利息支出的倍数。其计算公式中分子的"利息费用"是指计入本期利润表中财务费用的利息费用，分母的"利息支出"是指本期的全部利息支出，不仅包括计入利润表中财务费用的费用化利息，还包括计入资产负债表固定资产等成本的资本化利息。综上，本题应选A。

🔒·【答案】A

📝·【真题点评】衡量长期偿债能力的流量指标包括利息保障倍数、现金流量利息保障倍数及现金流量与负债比率，考生应辨析掌握利息保障倍数计算公式中分子与分母的取值，以及现金流量利息保障倍数和现金流量与负债比率计算公式中分母的取值。

✂·【知识速递】本题涉及知识点：偿债能力比率

指标	公式
利息 保障倍数	$利息保障倍数 = \dfrac{息税前利润}{利息支出} = \dfrac{（净利润+利息费用+所得税费用）}{利息支出}$ 含义：每1元利息支出有多少倍的息税前利润作为偿付保障。利息保障倍数越大，利息支付越有保障

（续表）

指标	公式
利息保障倍数	💡 **分子**的"利息费用"是指计入本期利润表中财务费用的利息费用 **分母**的"利息支出"包括：A.计入利润表中财务费用的费用化利息 　　　　　　　　　　　　　B.计入资产负债表固定资产等成本的资本化利息
现金流量利息保障倍数	现金流量利息保障倍数 ＝ 经营活动现金流量净额 ÷ 利息支出 含义：每 1 元利息支出有多少倍的经营活动现金流量净额作为支付保障 💡 分母中的"利息支出"，同利息保障倍数计算公式中的分母
现金流量与负债比率	现金流量与负债比率 ＝（ 经营活动现金流量净额 ÷ 负债总额 ）×100% 含义：企业用经营活动现金流量净额偿付全部债务的能力。现金流量与负债比率越高，偿还负债总额的能力越强 💡 分母中的"负债总额"采用期末数而非平均数

3. 下列各项说法中，符合流动性溢价理论的是（　　　）。

　　A. 长期即期利率是短期预期利率的无偏估计

　　B. 不同期限的债券市场互不相关

　　C. 债券期限越长，利率变动可能性越大，利率风险越高

　　D. 即期利率水平由各个期限债券市场上的供求关系决定

🔊 · 【解析】选项 A 不符合题意，其符合无偏预期理论；选项 B、D 不符合题意，其符合市场分割理论；选项 C 符合题意，其符合流动性溢价理论。综上，本题应选 C。

🔓 · 【答案】C

📝 · 【真题点评】利率的期限结构理论包括无偏预期理论、市场分割理论和流动性溢价理论。复习这个考点时，理解理论的关键在于：无偏预期理论和市场分割理论是两个极端，两者的结论相反；流动性溢价理论是折中的理论。此知识点掌握到能作答客观题的程度即可，需特别关注题目选项中可能出现的"完全不能替代"或是"不能完全替代"等字眼。

✈ · 【知识速递】本题涉及知识点：利率

　　流动性溢价理论对收益率曲线的解释如下表所示：

类型	说明
上斜收益率曲线	市场预期未来短期利率既可能上升、也可能不变；还可能下降，但下降幅度小于流动性溢价
下斜收益率曲线	市场预期未来短期利率将会下降，下降幅度大于流动性溢价
水平收益率曲线	市场预期未来短期利率将会下降，下降幅度等于流动性溢价
峰型收益率曲线	市场预期较近一段时期短期利率可能上升、也可能不变，还可能下降，但下降幅度小于流动性溢价；而在较远的将来，市场预期短期利率会下降，下降幅度大于流动性溢价

4. 在采用债券收益率风险调整模型估计普通股资本成本时，风险溢价是（　　）。

　　A. 目标公司普通股相对长期国债的风险溢价

　　B. 目标公司普通股相对短期国债的风险溢价

　　C. 目标公司普通股相对可比公司长期债券的风险溢价

　　D. 目标公司普通股相对目标公司债券的风险溢价

🔊 · 【解析】选项D正确，风险溢价是凭借经验估计的。一般认为，某企业普通股风险溢价对其自己发行的债券来讲，大约在3%~5%之间。对风险较高的股票用5%，风险较低的股票用3%。综上，本题应选D。

🔓 · 【答案】D

📑 · 【真题点评】本题以文字表述的形式考查债券收益率风险调整模型下普通股资本成本的计算公式。考生需谨防选项中可能出现的"可比公司债券资本成本"、"税前债务资本成本"、"可比公司普通股资本成本"等干扰项。

✈ · 【知识速递】本题涉及知识点：普通股资本成本的估计

　　普通股资本成本的估计方法及计算公式如下表所示：

资本资产定价模型	普通股资本成本 = 无风险利率 + β ×（平均风险股票报酬率 – 无风险利率）
股利增长模型	普通股资本成本 = 预期下年现金股利额 / 普通股当前市价 + 股利增长率
债券收益率风险调整模型	普通股资本成本 = 税后债务成本 + 股东比债权人承担更大风险所要求的风险溢价

5. 假设其他条件不变，当市场利率低于票面利率时，下列关于拟发行平息债券价值的说法中，错误的是（　　）。

　　A. 市场利率上升，价值下降　　　　　　B. 期限延长，价值下降

　　C. 票面利率上升，价值上升　　　　　　D. 计息频率增加，价值上升

🔊 · 【解析】选项A、C不符合题意，因为债券价值是未来现金流量的现值，所以市场利率（折现率）与债券价值反向变动，而票面利率（决定了未来利息流入）与价值同向变动；选项B符合题意，选项D不符合题意，从题干中"市场利率低于票面利率"可以推测出该平息债券为溢价发行的债券，因此期限延长，价值上升，其他条件不变时，计息频率增加，债券价值上升。综上，本题应选B。

🔓 · 【答案】B

📑 · 【真题点评】本题考查的是债券价值影响因素，债券的发行方式和价值影响因素相结合，使得这部分内容比较复杂，建议考生结合图形来理解记忆，应试时需谨防题干在债券发行方式和付息方式上设置陷阱。

✈ · 【知识速递】本题涉及知识点：债券价值评估

　　平息债券价值的各项影响因素与债券价值的变动关系如下：

影响因素	折价发行	平价发行	溢价发行
面值	同向	同向	同向
票面利率	同向	同向	同向
折现率（市场利率）	反向	反向	反向
到期时间	反向	不变	同向
付息频率（有效年利率不变）	同向	同向	同向

6. 甲公司是一家制造业企业，每股营业收入 40 元，预期营业净利率 5%。与甲公司可比的 3 家制造业企业的平均市销率为 0.8 倍，平均预期营业净利率 4%。用修正平均市销率法估计的甲公司每股价值为（　　）元。

A. 25.6　　　　　　　　　　　B. 32

C. 33.6　　　　　　　　　　　D. 40

🔊 ·【解析】可比企业修正平均市销率 = 可比企业平均市销率 /（可比企业平均预期营业净利率 ×100）=0.8/（4%×100）=0.2，甲公司每股价值 = 可比企业修正平均市销率 × 甲公司预期营业净利率 ×100× 甲公司每股营业收入 =0.2×5%×100×40=40（元）。综上，本题应选 D。

🔓 ·【答案】D

📝 ·【真题点评】本题考查的是使用修正平均市价比率法进行企业相对价值评估，属于第 8 章企业价值评估的知识点。本考点涉及修正市盈率、修正市净率及修正市销率三种修正市价比率，以及修正平均市价比率法和股价平均法两种修正方法，每一种都必须牢牢掌握。

✂ ·【知识速递】本题涉及知识点：相对价值评估模型

方法	计算步骤
修正平均市销率法（先平均后修正）	第一步『先平均』： 可比企业平均市销率 = $\dfrac{\sum 各可比企业的市销率}{n}$ 可比企业平均预期营业净利率 = $\dfrac{\sum 各可比企业的预期营业净利率}{n}$ 第二步『再修正』： 可比企业修正平均市销率 = $\dfrac{可比企业平均市销率}{可比企业平均预期营业净利率 \times 100}$ 第三步『算价值』： 目标企业每股股权价值 = 可比企业修正平均市销率 × 目标企业预期营业净利率 ×100× 目标企业每股营业收入

（续表）

方法	计算步骤
股价平均法 （先修正后平均）	第一步『先修正』： $$可比企业_i修正市销率 = \frac{可比企业_i的市销率}{可比企业_i的预期营业净利率 \times 100}（i=1 \sim n）$$ 第二步『算价值』： 目标企业每股股权价值$_i$=可比企业$_i$修正市销率 × 目标企业预期营业净利率 ×100× 目标企业每股营业收入（$i=1 \sim n$） 第三步『再平均』： $$目标企业每股股权价值 = \left(\sum_{i=1}^{n}目标企业每股股权价值_i\right)/n$$

7. 目前甲公司有累计未分配利润 1 000 万元，其中上年实现的净利润 500 万元，公司正在确定上年利润的具体分配方案，按法律规定，净利润要提取 10% 的盈余公积金，预计今年需增加长期资本 800 万元，公司的目标资本结构是债务资本占 40%，权益资本占 60%，公司采用剩余股利政策，应分配的股利是（　　）万元。

A. 20　　　　　　　　　　　　　　　B. 0

C. 540　　　　　　　　　　　　　　D. 480

· **【解析】**根据目标资本结构可以测算出投资所需的权益资本 =800×60%=480（万元），所以应分配的股利 =500－480=20（万元）。综上，本题应选 A。

· **【答案】**A

· **【真题点评】**本题考查的是剩余股利政策，属于第 11 章股利分配、股票分割与股票回购的知识点。作为常考点，股利政策在 2017 年、2018 年及 2019 年均考查过。考生应全面掌握，包括各种股利政策的优缺点，以应对主观题中设置的说明性问题。考试时一定要看清题干给出的条件是固定股利政策还是固定股利支付率政策。在考查剩余股利政策时，需谨防题干中出现的"累积未分配利润"、"盈余公积金"等干扰信息。

· **【知识速递】**本题涉及知识点：股利政策

此处参考本书 2019 年计算分析题第 1 题"知识速递"内容。

8. 甲公司有普通股 20 000 股，拟采用配股的方式进行融资。每 10 股配 3 股，配股价为 16 元/股，股权登记日收盘市价 20 元/股，假设共有 1 000 股普通股的原股东放弃配股权，其他股东全部参与配股，配股后除权参考价是（　　）元。

A. 19.11　　　　　　　　　　　　　B. 18

C. 20　　　　　　　　　　　　　　D. 19.2

· **【解析】**参与配股的普通股原股数 =20 000－1 000=19 000（股）

$$配股除权参考价 = \frac{配股前股票市值 + 配股价格 \times 配股数量}{配股前股数 + 配股数量}$$

$$= \frac{20\,000 \times 20 + 16 \times 19\,000 \div 10 \times 3}{20\,000 + 19\,000 \div 10 \times 3} = 19.11（元）$$

或者：$$配股除权参考价 = \frac{配股前每股价格 + 配股价格 \times 股份变动比例}{1 + 股份变动比例}$$

$$= \frac{20 + 16 \times（19\,000 \div 10 \times 3）\div 20\,000}{1 +（19\,000 \div 10 \times 3）\div 20\,000} = 19.11（元）$$

综上，本题应选 A。

⌂·【答案】A

▤·【真题点评】配股除权参考价的计算公式在 2016 年、2018 年及 2019 年考查过，考生需理解公式并准确记忆，切忌与股票的除权参考价公式混淆。此外，还应特别关注是否所有股东都参与了配股。当所有股东都参与配股时，股份变动比例（实际配售比例）等于拟配售比例，但是本题中假设有 1 000 股普通股的原股东放弃了配股权，所以就不能直接用拟配售比例来计算。

✈·【知识速递】本题涉及知识点：普通股筹资

考生要区分股票的除权参考价和配股除权参考价，千万不能混淆。

$$股票的除权参考价 = \frac{股权登记日收盘价 - 每股现金股利}{1 + 送股率 + 转增率}$$

9. 甲企业基本生产车间生产乙产品，依次经过三道工序，工时定额分别为 40 小时、35 小时和 25 小时。月末完工产品和在产品采用约当产量法（假设在产品存货发出采用加权平均法）分配成本。假设制造费用随加工进度在每道工序陆续均匀发生，各工序月末在产品平均完工程度 60%，第三道工序月末在产品数量 6 000 件。分配制造费用时，第三道工序在产品约当产量是（　　）件。

A. 3 660 　　　　　　　　　　　　B. 3 450

C. 6 000 　　　　　　　　　　　　D. 5 400

♫·【解析】第三道工序在产品约当产量 = 6 000 ×［（40 + 35 + 25 × 60%）÷（40 + 35 + 25）× 100%］= 5 400（件）。综上，本题应选 D。

⌂·【答案】D

▤·【真题点评】本题考查的是加权平均法下在产品约当产量的计算。除了在客观题中考查，约当产量法还经常与产品成本计算方法结合在主观题中考查。应对这类题目，考生需特别关注题目中给出的各道工序的定额工时和在产品在各工序的完工程度。

✈·【知识速递】本题涉及知识点：完工产品和在产品的成本分配

加权平均法下在产品完工程度的确定

项目	公式
直接人工	在具备产品工时定额的条件下：
制造费用	某工序在产品完工程度 $= \dfrac{\text{前面各工序工时定额之和} + \text{本工序工时定额} \times \text{本工序平均完工程度}}{\text{单位产品工时定额}} \times 100\%$
直接材料	按照原材料在生产过程中投入方式的不同，在产品完工程度的确定分为以下三种： ①原材料在生产开始时一次投入：在产品完工程度为 100% ②原材料随各工序加工进度陆续投入： 某工序在产品完工程度 $= \dfrac{\text{前面各工序的累计材料消耗定额} + \text{本工序材料消耗定额} \times \text{本工序平均完工程度}}{\text{单位产品材料消耗定额}} \times 100\%$ ③原材料在各工序开始时一次性投入： 某工序在产品完工程度 $= \dfrac{\text{截至本工序累计材料消耗定额}}{\text{单位产品材料消耗定额}} \times 100\%$ 💡 完工程度的确定公式可以理解为：在产品的完工程度 = 已投料比例

提示：在无特殊说明时，为了简化计算，各工序内在产品平均完工程度通常默认为 50%。

10. 使用三因素法分析固定制造费用差异时，固定制造费用闲置能力差异是（　　）。

　　A. 实际工时偏离生产能力而形成的差异

　　B. 实际费用与预算费用之间的差异

　　C. 实际工时脱离实际产量标准工时形成的差异

　　D. 实际产量标准工时偏离生产能力形成的差异

🔊·【解析】选项A正确，固定制造费用闲置能力差异 =（生产能力 - 实际工时）× 固定制造费用标准分配率；选项B错误，其是固定制造费用耗费差异；选项C错误，其是固定制造费用效率差异；选项D错误，其是固定制造费用生产能力利用差异（简称能力差异）。综上，本题应选A。

🔓·【答案】A

📝·【真题点评】本题考查的是三因素分析法下闲置能力差异的含义，属于第14章标准成本法的知识点。标准成本的差异分析可以从四个角度来考查，即差异所属类别、差异产生的原因和环节、差异大小的计算、差异应由哪个部门负责。建议考生从以上四个维度掌握这个知识点。

✈·【知识速递】本题涉及知识点：标准成本的差异分析

此处参考本书2019年计算分析题第4题第（2）小题"知识速递"内容。

11. 甲公司只生产销售一种产品，变动成本率30%，盈亏临界点作业率40%，甲公司销售息税前利润率是（　　）。

A. 12% B. 18%

C. 28% D. 42%

· 【解析】销售息税前利润率＝边际贡献率 × 安全边际率＝（1－30%）×（1－40%）=70%×60%
=42%。综上，本题应选 D。

· 【答案】D

· 【真题点评】本题考查的是保本分析中销售息税前利润率的计算，考生在学习知识的基础上识记相关公式，注意边际贡献率与变动成本率的和为 1，盈亏临界点作业率与安全边际率的和为 1，识记并理解公式间的转换关系。

· 【知识速递】本题涉及知识点：保本分析

此处参考本书 2019 年计算分析题第 5 题第（1）小题"知识速递"内容。

12. 甲公司生产销售乙、丙、丁三种产品，固定成本 50 000 元。除乙产品外，其余两种产品均盈利。乙产品销售量 2 000 件，单价 105 元，单位成本 110 元（其中，单位直接材料费用 20 元，单位直接人工费用 35 元，单位变动制造费用 45 元，单位固定制造费用 10 元）。假定生产能力无法转移，在短期经营决策时，决定继续生产乙产品的理由是（   ）。

A. 乙产品单价大于 20 元 B. 乙产品单价大于 55 元

C. 乙产品单价大于 80 元 D. 乙产品单价大于 100 元

· 【解析】从短期经营决策的角度，亏损的产品或部门是否应该立即停产，关键是看该产品或部门能否给企业带来正的边际贡献。本题中，如果企业的亏损产品乙能够提供正的边际贡献，就应该继续生产乙产品。乙产品的单位变动成本＝单位直接材料成本 ＋ 单位直接人工成本 ＋ 单位变动制造费用 =20+35+45=100（元），所以只要乙产品单价大于 100 元，就能够产生正的边际贡献，就应该继续生产乙产品。综上，本题应选 D。

· 【答案】D

· 【真题点评】本题考查的是亏损产品是否停产的决策，属于第 17 章短期经营决策的知识点。除考查亏损产品是否停产的决策外，历年考题中在 2017 年和 2018 年以主观题的形式考查了约束资源最优利用决策，2018 年和 2019 年以客观题的形式考查了零部件自制与外购的决策。在备考时，考生应熟练掌握各种短期经营决策的原则和计算方法。作答本题时，需牢记变动成本的涵盖范围。

· 【知识速递】本题涉及知识点：生产决策

亏损产品是否停产的决策原则如下表所示：

情形	决策原则
生产能力无法转移	短期内企业的亏损产品或者部门能够提供正的边际贡献，则不应当停产
生产能力可以转移	亏损产品创造的边际贡献大于与生产能力转移有关的机会成本，则不应当停产

13. 在下列业绩评价指标中，最适合评价利润中心部门经理的是（　　）。

    A. 部门可控边际贡献　　　　　　　　B. 部门边际贡献

    C. 部门税后经营利润　　　　　　　　D. 部门税前经营利润

·【解析】 部门可控边际贡献反映了部门经理在其权限和控制范围内有效使用资源的能力。所以部门可控边际贡献是最适合评价利润中心部门经理的业绩评价指标。综上，本题应选A。

·【答案】 A

·【真题点评】 本题考查的是利润中心的业绩评价问题。利润中心考核指标的选择以及可控边际贡献的计算在 2017 年、2018 年及 2019 年均考查过。考生需熟练掌握不同责任中心的业绩考核指标及计算。

·【知识速递】 本题涉及知识点：利润中心

利润中心的考核指标

指标计算	评价
部门边际贡献＝部门销售收入－部门变动成本总额	以部门边际贡献作为业绩评价依据不够全面，未考虑部门经理可以控制的固定成本，可能导致部门经理尽可能多地支出固定成本以减少变动成本支出，尽管这样做并不能降低总成本
部门可控边际贡献＝部门边际贡献－部门可控固定成本	以部门可控边际贡献作为部门经理业绩评价依据可能是最佳选择，它反映了部门经理在其权限和控制范围内有效使用资源的能力
部门税前经营利润＝部门可控边际贡献－部门不可控固定成本	以部门税前经营利润作为业绩评价依据，适合评价该部门对公司利润和管理费用的贡献，而不适合于对部门经理的评价

14. 【该题涉及的知识点新大纲已删除】下列各项中，属于质量预防成本的是（　　）。

    A. 顾客退货成本　　　　　　　　　　B. 废品返工成本

    C. 处理顾客投诉成本　　　　　　　　D. 质量标准制定费

·【答案】 D

二、多项选择题（本题型共 12 小题，每小题 2 分，共 24 分。每小题均有多个正确答案，请从每小题的备选答案中选出你认为正确的答案。每小题所有答案选择正确的得分，不答、错答、漏答均不得分。）

1. 下列各项措施中，可降低应收账款周转天数的有（　　）。

    A. 提高信用标准　　　　　　　　　　B. 提高现金折扣率

    C. 延长信用期限　　　　　　　　　　D. 提高坏账准备计提比率

·【解析】 选项A符合题意，提高信用标准，会提高客户的平均信誉度，从而降低应收账款的周转天数；选项B符合题意，提高现金折扣率，会吸引更多客户在折扣期内付款，最终缩短平均收现期，周转天数降低；选项 C 不符合题意，延长信用期限会导致本要付款的客户拖延至信用期到期，使得应收账款周转天数变长；选项 D 不符合题意，一般情况下，计算应收账款周转率时，使用未提取坏账准备的应收账款原值计算周转率，所以坏账准备是不会影响应收账款周转天数的。综上，本题应选 AB。

· 【答案】AB

· 【真题点评】在计算应收账款周转天数时，考生需注意应收账款的取值口径，并理解应收账款周转天数的影响因素及影响方式。

· 【知识速递】本题涉及知识点：应收款项管理

应收账款是由赊销产生的，赊销效果的好坏，依赖于企业的信用政策。信用政策包括信用期间、信用标准和现金折扣政策。

项目	说明
含义	应收账款周转率是营业收入与应收账款的比率，有应收账款周转次数、应收账款周转天数和应收账款与收入比三种表示形式
计算公式	应收账款周转次数 = 营业收入 / 应收账款 应收账款周转天数 =365/ 应收账款周转次数 应收账款与收入比 = 应收账款 / 营业收入
分析	①营业收入取值应注意的问题：理论上应使用营业收入中赊销金额，不用全部营业收入 ②应收账款取值应注意的问题： A. 各月变动不大时，使用年初和年末的平均余额 B. 各月变化很大时，使用多个时点的平均余额 C. 如果坏账准备的金额较大，就应进行调整，或者使用未计提坏账准备的应收账款 D. 应收账款应为"应收票据"及"应收账款"的合计数
评价	①应收账款周转天数并不是越少越好，要结合信用政策综合考虑 ②应收账款分析应与赊销分析、现金分析相联系

2. 下列关于投资者对风险的态度的说法中，符合投资组合理论的有（   ）。

   A. 投资者在决策时不必考虑其他投资者对风险的态度

   B. 不同风险偏好投资者的投资都是无风险资产和最佳风险资产组合的组合

   C. 投资者对风险的态度不仅影响其借入或贷出的资金量，还影响最佳风险资产组合

   D. 当存在无风险资产并可按无风险利率自由借贷时，市场组合优于其他风险资产组合

· 【解析】选项 A 符合题意，个人的效用偏好与最佳风险资产组合相独立（或称相分离），所以投资者在决策时，不需要考虑其他投资者对风险的态度；选项 B 符合题意，个人的投资行为可分为两个阶段：先确定最佳风险资产组合，后考虑无风险资产和最佳风险资产组合的理想组合；选项 C 不符合题意，投资者个人对风险的态度仅影响借入或贷出的资金量，而不影响最佳风险资产组合；选项 D 符合题意，当存在无风险资产并可按无风险利率自由借贷时，市场组合优于所有其他风险资

产组合。综上，本题应选 ABD。

🔓·【答案】ABD

📝·【真题点评】投资组合理论是历年真题中客观题的常考点，考查角度主要有：考查期望报酬率的计算；考查相关系数对投资组合风险的影响；要求判断投资组合理论的观点；考查资本市场线的相关知识。考生可将资本市场线与证券市场线进行对比学习。

✈·【知识速递】本题涉及知识点：投资组合的风险与报酬

资本市场线 VS 证券市场线

项目	证券市场线	资本市场线
含义	在市场均衡条件下单项资产或资产组合的必要报酬率与风险之间的关系	由风险资产和无风险资产构成的投资组合的有效边界
测量风险的工具	β 系数——系统风险	标准差——整体风险
坐标轴与斜率	横轴：β 系数 纵轴：必要报酬率 斜率（R_m-R_f）：市场平均风险溢价	横轴：标准差 纵轴：期望报酬率 斜率 $\left(\dfrac{R_m-R_f}{\sigma_m}\right)$：单位整体风险市场价格
投资人的风险态度	风险厌恶感越强，要求的风险补偿越大，斜率越大	投资者个人对风险的态度仅仅影响借入或贷出的资金量，而不影响最佳风险资产组合
适用范围	单项资产或资产组合 （不论是否已经有效分散风险）	有效组合 （已经有效分散风险）

3. 采用实体现金流量模型进行企业价值评估时，为了计算资本成本，无风险利率需要使用实际利率的情况有（　　）。

A. 预测周期特别长　　　　　　　　B. β 系数较大

C. 存在恶性通货膨胀　　　　　　　D. 市场风险溢价较高

🔊·【解析】实务中，一般情况下使用含通货膨胀的名义货币编制预计财务报表并确定现金流量，与此同时，使用含通货膨胀的无风险利率计算资本成本。只有在以下两种情况下，才使用实际的利率计算资本成本：①存在恶性的通货膨胀（通货膨胀率已经达到两位数）时，最好使用排除通货膨胀的实际现金流量和实际利率；②预测周期特别长，例如核电站投资等，通货膨胀的累积影响巨大。综上，本题应选 AC。

🔓·【答案】AC

📝·【真题点评】考生需区别理解名义利率与实际利率的内涵，该考点的考查方式，除了该题目题型之外，在资本成本计算中也经常考查两者的换算关系。

✈ · 【知识速递】本题涉及知识点：普通股资本成本的估计

名义利率和实际利率的选择

结论	一般情况下使用含通货膨胀的无风险利率计算资本成本
例外情况	只有在以下两种情况下，才使用实际利率计算资本成本： ①存在恶性通货膨胀 ②预测周期特别长，通货膨胀的累积影响巨大

4. 对于两个期限不同的互斥项目，可采用共同年限法或等额年金法进行项目决策，下列关于两种方法共同缺点的说法中，正确的有（   ）。

    A. 未考虑项目收入带来的现金流入

    B. 未考虑竞争导致的收益下降

    C. 未考虑技术更新换代导致的投入产出变化

    D. 未考虑通货膨胀导致的重置成本上升

🔊 · 【解析】共同年限法和等额年金法存在共同的缺点：（1）有的领域技术进步快，目前就可以预期升级换代不可避免，不可能原样复制；（2）如果通货膨胀比较严重，必须考虑重置成本的上升，这是一个非常具有挑战性的任务，对此两种方法都没有考虑；（3）从长期来看，竞争会使项目净利润下降，甚至被淘汰，对此分析时没有考虑。综上，本题应选BCD。

🔒 · 【答案】BCD

📝 · 【真题点评】互斥项目的优选问题一般都是以考查主观题为主，如本题这样考查理论的情况不多。考生应清楚每种项目评价方法适用的具体情形，以及如何应用每种方法进行计算和决策。一种命题的趋势是在主观题中设置文字说明性的问题。考生可遵循以下思路来理解这两种方法的缺点：共同年限法和等额年金法都假设项目可以无限重置，因此都没有考虑项目重置时的各种变化，如技术进步、行业竞争以及通货膨胀等。

✈ · 【知识速递】本题涉及知识点：投资项目的评价方法

共同年限法与等额年金法的相同点

项目	说明
适用情形	重置概率很高的项目
共同缺点	（1）对于技术进步快的项目，不可能原样复制 （2）没有考虑通货膨胀因素的影响 （3）没有考虑竞争带来的影响
简化做法	对于预计项目年限差别不大的项目，可直接比较净现值，不需要重置现金流

5. 甲公司折价发行公司债券，该债券期限5年，面值1 000元，票面利率8%，每半年付息一次，下列说法中，正确的有（   ）。

A.该债券的到期收益率等于8%　　　　B.该债券的报价利率等于8%

C.该债券的计息周期利率小于8%　　　　D.该债券的有效年利率大于8%

· 【解析】选项A错误，选项D正确，该债券的有效年利率＝（1+8%/2）^{2}－1=8.16%，甲公司折价发行公司债券，所以到期收益率大于该债券的有效年利率8.16%；选项B正确，该债券的报价利率即票面利率，等于8%；选项C正确，该债券的计息周期利率=8%÷2=4%。综上，本题应选BCD。

· 【答案】BCD

· 【真题点评】本题围绕基础概念进行综合性考查，将利率的三种基本形式、到期收益率和债券票面利率具体结合起来。考生需首先确定债券的发行方式，再进行各个因素的比较。

· 【知识速递】本题涉及知识点：货币时间价值；债券价值评估

财务管理中经常用到的利率有三种：报价利率、计息期利率和有效年利率。

利率	含义
报价利率	银行等金融机构在为利息报价时，通常会提供一个年利率，并且同时提供每年的复利次数。此时金融机构提供的年利率被称为报价利率，有时也被称为名义利率
计息期利率	计息期利率是指借款人对每1元本金每期支付的利息。它可以为年利率、半年利率、季度利率、月利率或日利率等 计息期利率＝报价利率/每年复利次数
有效年利率	在按照给定的计息期利率和每年复利次数计算利息时，能够产生相同结果的每年复利一次的年利率被称为有效年利率，或者称为等价年利率 有效年利率＝（1+计息期利率）^{每年复利次数}－1 💡 当复利次数趋于无穷大时，利息支付的频率比每秒1次还频繁，所得到的利率为连续复利 连续复利的有效年利率＝e^{报价利率}－1 其中，e为自然常数，是一个约等于2.71828……的无理数

6. 下列关于实体现金流量的说法中，正确的有（　　　）。

A.实体现金流量是可以提供给债权人和股东的税后现金流量

B.实体现金流量是企业经营现金流量

C.实体现金流量是税后经营净利润扣除净经营资产增加后的剩余部分

D.实体现金流量是营业现金净流量扣除资本支出后的剩余部分

· 【解析】选项A正确，实体现金流量是企业全部现金流入扣除成本费用和必要的投资后的剩余部分，它是企业一定期间可以提供给所有投资人（包括股权投资人和债权投资人）的税后现金流量；选项B正确，经营现金流量，代表了企业经营活动的全部成果，是"企业生产的现金"，因此又称为实体经营现金流量，简称实体现金流量；选项C、D正确，实体现金流量=税后经营净利润－净经营资产增加=营业现金毛流量－经营营运资本增加－资本支出=营业现金净流量－资本支出。综上，本题应选ABCD。

🔒 · 【答案】ABCD

📝 · 【真题点评】本题考查的是管理用现金流量表的几个非常重要的公式。管理用财务报表在考试中经常以主观题的形式考查。考生需熟练掌握各个管理用财务报表项目之间的勾稽关系，以及各报表之间的关系。

✈ · 【知识速递】本题涉及知识点：管理用财务报表体系；现金流量折现模型

（1）经营现金流量与金融现金流量的关系

（2）营业现金毛流量、营业现金净流量和实体现金流量的关系

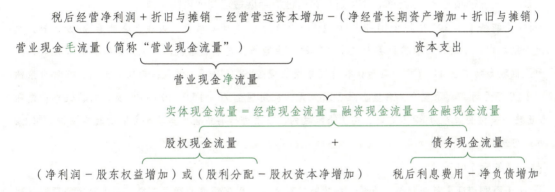

7. 甲公司拟按 1 股换 2 股的比例进行股票分割，分割前后其下列项目中保持不变的有（   ）。

A. 每股收益
B. 净资产
C. 资本结构
D. 股权结构

🔊 · 【解析】选项 A 错误，股票分割时，流通在外的股数增加，如果盈利总额不变，每股收益下降；选项 B、C、D 正确，股票分割会导致每股面值下降，但是股本总额不变，所以净资产不变，资本结构和股权结构也是不变的。综上，本题应选 BCD。

🔒 · 【答案】BCD

📝 · 【真题点评】在考试中，股票分割可以从两个方面考查，一是考查股票分割与股票股利的区别，二是如本题一样考查股票分割后保持不变（或发生变化）的项目。考生需熟练掌握"知识速递"中总结的规律。

✈ · 【知识速递】本题涉及知识点：股票分割与股票回购

假设其他条件不变的情况下，股票股利、股票分割与股票回购对所有者权益的影响如下表所示：

项目	股数	每股面值	每股收益	所有者权益总额	所有者权益内部结构	资本结构
股票股利	↑	不变	↓	不变	变化	不变

（续表）

项目	股数	每股面值	每股收益	所有者权益总额	所有者权益内部结构	资本结构
股票分割	↑	↓	↓	不变	不变	不变
股票回购	↓	不变	↑	↓	变化	变化

8. 甲公司采用随机模式进行现金管理，确定的最低现金持有量是 10 万元，现金返回线是 40 万元，下列操作中正确的有（　　）。

A. 当现金余额为 50 万元时，应用现金 10 万元买入有价证券

B. 当现金余额为 8 万元时，应转让有价证券换回现金 2 万元

C. 当现金余额为 110 万元时，应用现金 70 万元买入有价证券

D. 当现金余额为 80 万元时，不用进行有价证券与现金之间的转换操作

【解析】 $H=3R-2L=3\times40-2\times10=100$（万元），选项 A 错误，当现金余额为 50 万元时，在上下限之内，不用进行有价证券与现金之间的转换操作；选项 B 错误，当现金余额为 8 万元时，小于最低现金持有量 10 万元，应转让有价证券换回现金 32（40-8）万元；选项 C 正确，当现金余额为 110 万元时，大于现金持有量上限 100 万元，应用现金 70（110-40）万元买入有价证券；选项 D 正确，当现金余额为 80 万元时，在上下限之内，不用进行有价证券与现金之间的转换操作。综上，本题应选 CD。

【答案】 CD

【真题点评】 最佳现金持有量分析的随机模式通常以客观题的形式考查。考生除了需要牢记现金控制上限 $H=3R-2L$ 外，还需牢记，上下限金额仅用于判断是否需要进行有价证券与现金之间的转换操作，而转换后现金持有量的参照标准是现金返回线。

【知识速递】 本题涉及知识点：现金管理

随机模式下，现金返回线（R）的计算公式：$R=\sqrt[3]{\dfrac{3b\delta^2}{4i}}+L$

随机模式是在现金需求量难以预知的情况下，根据历史经验和现实需要，测算现金持有量的控制范围，并在该范围内进行现金持有量的控制。相关公式及图示如下：

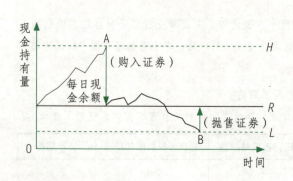

如左图所示：

现金持有量上限：$H=3R-2L$

现金持有量下限：L

现金返回线：$R=\sqrt[3]{\dfrac{3b\delta^2}{4i}}+L$

其中，b：每次有价证券的固定转换成本；

i：有价证券的日利息率；

δ：预期每日现金余额波动的标准差。

9. 下列各项中，易造成材料数量差异的情况有（　　　）。

　　A. 优化操作技术节约材料　　　　　　B. 材料运输保险费提高

　　C. 工人操作疏忽导致废品增加　　　　D. 机器或工具不合适多耗材料

·【解析】材料数量差异是在材料耗用过程中形成的，反映生产部门的成本控制业绩。材料数量差异形成的具体原因也有许多，譬如，工人操作疏忽造成废品或废料增加（选项C）、操作技术改进而节省材料（选项A）、新工人上岗造成用料增多、机器或工具不适造成用料增加（选项D）等。选项B错误，其属于造成材料价格差异的因素。综上，本题应选ACD。

·【答案】ACD

·【真题点评】本题考查的是标准成本法下变动成本差异的形成原因。变动成本的差异分析在2018 年和2019 年均考查过，通常从三个方面考查，即差异形成的原因和环节、差异大小的计算及差异的责任归属。考生需全面掌握以上三个方面。

·【知识速递】本题涉及知识点：标准成本的差异分析

　　变动成本差异分析主要包含如下内容：

项目		价差	量差
直接材料	形成原因	供应厂家调整售价，本企业未批量进货、未能及时订货造成的紧急订货、采购时舍近求远使运费和途耗增加、使用不必要的快速运输方式、违反合同被罚款、承接紧急订货造成额外采购等	工人操作疏忽造成废品或废料增加、操作技术改进而节省材料、新工人上岗造成用料增多、机器或工具不适造成用料增加等
	责任归属	由材料的采购部门负责	主要由生产部门负责，也可能由采购部门负责
直接人工	形成原因	直接生产工人升级或降级使用、奖励制度未产生实效、工资率调整、加班或使用临时工、出勤率变化等	工作环境不良、工人经验不足、劳动情绪不佳、新工人上岗太多、机器或工具选用不当、设备故障较多、生产计划安排不当、产量规模太少而无法发挥经济批量优势
	责任归属	主要由人力资源部门负责	主要由生产部门负责
变动制造费用	形成原因	耗费差异是变动制造费用的实际分配率脱离标准分配率形成的	效率差异是实际工时脱离标准工时形成的，其形成原因与直接人工效率差异类似
	责任归属	主要由（生产部门的）部门经理负责	主要由生产部门负责

10. 甲公司的经营处于盈亏临界点，下列表述正确的有（　　　）。

　　A. 经营杠杆系数等于零

　　B. 安全边际等于零

C. 销售额等于销售收入线与总成本线交点处销售额

D. 边际贡献等于固定成本

🔊·【解析】选项 A 错误，甲公司的经营处于盈亏临界点，息税前利润为 0，经营杠杆系数 = 边际贡献 / 息税前利润，分母变为 0 的过程中，经营杠杆系数趋于无穷大；选项 B、C、D 正确，甲公司的经营处于盈亏临界点，所以实际销售额 = 盈亏临界点销售额，安全边际 =0，此时息税前利润 = 销售收入 − 总成本 = 销售收入 − 变动成本 − 固定成本 = 边际贡献 − 固定成本 =0。综上，本题应选 BCD。

🔓·【答案】BCD

📝·【真题点评】本题考查的是与保本点有关的指标，该知识点是历年考试中的高频考点。除通过客观题考查外，还会结合短期经营决策等内容在主观题中考查。考生需记忆相关的公式并能灵活运用。

✈·【知识速递】本题涉及知识点：保本分析

盈亏临界点，是指边际贡献等于固定成本时企业所处的既不盈利又不亏损的状态。

企业处于盈亏临界点，说明：

（1）息税前利润为 0；

（2）边际贡献等于固定成本；

（3）销售额等于销售收入线与总成本线交点处的销售额。

11. 零部件自制或外购决策中，如果有剩余产能，需要考虑的因素有（　　　）。

A. 变动成本　　　　　　　　　　　　B. 专属成本

C. 机会成本　　　　　　　　　　　　D. 沉没成本

🔊·【解析】零部件自制或外购的决策中，如果有剩余产能，相关成本包括自制产品的变动成本（选项 A），可能需要发生的专属成本（选项 B）、如果剩余产能可以转移就会有机会成本（选项 C）；选项 D 不符合题意，沉没成本属于不相关成本，不需要考虑。综上，本题应选 ABC。

🔓·【答案】ABC

📝·【真题点评】本题考查的是零部件自制与外购决策中相关成本的判断，难度较低，关键是要准确把握在不同情况下相关成本的类型和计算。生产决策的知识点在 2017 年至 2020 年考试中均有所考查。考生在复习备考时要准确理解各类短期生产决策的决策原则，再结合实际情况进行分析计算和决策。

✈·【知识速递】本题涉及知识点：生产决策

在进行零部件自制与外购的决策时，相关成本的确定方法如下所示：

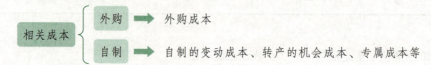

12.【该题已根据新大纲改编】下列各项中，属于平衡计分卡内部业务流程维度业绩评价指标的有（　　）。

A. 资产负债率　　　　　　　　　B. 息税前利润

C. 产品合格率　　　　　　　　　D. 生产负荷率

🔊·【解析】选项C、D属于内部业务流程维度，选项A、B属于财务维度。综上，本题应选CD。

🔒·【答案】CD

📋·【真题点评】本题考查的是平衡计分卡，在2015年、2017年及2018年均以客观题的形式考查了平衡计分卡的四个平衡和四个维度，难度较低，但易混淆，考生需理解识记。

✈·【知识速递】本题涉及知识点：平衡计分卡

　　平衡计分卡的目标和指标来源于企业的愿景和战略，这些目标和指标从四个维度来考察企业的业绩，即财务、顾客、内部业务流程、学习与成长，这四个维度组成了平衡计分卡的框架。

维度	解决的问题	常用指标
财务维度	股东如何看待我们	投资报酬率、权益净利率、经济增加值、息税前利润、自由现金流量、资产负债率、总资产周转率等
顾客维度	顾客如何看待我们	市场份额、客户满意度、客户获得率、客户保持率、客户获利率、战略客户数量等
内部业务流程维度	我们的优势是什么	交货及时率、生产负荷率、产品合格率等
学习与成长维度	我们是否能继续提高并创造价值	新产品开发周期、员工满意度、员工保持率、员工生产率、培训计划完成率等

三、计算分析题（本题型共5小题40分。其中一道小题可以选用中文或英文解答，请仔细阅读答题要求。如使用英文解答，须全部使用英文，答题正确的，增加5分。本题型最高得分为45分。涉及计算的，要求列出计算步骤，否则不得分，除非题目特别说明不需要列出计算过程。）

1.甲公司是一家传统制造业上市公司，只生产A产品。2018年末公司准备新上一条生产线，经营周期4年，正在进行项目的可行性研究。相关资料如下：

（1）预计A产品每年销售1 000万只，单位售价60元，单位变动制造成本40元，每年付现固定制造费用2 000万元，付现销售和管理费用800万元。

（2）项目需要一栋厂房、一套设备和一项专利技术。目前公司有一栋厂房正好适合新项目使用。该厂房正在对外出租，每年末收取租金100万元。2018年末租期到期，可续租也可收回自用。设备购置成本10 000万元，无须安装，于2018年末一次性支付，4年后变现价值1 600万元。税法规定，设备采用直线法计提折旧，折旧年限5年，折旧期满后无残值。专利技术使用费8 000万元，于2018年末一次性支付，期限4年。税法规定，专利技术使用费可按合同约定使用年限平均摊销，所得税前扣除。

（3）项目需增加营运资本 200 万元，于 2018 年末投入，项目结束时收回。

（4）项目投资的必要报酬率 12%。公司的企业所得税税率 25%。假设项目每年销售收入和付现费用均发生在当年年末。

要求：

（1）计算该项目 2018 年末～2022 年末的相关现金净流量、净现值和现值指数（计算过程和结果填入下方表格中）。

单位：万元

	2018 年末	2019 年末	2020 年末	2021 年末	2022 年末
现金净流量					
折现系数					
现值					
净现值					
现值指数					

【解析】 项目的现金流量由三个部分组成：建设期现金流量、经营期现金流量和终结点（项目寿命期末）现金流量。

①建设期：主要涉及现金流出，包括固定资产投资、无形资产投资、营运资本垫支等。

单位：万元

建设期	
项目	2018 年末
设备购置成本	-10 000〈资料（2）〉
专利技术使用费	-8 000〈资料（2）〉
垫支营运资本	-200〈资料（3）〉

提示：在计算垫支的营运资本时，需关注题干中营运资本数量的确定方法，以及营运资本的投入时间。

②经营期：涉及现金流入与流出，包括销售收入、付现成本费用、折旧与摊销抵税，还可能涉及机会成本。

单位：万元

经营期				
项目	2019 年末	2020 年末	2021 年末	2022 年末
税后销售收入〈1〉	1 000×60×（1-25%）=45 000	45 000	45 000	45 000

（续表）

项目	经营期			
	2019年末	2020年末	2021年末	2022年末
税后变动制造成本〈2〉	−1 000×40×（1−25%）=−30 000	−30 000	−30 000	−30 000
税后付现固定制造费用〈3〉	−2 000×（1−25%）=−1 500	−1 500	−1 500	−1 500
税后付现销售和管理费用〈4〉	−800×（1−25%）=−600	−600	−600	−600
折旧抵税〈5〉	10 000÷5×25%=500	500	500	500
摊销抵税〈6〉	8 000÷4×25%=500	500	500	500
丧失税后租金收入〈7〉	−100×（1−25%）=−75	−75	−75	−75
现金净流量〈1〉+〈2〉+〈3〉+〈4〉+〈5〉+〈6〉+〈7〉	13 825	13 825	13 825	13 825

提示：在填列固定资产、无形资产投资时，不要忘记计算经营期现金净流量时需包括折旧摊销抵税部分。

③终结点：主要涉及固定资产变现以及营运资本的收回，关键是准确计算经营期末固定资产的账面价值，并判断会产生抵税效应还是纳税义务。

单位：万元

项目	终结点
	2022年末
设备账面价值	10 000−10 000÷5×4=2 000
设备变现价值	1 600
设备变现损失抵税	（2 000−1 600）×25%=100
营运资本收回	200

④在前面三个步骤的基础上，进行如下计算：将上述计算结果填列至相应位置，并进行汇总，计算出现金净流量；再结合折现系数，计算出现值；将各年的现值进行汇总，计算出净现值；将现金净流量总现值与原始投资额总现值相除，计算出现值指数。

· 【答案】

单位：万元

	2018 年末	2019 年末	2020 年末	2021 年末	2022 年末
设备购置成本	−10 000				
专利技术使用费	−8 000				
税后销售收入		1 000×60×（1−25%）=45 000	45 000	45 000	45 000
税后变动制造成本		−1 000×40×（1−25%）=−30 000	−30 000	−30 000	−30 000
税后付现固定制造费用		−2 000×（1−25%）=−1 500	−1 500	−1 500	−1 500
税后付现销售和管理费用		−800×（1−25%）=−600	−600	−600	−600
折旧抵税		10 000÷5×25%=500	500	500	500
摊销抵税		8 000÷4×25%=500	500	500	500
丧失税后租金收入		−100×（1−25%）=−75	−75	−75	−75
营业现金毛流量		13 825	13 825	13 825	13 825
设备变现价值					1 600
设备变现损失抵税					100
垫支营运资本	−200				
营运资本收回					200
现金净流量	−18 200	13 825	13 825	13 825	15 725
折现系数（12%）	1	0.8929	0.7972	0.7118	0.6355
现值	−18 200	12 344.34	11 021.29	9 840.64	9 993.24
净现值	24 999.51（答案在 24 997～25 002 万元之间均可）				
现值指数	2.37				

· 【真题点评】投资项目现金流量的估计和净现值的计算在 2015 年、2016 年、2018 年、2019 年及 2020 年均考查过，主要以主观题形式考查。净现值计算的解题关键在于准确划分项目的建设期、经营期和终结点，确保覆盖每个期间的所有相关项目，并准确计算每个期间的现金流入、现金流出及现金净额。如果题目给出了所得税税率还必须考虑所得税的影响。此类题目本身难度不大，关键

是要细心、全面，建议考生平时多练习强化做题思路。

✈ ·【知识速递】本题涉及知识点：投资项目现金流量的估计

新建项目的现金流量分为三个部分：建设期现金流量、经营期现金流量和终结点现金流量。

项目	具体估计内容
建设期	① – 固定资产、无形资产等长期资产投资 ② – 垫支的营运资本
经营期	＋营业现金毛流量 ＝营业收入 – 付现营业费用 – 所得税 ＝税后经营净利润 + 折旧 ＝营业收入 ×（1 – 税率）– 付现营业费用 ×（1 – 税率）+ 折旧 × 税率
终结点	① ＋终结点长期资产变现相关现金流量： 变现价值＞账面价值，产生变现收益，需要纳税 　　资产变现相关现金流量 = 变现价值 –（变现价值 – 账面价值）× 税率 变现价值＜账面价值，产生变现损失，可以抵税 　　资产变现相关现金流量 = 变现价值 +（账面价值 – 变现价值）× 税率 ② ＋收回垫支的营运资本

注：上述表格中"–"表示现金流出，"+"表示现金流入。

（2）根据净现值和现值指数，判断该项目是否可行，并简要说明理由。

🔊 ·【解析】净现值＞0，现值指数＞1，项目可行。

🔓 ·【答案】净现值大于0，现值指数大于1，该项目可行。

📋 ·【真题点评】这类题目在历年考试中考查比较多，通常以客观题或主观题中一小问的形式结合投资项目净现值的计算结果考查。建议考生做大题之前，先大致浏览一下每个大题下面的每个小题，了解一下有哪些小题是可以在时间不足的情况下，根据已学知识直接作答的。本小题就属于可以直接作答的类型。

✈ ·【知识速递】本题涉及知识点：投资项目的评价方法

独立项目的评价方法	互斥项目的评价方法
基本方法：净现值法、现值指数法、内含报酬率法	寿命期相同时：净现值法优先
辅助方法：回收期法、会计报酬率法	寿命期不同时：共同年限法、等额年金法

（3）简要回答净现值和现值指数之间的相同点和不同点。

🔓 ·【答案】

（1）相同点：

①都考虑了货币时间价值和风险。

②都能反映项目投资报酬率高于或低于资本成本，但都没有揭示项目本身可以达到的报酬率是多少。

③在比较期限不同的项目时均有一定的局限性，都没有消除项目期限差异的影响。

（2）不同点：

①净现值是绝对值，反映投资的效益。现值指数是相对数，反映投资的效率。

②净现值法在比较投资额不同的项目时有一定的局限性。现值指数消除了项目投资额差异的影响。

③对于独立项目，净现值＞0，项目可行；现值指数＞1，项目可行。对于互斥项目，按净现值最大选择投资项目，与股东财富最大化目标一致；按现值指数最高选择投资项目，不一定与股东财富最大化目标一致。

· 【真题点评】近年来，这种表述性的简答题已成为命题趋势。建议考生在平时学习中要理解二者异同点背后的原理，多总结记忆关键采分点，作答时在关键词的基础上进行适当扩展。

· 【知识速递】本题涉及知识点：投资项目的评价方法

净现值 VS 现值指数 VS 内含报酬率

（1）相同点：此处参考本书 2019 年多项选择题第 2 题 "知识速递" 内容。

（2）不同点

项目	净现值	现值指数	内含报酬率
指标性质	绝对值指标	相对值指标	相对值指标
指标反映的收益特性	投资的效益	投资的效率	投资的效率
是否受预设折现率的影响	是	是	否
是否反映项目本身的报酬率	否	否	是

2. 甲公司是一家动力电池生产企业，拟采用管理用财务报表进行财务分析。相关资料如下：

（1）甲公司 2018 年主要财务报表数据

单位：万元

资产负债表项目	2018 年末
货币资金	200
应收账款	800
存货	1 500
固定资产	5 500
资产总计	8 000
应付账款	2 000
长期借款	2 000
股东权益	4 000
负债及股东权益总计	8 000

（续表）

利润表项目	2018 年
营业收入	10 000
减：营业成本	6 000
税金及附加	320
销售和管理费用	2 000
财务费用	160
利润总额	1 520
减：所得税费用	380
净利润	1 140

（2）甲公司货币资金全部为经营活动所需，财务费用全部为利息支出，甲公司适用的企业所得税税率为 25%。

（3）乙公司是甲公司的竞争对手，2018 年相关财务比率如下：

	净经营资产净利率	税后利息率	净财务杠杆（净负债 / 股东权益）	权益净利率
乙公司	22%	8%	60%	30.4%

要求：

（1）编制甲公司 2018 年管理用财务报表（结果填入下方表格中，不用列出计算过程）。

单位：万元

管理用财务报表项目	2018 年
经营性资产	
经营性负债	
净经营资产	
金融负债	
金融资产	
净负债	
股东权益	
净负债及股东权益总计	
税前经营利润	
减：经营利润所得税	
税后经营净利润	
利息费用	

（续表）

管理用财务报表项目	2018年
减：利息费用抵税	
税后利息费用	
净利润	

【解析】

单位：万元　　　　　　　　　　　　　　　　　　单位：万元

传统资产负债表		管理用资产负债表	
资产负债表项目	2018年末	2018年末	项目性质
货币资金	200	200	经营资产①
应收账款	800	800	经营资产
存货	1 500	1 500	经营资产
固定资产	5 500	5 500	经营资产
资产总计	8 000	8 000	经营性资产总计<1>
		0	金融资产<2>
		<1>-<3>=6 000	净经营资产总计<4>
应付账款	2 000	2 000	经营负债
		2 000	经营性负债总计<3>
长期借款	2 000	2 000	金融负债<5>
		<5>-<2>=2 000	净负债<6>
股东权益	4 000	4 000	股东权益<7>
负债及股东权益总计	8 000	<6>+<7>=6 000	净负债及股东权益总计<8>

单位：万元　　　　　　　　　　　　　　　　　　单位：万元

传统利润表		管理用利润表	
利润表项目	2018年	2018年	项目性质
营业收入	10 000	10 000	经营损益
减：营业成本	6 000	6 000	经营损益
税金及附加	320	320	经营损益
销售和管理费用	2 000	2 000	经营损益
财务费用（利息费用）②	160	160	金融损益<12>

（续表）

传统利润表			管理用利润表	
		160×（380/1 520）=40	利息费用抵税〈13〉	
		〈12〉-〈13〉=120	税后利息费用〈14〉	
利润总额	1 520	1 520+160=1 680	税前经营利润〈9〉③	
		1 680×（380/1 520）=420	经营利润所得税〈10〉	
减：所得税费用	380	〈9〉-〈10〉=1 260	税后经营净利润〈11〉	
净利润	1 140	〈11〉-〈14〉=1 140	净利润〈15〉	

提示：

①根据资料（2）可知，甲公司货币资金全部为经营活动所需，因此"货币资金"全部为"经营资产"；

②根据资料（2）可知，财务费用全部为利息支出，因此"财务费用"全部归属于"金融损益"；

③根据题干表格中给出的信息，税前经营利润＝利润总额＋财务费用＝1 520+160＝1 680（万元）。

· 【答案】

单位：万元

管理用财务报表项目	2018 年
经营性资产〈1〉	8 000
经营性负债〈3〉	2 000
净经营资产〈4〉	6 000
金融负债〈5〉	2 000
金融资产〈2〉	0
净负债〈6〉	2 000
股东权益〈7〉	4 000
净负债及股东权益总计〈8〉	6 000
税前经营利润〈9〉	1 680
减：经营利润所得税〈10〉	420
税后经营净利润〈11〉	1 260
利息费用〈12〉	160
减：利息费用抵税〈13〉	40
税后利息费用〈14〉	120
净利润〈15〉	1 140

📝 ·【真题点评】本题考查的是传统财务报表到管理用财务报表的转换，考查频率较高。考生需明确管理用财务报表和传统财务报表的区别，并能够将传统财务报表下的项目按照经营属性和金融属性区分。在区分时，应特别关注题干给出的关于货币资金、长期应付款、财务费用、资产减值损失、公允价值变动收益及所得税税率的信息。

✈ ·【知识速递】本题涉及知识点：管理用财务报表体系

从传统的资产负债表转化为管理用资产负债表的过程如下图所示：

（2）基于甲公司管理用财务报表，计算甲公司的净经营资产净利率，税后利息率，净财务杠杆和权益净利率。（注：资产负债表相关数据用年末数计算）

🔓 ·【答案】

净经营资产净利率 =1 260÷6 000=21%，

税后利息率 =120÷2 000=6%，

净财务杠杆 =2 000÷4 000=50%，

权益净利率 =1 140÷4 000=28.5%。

📝 ·【真题点评】本题主要考查改进的杜邦分析体系相关指标的计算。考生需要准确记忆各指标的计算公式，对于有多个计算公式的指标，可以用多个公式的计算结果是否一致验证结果的正确性。

✈·【知识速递】本题涉及知识点：管理用财务报表体系

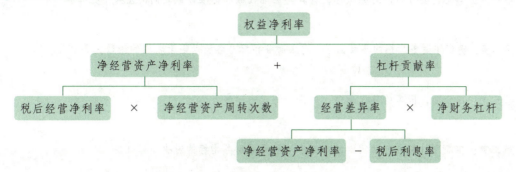

（3）计算甲公司与乙公司权益净利率的差异，并使用因素分析法，按照净经营资产净利率，税后利息率和净财务杠杆的顺序，对该差异进行定量分析。

🔊·【解析】因素分析法，是依据财务指标与其驱动因素之间的关系，从数量上确定各因素对指标影响程度的一种方法。该方法将财务指标分解为各个可以量化的因素，并根据各个因素之间的依存关系，顺次用各因素的比较值（通常为实际值）替代基准值（通常为历史值、标准值或计划值），据以测定各因素对财务指标的影响。

🔒·【答案】

甲公司与乙公司权益净利率的差异 =28.5%-30.4%=-1.9%。

乙公司权益净利率 =22%+（22%-8%）×60%=30.4%，　　　　　①

替换净经营资产净利率：21%+（21%-8%）×60%=28.8%，　　　②

替换税后利息率：21%+（21%-6%）×60%=30%，　　　　　　　③

替换净财务杠杆：21%+（21%-6%）×50%=28.5%；　　　　　　④

净经营资产净利率变动的影响 =②-①=28.8%-30.4%=-1.6%，

税后利息率变动的影响 =③-②=30%-28.8%=1.2%，

净财务杠杆变动的影响 =④-③=28.5%-30%=-1.5%。

即净经营资产净利率降低导致权益净利率下降1.6%，税后利息率降低导致权益净利率提高1.2%，净财务杠杆降低导致权益净利率下降1.5%，综合导致权益净利率下降1.9%。

📝·【真题点评】因素分析法的考查频率颇高，多与财务指标分析相结合，通过在主观题中逐步设问，要求考生对指标差异进行定量分析。除了准确计算各项驱动因素外，考生还需严格按照题目规定的顺序进行驱动因素的替换，因为替换顺序直接影响结果的准确性。另外，时间允许的话，建议考生做一个简单的验证：各因素对指标的影响之和等于差异总量。

✈·【知识速递】本题涉及知识点：财务报表分析的目的与方法；管理用财务报表体系

因素分析法一般分为四个步骤：

第一步：确定需要分析的财务指标，计算其实际数额和标准数额之间的差异『找差异』

第二步：确定该财务指标的驱动因素，建立财务指标与各驱动因素之间的函数关系模型『建关系』

第三步：确定驱动因素的替代顺序，并逐一替代『作替代』

第四步：按顺序计算各驱动因素脱离标准的差异对财务指标的影响『算减法』

3. 甲公司是一家上市公司，最近刚发放上年现金股利每股 2.2 元，目前每股市价 50 元。证券分析师预测，甲公司未来股利增长率 6%，等风险投资的必要报酬率 10%。市场上有两种以甲公司股票为标的资产的期权：欧式看涨期权和欧式看跌期权。每份看涨期权可买入 1 股股票，每份看跌期权可卖出 1 股股票，看涨期权价格每份 5 元，看跌期权价格每份 3 元。两种期权的执行价格均为 50 元，期限均为 1 年。

投资者小王和小张都认为市场低估了甲公司股票，预测 1 年后股票价格将回归内在价值，于是每人投资 53 000 元。小王的投资是买入 1 000 股甲公司股票，同时买入 1 000 份甲公司股票的看跌期权。小张的投资是买入甲公司股票的看涨期权 10 600 份。（注：计算投资净损益时不考虑货币时间价值）

要求：

（1）采用股利折现模型，估计 1 年后甲公司股票的内在价值。

 · **【解析】**固定增长模型下，当前股票的内在价值 $=[D_0\times(1+g)]/(R_s-g)$。由题目已知条件可得，$D_0=2.2$（元），$g=6\%$，$R_s=10\%$，当前股票的内在价值 $=[2.2\times(1+6\%)]/(10\%-6\%)=58.3$（元），1 年后股票的内在价值 $=58.3\times(1+6\%)=61.80$（元）。

 · **【答案】**1 年后甲公司股票的内在价值 $=[2.2\times(1+6\%)]/(10\%-6\%)\times(1+6\%)=61.80$（元）。

 · **【真题点评】**本题考查的是股票估值的模型。虽然历年考试中单独考查这部分知识点的情况不多，但是极易结合其他章节出题，比如股利增长率可以结合第 2 章可持续增长率、第 8 章企业价值评估出题，所以此知识点务必熟练掌握。考生需牢牢记住各股票估值模型的计算公式，并能灵活运用。另外，注意本题有一个陷阱是要求计算"1 年后"而不是"当前"的股票内在价值。

✈ · **【知识速递】**本题涉及知识点：普通股价值评估

模式	特征	计算公式
固定增长股票	当公司进入可持续增长状态时，未来各期的股利是上期股利的（1+g）倍 可持续增长状态指： ①现金流固定增长 ②无限期间	$V_0=\sum_{t=1}^{\infty}\dfrac{D_0\times(1+g)^t}{(1+r_s)^t}$ 当 g 为常数，并且 $r_s>g$ 时，上式可简化为： 股票价值 $V_0=\dfrac{\text{下一年股利 }D_1}{\text{折现率 }r_s-\text{增长率 }g}=\dfrac{D_0\times(1+g)}{r_s-g}$

（2）如果预测正确，分别计算小王和小张1年后的投资净损益。

【解析】 如果预测正确，一年后股价为61.80元。

① 股价上涨，则小王的看跌期权不会行权，期权投资会损失看跌期权的期权费，而股票投资则会赚取差价。

小王1年后的投资净损益＝股票净损益＋期权净损益＝1 000×（61.80-50）-3×1 000=8 800（元）。

② 股价上涨，则小张的看涨期权会行权，赚取股价和执行价格之间的差价。

小张1年后的投资净损益＝期权净损益＝10 600×（61.80-50）-10 600×5=72 080（元）。

【答案】

小王1年后的投资净损益＝1 000×（61.80-50）-3×1 000=8 800（元），

小张1年后的投资净损益＝10 600×（61.80-50）-10 600×5=72 080（元）。

【真题点评】 本题考查的是期权的投资策略。期权的投资策略在2015年、2016年及2018年均考查过。4种期权投资策略，考生可以通过相应的图形来理解学习。对于期权的基本公式考生切忌死记硬背，一定要理解背后的含义。

【知识速递】 本题涉及知识点：期权的投资策略

四种投资策略的损益区间

项目	保护性看跌期权	抛补性看涨期权	多头对敲	空头对敲
组合情况	股票＋多头看跌	股票＋空头看涨	多头看涨＋多头看跌	空头看涨＋空头看跌
组合成本	S_0+P	S_0-C	$C+P$	$-(C+P)$
最高净收入	$+\infty$	X	$+\infty$	0
最高净损益	$+\infty$	$X-(S_0-C)$	$+\infty$	$C+P$
最低净收入	X	0	0	$-\infty$
最低净损益	$X-(S_0+P)$	$-(S_0-C)$	$-(C+P)$	$-\infty$
损益状态	锁定了最低净收入和最低净损益	锁定了最高净收入和最高净损益	锁定了最低净收入和最低净损益	锁定了最高净收入和最高净损益
图示				

提示：上表图示中的黑色实线代表"组合净收入"线，绿色虚线代表"组合净损益"线。

（3）假如1年后甲公司股票下跌到每股40元，分别计算小王和小张的投资净损益。

【解析】 一年后股价下跌至每股40元，则：

①小王的看跌期权会行权，赚取执行价格（50元）和股价之间的差价，减少股票投资的损失。

小王的投资净损益 = 股票净损益 + 期权净损益 =1 000×（40-50）+1 000×（50-40）-3× 1 000=-3 000（元）。

②小张的看涨期权不会行权，损失了期权费。

小张的投资净损益 = 期权净损益 =0-10 600×5=-53 000（元）。

·【答案】

小王的投资净损益 =1 000×（40-50）+1 000×（50-40）-3×1 000=-3 000（元），

小张的投资净损益 =0-10 600×5=-53 000（元）。

·【真题点评】本题考查的是期权的投资策略。考生作答时，可以从以下几个方面分析：（1）根据期权投资组合的构成，确定期权投资组合的初始投资费用；（2）确定期权的执行价格；（3）特定股价下，判断期权持有者是否会行权；（4）计算投资组合的净损益。

·【知识速递】本题涉及知识点：期权的投资策略

此处参考本题第（2）小题"知识速递"内容。

4.甲公司是一家制造企业，生产 A、B 两种产品，按照客户订单分批组织生产，采用分批法核算产品成本。由于产品生产工艺稳定，机械化程度较高，制造费用在总成本中比重较大，公司采用作业成本法按实际分配率分配制造费用。公司设有三个作业成本库：材料切割作业库，以切割次数作为成本动因；机器加工作业库，以机器工时作为成本动因；产品组装作业库，以人工工时作为成本动因。

2018 年 9 月，公司将客户本月订购 A 产品的 18 个订单合并成 901A 批，合计生产 2 000 件产品；本月订购 B 产品的 6 个订单合并成 902B 批，合计生产 8 000 件产品。A、B 产品各自领用 X 材料，共同耗用 Y 材料。X、Y 材料在各批次开工时一次领用，依次经材料切割、机器加工、产品组装三个作业完成生产。其中，材料切割在各批次开工时一次完成，机器加工和产品组装随完工进度陆续均匀发生。

9 月末，901A 批产品全部完工；902B 批产品有 4 000 件完工，4 000 件尚未完工。902B 未完工产品机器加工完工进度 50%，产品组装尚未开始。902B 生产成本采用约当产量法在完工产品和月末在产品之间进行分配。

其他相关资料如下：

（1）本月直接材料费用

901A、902B 分别领用 X 材料的成本为 160 000 元、100 000 元；共同耗用 Y 材料 20 000 千克，单价 5 元 / 千克，本月 901A、902B 的 Y 材料单耗相同，按产品产量进行分配。

（2）本月制造费用

作业成本库	作业成本（元）	成本动因	作业量		
			901A	902B	合计
材料切割	240 000	切割次数（次）	12 000	12 000	24 000

（续表）

作业成本库	作业成本（元）	成本动因	作业量		
			901A	902B	合计
机器加工	900 000	机器工时（小时）	2 000	1 000	3 000
产品组装	435 000	人工工时（小时）	1 700	1 200	2 900
合计	1 575 000	—	—	—	—

要求：

（1）编制直接材料费用分配表、作业成本分配表（结果填入下方表格中，不用列出计算过程）。

直接材料费用分配表

单位：元

产品批次	共同耗用 Y 材料的分配			X 材料费用	直接材料费用总额
	产量（件）	分配率	应分配材料费用		
901A					
902B					
小计					

作业成本分配表

单位：元

作业成本库	作业成本	成本分配率	901A		902B	
			作业量	分配金额	作业量	分配金额
材料切割						
机器加工						
产品组装						
合计						

·【答案】

直接材料费用分配表

单位：元

产品批次	共同耗用 Y 材料的分配			X 材料费用	直接材料费用总额
	产量（件）	分配率	应分配材料费用		
901A	2 000	（20 000×5）/10 000=10	2 000×10=20 000	160 000	180 000
902B	8 000	10	8 000×10=80 000	100 000	180 000
小计	10 000	10	100 000	260 000	360 000

作业成本分配表

单位：元

作业 成本库	作业成本	成本分配率	901A		902B	
			作业量	分配金额	作业量	分配金额
材料切割	240 000	240 000/24 000 =10	12 000	12 000×10 =120 000	12 000	12 000×10 =120 000
机器加工	900 000	900 000/3 000 =300	2 000	2 000×300 =600 000	1 000	1 000×300 =300 000
产品组装	435 000	435 000/2 900 =150	1 700	1 700×150 =255 000	1 200	1 200×150 =180 000
合计	1 575 000	—	—	975 000	—	600 000

· 【真题点评】本题考查的是基本生产费用的归集和分配及作业成本的分配。分配作业成本时，首先根据总的作业成本和总的作业量计算出来分配率，再根据每种产品消耗的作业量将作业成本分配到产品。在计算的时候需注意数据的准确性。

· 【知识速递】本题涉及知识点：基本生产费用的归集和分配；作业成本法

作业成本分配的计算步骤如下：

第一步：根据作业成本动因计算单位作业成本。

单位作业成本（分配率）＝本期作业成本库归集总成本÷作业量

第二步：根据作业量计算成本对象应分配的作业成本。

某产品应分配的作业成本＝单位作业成本×该产品耗用的作业量

（2）编制901A、902B的产品成本计算单（结果填入下方表格中，不用列出计算过程）。

产品成本计算单

产品批次：901A

单位：元

项目	月初在产品 成本	本月生产 成本	合计	完工产品 成本	完工产品 单位成本	月末在产品 成本
直接材料						
制造费用						
其中：材料切割						
机器加工						
产品组装						
制造费用小计						
合计						

产品成本计算单

产品批次：902B　　　　　　　　　　　　　　　　　　　　单位：元

项目	月初在产品成本	本月生产成本	合计	完工产品成本	完工产品单位成本	月末在产品成本
直接材料						
制造费用						
其中：材料切割						
机器加工						
产品组装						
制造费用小计						
合计						

· 【答案】

产品成本计算单

产品批次：901A　　　　　　　　　　　　　　　　　　　　单位：元

项目	月初在产品成本	本月生产成本 〈小题1〉	合计	完工产品成本 〈1〉	完工产品单位成本 〈1〉/2 000	月末在产品成本
直接材料	0	180 000	180 000	180 000	90	0
制造费用						
其中：材料切割	0	120 000	120 000	120 000	60	0
机器加工	0	600 000	600 000	600 000	300	0
产品组装	0	255 000	255 000	255 000	127.5	0
制造费用小计	0	975 000	975 000	975 000	487.5	0
合计	0	1 155 000	1 155 000	1 155 000	577.5	0

产品成本计算单

产品批次：902B　　　　　　　　　　　　　　　　　　　　单位：元

项目	月初在产品成本	本月生产成本	合计	完工产品成本	完工产品单位成本	月末在产品成本
直接材料	0	180 000	180 000	22.5×4 000 =90 000	180 000/（4 000+ 4 000）=22.5	22.5×4 000 =90 000
制造费用						

（续表）

项目	月初在产品成本	本月生产成本	合计	完工产品成本	完工产品单位成本	月末在产品成本
其中：材料切割	0	120 000	120 000	15×4 000 =60 000	120 000/（4 000+ 4 000）=15	15×4 000 =60 000
机器加工	0	300 000	300 000	50×4 000 =200 000	300 000/（4 000+ 4 000×50%）=50	50×4 000× 50%=100 000
产品组装	0	180 000	180 000	45×4 000 =180 000	180 000/（4 000+ 4 000×0%）=45	0
制造费用小计	0	600 000	600 000	440 000	110	160 000
合计	0	780 000	780 000	530 000	132.5	250 000

📝·【真题点评】本题考查的是完工产品和在产品的成本分配。此考点属于高频考点，几乎每年必考，通常以主观题形式进行考查。考生在计算约当产量的时候需注意原材料是生产开始时一次性投入还是随加工进度陆续投入。

✂·【知识速递】本题涉及知识点：完工产品和在产品的成本分配；作业成本法

此处参考本书 2018 年单项选择题第 9 题"知识速递"内容。

5. 甲公司是一家制造企业，正在编制 2019 年第一、二季度现金预算，年初现金余额 52 万元。相关资料如下：

（1）预计第一季度销量 30 万件，单位售价 100 元；第二季度销量 40 万件，单位售价 90 元；第三季度销量 50 万件，单位售价 85 元，每季度销售收入 60% 当季收现，40% 下季收现，2019 年年初应收账款余额 800 万元，第一季度收回。

（2）2019 年初产成品存货 3 万件，每季末产成品存货为下季销量的 10%。

（3）单位产品材料消耗量 10 千克，单价 4 元 / 千克，当季所购材料当季全部耗用，季初季末无材料存货，每季度材料采购货款 50% 当季付现，50% 下季付现。2019 年初应付账款余额 420 万元，第一季度偿付。

（4）单位产品人工工时 2 小时，人工成本 10 元 / 小时；制造费用按人工工时分配，分配率 7.5 元 / 小时。销售和管理费用全年 400 万元，每季度 100 万元。假设人工成本、制造费用、销售和管理费用全部当季付现。全年所得税费用 100 万元，每季度预缴 25 万元。

（5）公司计划在上半年安装一条生产线，第一、二季度分别支付设备购置款 450 万元、250 万元。

（6）每季末现金余额不能低于 50 万元。低于 50 万元时，向银行借入短期借款，借款金额为 10 万元的整数倍。借款季初取得，每季末支付当季利息，季度利率 2%。高于 50 万元时，高出部分按 10 万元的整数倍偿还借款，季末偿还。

第一、二季度无其他融资和投资计划。

要求：根据上述资料，编制公司 2019 年第一、二季度现金预算（结果填入下方表格中，不用列出计算过程）。

现金预算 单位：万元

项目	第一季度	第二季度
期初现金余额		
加：销货现金收入		
可供使用的现金合计		
减：各项支出		
材料采购		
人工成本		
制造费用		
销售和管理费用		
所得税费用		
购买设备		
现金支出合计		
现金多余或不足		
加：短期借款		
减：偿还短期借款		
减：支付短期借款利息		
期末现金余额		

【解析】 现金预算由四部分组成：可供使用现金、现金支出、现金多余或不足、现金的筹措和运用。

（1）在填列可供使用现金时，需特别关注销售收款政策。

单位：万元

项目	计算依据	第一季度	第二季度
期初现金余额	年初现金余额 52 万元	52	50（第一季度期末现金余额）
加：销货现金收入	① 2019 年年初应收账款余额 800 万元，第一季度收回 ② 每季度销售收入 60% 当季收现，40% 下季收现	800+30×100×60% =2 600	30×100×40%+40×90×60%=3 360
可供使用的现金合计	期初现金余额 + 现金收入	2 652	3 410

提示：第二季度期初现金余额需等待第一季度现金预算编制完成后才可确定。

（2）在填列现金支出时，首先需确定本期预计产量，进而确定本期材料采购数量和材料采购款，再根据采购付款政策，计算本期材料采购付款额。

单位：万元

项目	计算依据	第一季度	第二季度
减：各项支出			
材料采购	①预计第一季度销量30万件，第二季度销量40万件，第三季度销量50万件 ②2019年初产成品存货3万件，每季末产成品存货为下季销量的10%	预计产量： 30+40×10%-3=31（万件）	预计产量： 40+50×10%-40×10%=41（万件）
	①单位产品材料消耗量10千克，单价4元/千克 ②当季所购材料当季全部耗用，季初季末无材料存货	预计材料采购总额： 31×10×4=1 240	预计材料采购总额： 41×10×4=1 640
	①每季度材料采购货款50%当季付现，50%下季付现 ②2019年初应付账款余额420万元，第一季度偿付	预计材料采购现金支出额： 420+1 240×50%=1 040	预计材料采购现金支出额： 1 240×50%+1 640×50%=1 440
人工成本	单位产品人工工时2小时，人工成本10元/小时	31×2×10=620	41×2×10=820
制造费用	制造费用按人工工时分配，分配率7.5元/小时	31×2×7.5=465	41×2×7.5=615
销售和管理费用	销售和管理费用全年400万元，每季度100万元	100	100
所得税费用	全年所得税费用100万元，每季度预缴25万元	25	25
购买设备	第一、二季度分别支付设备购置款450万元、250万元	450	250
现金支出合计	—	2 700	3 250

（3）在填列现金的筹措和运用时，需特别关注借款和还款是在期初还是期末以及利息的支付时间。

（续表）

单位：万元

项目	计算依据	第一季度	第二季度
现金多余或不足	可供使用的现金合计－现金支出合计	2 652－2 700＝－48	3 410－3 250＝160
加：短期借款	①每季末现金余额不能低于 50 万元 ②借款金额为 10 万元的整数倍 ③借款季初取得，每季末支付当季利息，季度利率 2% 设第一季度短期借款金额为 M， 则 $-48+M-M \times 2\% \geq 50$，解得： $M \geq 100$（万元），则 $M=100$（万元）	100	0
减：偿还短期借款	高于 50 万元时，高出部分按 10 万元的整数倍偿还借款，季末偿还 设第二季度归还借款金额为 N， 则 $160-N-100 \times 2\% \geq 50$，解得： $N \leq 108$（万元），则 $N=100$（万元）	0	100
减：支付短期借款利息	每季末支付当季利息，季度利率 2%	$100 \times 2\%=2$	$100 \times 2\%=2$
期末现金余额	—	50	58

🔓·【答案】

现金预算

单位：万元

项目	第一季度	第二季度
期初现金余额	52	50
加：销货现金收入	2 600	3 360
可供使用的现金合计	2 652	3 410
减：各项支出		
材料采购	1 040	1 440
人工成本	620	820
制造费用	465	615
销售和管理费用	100	100
所得税费用	25	25
购买设备	450	250
现金支出合计	2 700	3 250

（续表）

项目	第一季度	第二季度
现金多余或不足	-48	160
加：短期借款	100	0
减：偿还短期借款	0	100
减：支付短期借款利息	2	2
期末现金余额	50	58

·【真题点评】本题考查的是现金预算的编制。本考点以主观题形式考查，题干通常已知销售预算、直接材料预算、直接人工预算、制造费用预算、销售费用与管理费用预算等各项涉及现金收支的营业预算项目信息，要求编制现金预算表，出题思路和解题思路具体如下：

可供使用现金

①期初现金余额：第一季度期初现金余额一般根据题目已知条件可得；其余三个季度的期初现金余额需要根据上季度期末现金余额得出。因此考生需注意计算的准确性，以防造成连环错误。

②销售现金收入：根据销售预算得出，除了关注销售回款政策外，需要特别注意题目中已知的第一季度期初的应收账款数额（影响本季度现金收回金额）。

现金支出

①直接材料：首先需关注"材料采购量"这个关键指标，若题目未知，需根据产品的预计生产量和材料的期初期末存量的等式关系求得；其次需要关注材料采购的付款政策。

②直接人工、制造费用、销售及管理费用、所得税费用：通常均为当期付款，根据题目条件作答即可，陷阱较少。

现金多余或不足
现金筹措和运用

①计算"可供使用现金（期初现金余额＋销售现金收入）－现金支出"的数额。

②需关注题目中是否对各期末的最低现金余额有要求，结合上一步计算结果确定现金多余或不足。

③根据现金多余或不足的数额，结合题目给出的现金筹措和运用方案，确定借款、还款、投资或收回投资的具体数额。

④根据"可供使用现金－现金支出 ± 现金筹措和运用"计算得出期末现金余额。

作答时，考生需特别注意以下几点：

（1）注意题目中现金筹措的顺序。例如：实有现金低于最低现金余额时，如果有短期投资，先变现短期投资，仍不足时，再向银行借入短期借款；超过最低现金余额时，如果有短期借款，先偿还短期借款，仍有剩余时，再进行短期投资。

（2）注意题目中给出的借款、还款、短期投资以及收回短期投资的发生时间是在期初还是期末，以及关注支付借款利息和收取投资收益的时间，这会影响本期应支付或者应收取的利息。

（3）注意表格中"合计"列的期初现金余额和期末现金余额的合计数分别为预算期期初和期末的数字，而不是整个预算期现金余额的加总。

（4）计算"现金多余或不足"的全年合计数时，不能各期相加计算，要由期初的现金余额加上现金收入合计数再减去现金支出合计数得出。

✈ · 【知识速递】本题涉及知识点：财务预算的编制

现金多余		现金不足	
可供使用现金 期初现金余额 + 销售现金收入	现金的运用 偿还借款 进行短期投资 现金支出 直接材料 直接人工 制造费用 销售及管理费用 所得税费用 购买设备支出	现金的筹措 变卖短期投资 取得新的借款 可供使用现金 期初现金余额 + 销售现金收入	现金支出 直接材料 直接人工 制造费用 销售及管理费用 所得税费用 购买设备支出

四、综合题（本题共15分。涉及计算的，要求列出计算步骤，否则不得分，除非题目特别说明不需要列出计算过程。）

甲公司是一家制造业上市公司，生产 A、B、C 三种产品，最近几年，市场需求旺盛，公司正在考虑通过筹资扩大产能。2018 年，公司长期债务 10 000 万元，年利率 6%，流通在外普通股 1 000 万股，每股面值 1 元，无优先股。

资料一：A、B、C 三种产品都需要通过一台关键设备加工，该设备是公司的关键限制资源。年加工能力 2 500 小时。假设 A、B、C 三种产品当年生产当年销售，年初年末无存货。预计 2019 年 A、B、C 三种产品的市场正常销量及相关资料如下：

	A 产品	B 产品	C 产品
市场正常销量（件）	400	600	1 000
单位售价（万元）	2	4	6

（续表）

	A产品	B产品	C产品
单位变动成本（万元）	1.2	1.6	3.5
单位限制资源消耗（小时）	1	2	2.5
固定成本总额（万元）		1 000	

资料二：为满足市场需求，公司 2019 年初拟新增一台与关键限制资源相同的设备，需要筹集 10 000 万元。该设备新增年固定成本 600 万元，原固定成本总额 1 000 万元照常发生，现有两种筹资方案可供选择：

方案1：平价发行优先股筹资 6 000 万元，面值 100 元，票面股息率 10%，按每份市价 1 250 元发行债券筹资 4 000 万元，期限 10 年，面值 1 000 元，票面利率 9%。

方案2：平价发行优先股筹资 6 000 万元，面值 100 元，票面股息率 10%，按每股市价 10 元发行普通股筹资 4 000 万元。

资料三：新增关键设备到位后，假设 A 产品尚有市场空间，如果其他条件不变，且剩余产能不能转移，公司拟花费 200 万元进行广告宣传，通过扩大 A 产品的销量实现剩余产能的充分利用。

甲公司适用的企业所得税税率为 25%。

要求：

（1）根据资料一，为有效利用现有的一台关键设备，计算公司 A、B、C 三种产品的生产安排优先顺序和产量，在该生产安排下，公司的经营杠杆和财务杠杆各是多少？

🔓·【答案】

当前，A、B、C 三种产品对关键设备加工能力的年度总需求 =400×1+600×2+1 000×2.5 =4 100（小时），大于年加工能力供给 2 500 小时，因此，需根据各产品的单位约束资源边际贡献对产品生产进行排序。

①A 产品单位约束资源边际贡献 =（2-1.2）/1=0.8（万元），

B 产品单位约束资源边际贡献 =（4-1.6）/2=1.2（万元），

C 产品单位约束资源边际贡献 =（6-3.5）/2.5=1（万元），

因为 B 产品单位约束资源边际贡献＞C 产品单位约束资源边际贡献＞A 产品单位约束资源边际贡献，所以应首先安排生产 B 产品，其次是 C 产品，最后生产 A 产品。

因为假设 A、B、C 三种产品当年生产当年销售，年初年末无存货，所以 B 产品的产量 = 销售量 =600（件），剩余加工能力 =2 500-600×2=1 300（小时），小于 C 产品对关键设备加工能力的总需求 2 500 小时（1 000×2.5），因此，C 产品的产量 =1 300/2.5=520（件），没有剩余加工能力，所以不生产 A 产品。

②边际贡献 =（4-1.6）×600+（6-3.5）×520=2 740（万元），

息税前利润 =2 740-1 000=1 740（万元），

税前利润 =1 740-10 000×6%=1 140（万元），

经营杠杆系数 =2 740÷1 740=1.57，

财务杠杆系数 =1 740÷1 140=1.53。

·【真题点评】约束资源最优利用决策在 2017 年以主观题的形式考查过，考生需掌握约束资源最优利用决策的决策原则和计算方法。杠杆系数的衡量是历年考试中的高频考点，各种题型均出现过，考生需熟练掌握各杠杆系数的定义式和计算式。杠杆系数的衡量还可能和第 16 章中的利润敏感分析结合出题，通过杠杆系数来衡量利润的变动。

·【知识速递】本题涉及知识点：生产决策

约束资源最优利用决策的原则是优先安排生产单位产品约束资源边际贡献大的产品。

单位约束资源边际贡献 = 单位产品边际贡献 ÷ 该单位产品耗用的约束资源量，

经营杠杆系数 = 边际贡献 ÷ 息税前利润，

财务杠杆系数 = 息税前利润 ÷ 税前利润。

（2）根据资料二，采用每股收益无差别点法，计算两个方案每股收益无差别点的息税前利润，并判断公司应选择哪一个筹资方案。在该筹资方案下，公司的经营杠杆、财务杠杆、每股收益各是多少？

·【解析】

$$EPS = \frac{(EBIT-I_1) \times (1-T) - PD_1}{N_1} = \frac{(EBIT-I_2) \times (1-T) - PD_2}{N_2}$$

预计边际贡献 = 预计息税前利润 + 预计固定成本

需要提醒的是方案 1 发行债券时不是按面值发行的，所以要计算债券发行份数（4 000÷1 250），然后乘以面值得出总面值额，再乘以利率才能算出利息。

·【答案】

① ［（EBIT−10 000×6%−4 000÷1 250×1 000×9%）×（1−25%）−6 000×10%］/1 000=［（EBIT−10 000×6%）×（1−25%）−6 000×10%］/（1 000+4 000/10），

解得：EBIT=2 408（万元）；

新增关键设备到位后，关键设备年加工能力 =2 500+2 500=5 000（小时），大于 A、B、C 三种产品对关键设备加工能力的年度总需求 4 100 小时，因此，可以按照市场正常销售情况进行生产。

预计息税前利润 =（2−1.2）×400+（4−1.6）×600+（6−3.5）×1 000−1 000−600=2 660（万元），

预计息税前利润 2 660 万元大于每股收益无差别点的息税前利润 2 408 万元，所以应该选择财务杠杆大的方案 1 进行筹资。

②预计边际贡献 =2 660+1 000+600=4 260（万元），

归属于普通股股东的预计税前利润 =2 660−10 000×6%−4 000/1 250×1 000×9%−6 000×10%/（1−25%）=972（万元），

经营杠杆系数 =4 260÷2 660=1.6，

财务杠杆系数 =2 660÷972=2.74，

每股收益 =［（2 660−10 000×6%−4 000/1 250×1 000×9%）×（1−25%）−6 000×10%］/1 000 =0.73（元）。

📝·**【真题点评】**资本结构决策的分析方法通常以主观题的形式考查，比较有可考性的就是每股收益无差别点法。需要注意的是：①要看清所得税税率，不能默认为25%；②注意优先股股利的影响。

✈·**【知识速递】**本题涉及知识点：资本结构决策分析；杠杆系数的衡量

每股收益无差别点息税前利润的计算公式如下：

$$\frac{(EBIT-I_1)\times(1-T)-PD_1}{N_1}=\frac{(EBIT-I_2)\times(1-T)-PD_2}{N_2}$$

式中：$EBIT$——每股收益无差别时的息税前利润

$\quad\quad I_i$——年利息支出

$\quad\quad T$——企业所得税税率

$\quad\quad PD_i$——支付的优先股股利

$\quad\quad N_i$——筹资后流通在外的普通股股数

（3）结合要求（1）、（2）的结果，简要说明经营杠杆、财务杠杆发生变化的主要原因。

🔊·**【解析】**经营杠杆的变化主要源自于固定经营成本的变化，财务杠杆的变化主要源自于固定融资成本的影响，由此可以结合题干进行分析。

🔓·**【答案】**因为新增一台与约束资源相同的设备，导致固定经营成本增加，所以会提高经营杠杆。因为采用方案1进行筹资，增加固定性融资成本（利息费用和优先股股利），所以会提高财务杠杆。

📝·**【真题点评】**本题考查的是杠杆系数发生变化的原因。历年真题多考查杠杆系数的计算，几乎没有考查过发生变化的原因。未来的考试可能更加偏向对基础知识的考查。因此，考生在复习备考时，应多花费心思学习基础知识。

✈·**【知识速递】**本题涉及知识点：杠杆系数的衡量

经营杠杆系数、财务杠杆系数及联合杠杆系数之间的关系如下：

提示：图中的箭头表示分子到分母的顺序。

（4）根据资料三，计算并判断公司是否应利用该剩余产能。

🔓·**【答案】**公司2019年初拟新增一台与约束资源相同的设备，所以年加工能力5 000小时，按照市场正常销量生产后剩余的产能 =5 000-400×1-600×2-1 000×2.5=900（小时），

该剩余产能可以生产的A产品产量 =900÷1=900（件），

增加的边际贡献 =900×（2-1.2）=720（万元），

增加的边际贡献大于新增的专属成本200万元，能够带来正的息税前利润，所以应利用该剩余产能。

📝·**【真题点评】**生产决策相关内容在2017年、2018年及2019年均考查过。生产决策的内容

比较丰富，极易出客观题考查。因此，考生应熟练掌握各种短期生产决策的决策原则。

·【知识速递】本题涉及知识点：生产决策

　　判断是否应该利用该产能的关键就在于利用该剩余产能后，增加的边际贡献能否超过相关变动成本和专属成本，能否带来正的息税前利润。

　　如果剩余产能不能转移，决策原则是该剩余产能提供的边际贡献是否能够大于所增加的相关成本。

2017 年注册会计师全国统一考试

《财务成本管理》真题逐题解密

（考试时长：150 分钟）

一、单项选择题（本题型共 14 小题，每小题 1.5 分，共 21 分，每小题只有一个正确答案，请从每小题的备选答案中选出一个你认为最正确的答案。）

1. 下列关于利率期限结构的表述中，属于预期理论观点的是（   ）。

A. 不同到期期限的债券无法相互替代

B. 长期债券的利率等于在其有效期内人们所预期的短期利率的平均值

C. 到期期限不同的各种债券的利率取决于该债券的供给与需求

D. 长期债券的利率等于长期债券到期之前预期短期利率的平均值与随债券供求状况变动而变动的流动性溢价之和

📢 · **【解析】**选项 A、C 不符合题意，其属于市场分割理论的观点；选项 B 符合题意，无偏预期理论认为，利率期限结构完全取决于市场对未来利率的预期，即长期债券即期利率是短期债券预期利率的函数，也就是说长期即期利率是短期预期利率的无偏估计；选项 D 不符合题意，其属于流动性溢价理论的观点。综上，本题应选 B。

🔓 · **【答案】**B

📋 · **【真题点评】**利率的期限结构在 2017 年和 2018 年均以客观题的形式考查过。考生在备考这一考点时需关注无偏预期理论和市场分割理论的基本观点以及流动性溢价理论下对收益率曲线的解释。

✈ · **【知识速递】**本题涉及知识点：利率

各利率期限结构理论对收益率曲线的解释如下表所示：

分类	无偏预期理论	市场分割理论	流动性溢价理论
上斜收益率曲线	市场预期未来短期利率会上升	短期债券市场的均衡利率水平低于长期债券市场的均衡利率水平	市场预期未来短期利率既可能上升、也可能不变；还可能下降，但下降幅度小于流动性溢价
下斜收益率曲线	市场预期未来短期利率会下降	短期债券市场的均衡利率水平高于长期债券市场的均衡利率水平	市场预期未来短期利率将会下降，下降幅度大于流动性溢价
水平收益率曲线	市场预期未来短期利率保持稳定	各个期限市场的均衡利率水平持平	市场预期未来短期利率将会下降，下降幅度等于流动性溢价

（续表）

分类	无偏预期理论	市场分割理论	流动性溢价理论
峰型收益率曲线	市场预期较近一段时期短期利率会上升，而在较远的将来，市场预期短期利率会下降	中期债券市场的均衡利率水平最高	市场预期较近一段时期短期利率可能上升、也可能不变，还可能下降，但下降幅度小于流动性溢价；而在较远的将来，市场预期短期利率会下降，下降幅度大于流动性溢价

2. 当存在无风险资产并可按无风险报酬率自由借贷时，下列关于最有效风险资产组合的说法中，正确的是（　　）。

A. 最有效风险资产组合是投资者根据自己风险偏好确定的组合

B. 最有效风险资产组合是风险资产机会集上最高期望报酬率点对应的组合

C. 最有效风险资产组合是风险资产机会集上最小方差点对应的组合

D. 最有效风险资产组合是所有风险资产以各自的总市场价值为权数的组合

·【解析】选项 A 错误，个人的效用偏好与最佳风险资产组合相独立（或称相分离），投资者个人对风险的态度仅仅影响借入或贷出的资金量，而不影响最佳风险资产组合。选项 B、C 错误，选项 D 正确，资本市场线的切点是市场均衡点，它代表唯一最有效的风险资产组合，它是所有证券以各自的总市场价值为权数的加权平均组合，被称为"市场组合"。综上，本题应选 D。

·【答案】D

·【真题点评】本题考查了资本市场线。考生在备考时，可将资本市场线和证券市场线进行对比学习，重点关注横轴、纵轴代表的变量、截距以及斜率。此外，还需关注与二者有关的计算。

·【知识速递】本题涉及知识点：投资组合的风险与报酬

此处参考本书 2018 年多项选择题第 2 题"知识速递"内容。

3. 甲公司已进入稳定增长状态，固定股利增长率 4%，股东必要报酬率 10%。公司最近一期每股股利 0.75 元，预计下一年的股票价格是（　　）元。

A. 7.5　　　　　　　　　　　　　B. 13

C. 12.5　　　　　　　　　　　　　D. 13.52

·【解析】固定增长股票的股价计算公式如下：当前股票价格 =［最近一期股利 ×（1+ 股利增长率）］/（年折现率 − 股利增长率）=［0.75×（1+4%）］/（10%-4%）=13（元），预计下一年股票价格 = 当前股票价格 ×（1+ 增长率）=13×（1+4%）=13.52（元）。综上，本题应选 D。

·【答案】D

·【真题点评】本题考查了固定增长股票价值的计算。要正确作答这道题目，考生需明确，题目要求求解预计下一年的股票价格，因此，在利用固定增长股票价值计算公式计算出股票当前价格后还需进一步求解预计下一年的股票价格。

✈·【知识速递】本题涉及知识点：普通股价值评估

此处参考本书2019年单项选择题第5题"知识速递"内容。

4. 在考虑企业所得税但不考虑个人所得税的情况下，下列关于资本结构有税 MM 理论的说法中，
错误的是（　　）。

A. 财务杠杆越大，企业价值越大　　　　B. 财务杠杆越大，企业权益资本成本越高

C. 财务杠杆越大，企业利息抵税现值越大　　D. 财务杠杆越大，企业加权平均资本成本越高

🔊·【解析】选项A不符合题意，有负债企业的价值（V_L）=无负债企业的价值（V_U）+债务利息抵税价值（$T×D$）的现值，从公式中可以看出，随着企业负债比例的提高（财务杠杆的提高），企业价值也随之提高，在理论上全部融资来源于负债时，企业价值达到最大。

选项B不符合题意，有负债企业的权益资本成本=相同风险等级的无负债企业的权益资本成本+与以市值计算的债务与权益比例成比例的风险报酬，且风险报酬取决于企业的债务比例以及所得税税率，财务杠杆越大，企业权益资本成本越高。

选项C不符合题意，债务利息的抵税价值（$T×D$）又称为杠杆收益，因为债务利息可以在所得税前扣除，企业可以因此节税，利息抵税收益的现值等于抵税收益的永续年金现金流的现值，所以财务杠杆越大，企业利息抵税现值越大。

选项D符合题意，在考虑企业所得税的条件下，有负债企业的加权平均资本成本随着债务筹资比例的增加而降低。因此，财务杠杆越大，企业加权平均资本成本越低。

综上，本题应选D。

🔓·【答案】D

📝·【真题点评】本题考查了有税 MM 理论的基本命题。考生在学习该理论时，需牢记该理论下企业价值的表达式、负债比例（或财务杠杆）对企业价值、债务资本成本、权益资本成本以及加权平均资本成本的影响。

✈·【知识速递】本题涉及知识点：资本结构理论

此处参考本书2019年多项选择题第6题"知识速递"内容。

5. 甲公司2016年销售收入1 000万元，变动成本率60%，固定成本200万元，利息费用40万元。假设不存在资本化利息且不考虑其他因素，该企业联合杠杆系数是（　　）。

A. 1.25　　　　　　　　　　　　B. 2.5

C. 2　　　　　　　　　　　　　　D. 3.75

🔊·【解析】边际贡献=销售收入×（1-变动成本率）=1 000×（1-60%）=400（万元），税前利润=边际贡献-固定成本-利息费用=400-200-40=160（万元），联合杠杆系数=边际贡献/税前利润=400/160=2.5。综上，本题应选B。

🔓·【答案】B

· 【真题点评】杠杆系数的衡量是历年考试中的高频考点，2016年、2017年和2018年均在主观题和客观题中对此考点有所考查，考生需全方位掌握三个杠杆系数的定义公式、计算公式及变形公式，在作答时做到灵活运用。

· 【知识速递】本题涉及知识点：杠杆系数的衡量

此处参考本书2018年综合题第（3）小题"知识速递"内容。

6. 甲公司2016年初未分配利润 –100万元，2016年实现净利润1 200万元。公司计划2017年新增资本支出1 000万元，目标资本结构（债务：权益）为3：7。法律规定，公司须按净利润的10% 提取公积金。若该公司采取剩余股利政策，应发放现金股利（　　　）万元。

A. 310　　　　　　　　　　　　　B. 400

C. 380　　　　　　　　　　　　　D. 500

· 【解析】新增资本支出所需的利润留存 =1 000×7/（3+7）=700（万元），应发放现金股利金额 =1 200-700=500（万元）。综上，本题应选D。

· 【答案】D

· 【真题点评】本题考查了剩余股利政策。要正确作答这道题目，考生需排除题干中出现的"年初未分配利润"、"公积金"等信息的干扰。

· 【知识速递】本题涉及知识点：股利政策

此处参考本书2019年计算分析题第1题"知识速递"内容。

7. 实施股票分割和股票股利产生的效果相似，它们都会（　　　）。

A. 降低股票每股面值　　　　　　　B. 减少股东权益总额

C. 降低股票每股价格　　　　　　　D. 改变股东权益结构

· 【解析】选项A不符合题意，股票分割会降低股票每股面值，而股票股利不会改变股票每股面值；选项B、D不符合题意，股票分割和股票股利都不会改变股东权益总额，但是股票股利会改变股东权益结构，股票分割不会改变股东权益结构；选项C符合题意，如果盈利总额与市盈率不变，发放股票股利和实施股票分割，都会导致普通股股数增加，从而引起每股收益和股票每股价格的下降。综上，本题应选C。

· 【答案】C

· 【真题点评】本题考查了股票分割与股票股利的异同点。在作答这道题目时，考生需牢记：股票分割的核心是股票股数增加，股票每股面值变小，股东权益内部结构不变；股票股利的核心是股票股数增加，股票每股面值不变，股东权益内部结构改变。

· 【知识速递】本题涉及知识点：股票分割与股票回购

此处参考本书2018年多项选择题第7题"知识速递"内容。

8. 与激进型营运资本投资策略相比,适中型营运资本投资策略的(   )。

A. 持有成本和短缺成本均较低

B. 持有成本较高,短缺成本较低

C. 持有成本和短缺成本均较高

D. 持有成本较低,短缺成本较高

🔊 ·【解析】激进型营运资本投资策略,表现为较低的流动资产与收入比,所以持有成本最低,短缺成本最高,相比而言,适中型营运资本投资策略,持有成本较高,短缺成本较低。综上,本题应选B。

🔓 ·【答案】B

📋 ·【真题点评】本题考查了不同营运资本投资策略的比较。解答这道题目的关键在于明确,对照的标准是将适中型营运资本投资策略与激进型营运资本投资策略进行比较。在备考这个知识点时,考生需牢记:不同的营运资本投资策略的实质区别在于:流动资产投资规模的大小,与之相关的是持有成本和短缺成本,持有成本和短缺成本是"此消彼长"的关系。

✈ ·【知识速递】本题涉及知识点:营运资本投资策略

营运资本投资策略相关成本的高低

投资策略	持有成本	短缺成本
激进型营运资本投资策略	低	高
适中型营运资本投资策略	中	中
保守型营运资本投资策略	高	低

9. 应用"5C"系统评估顾客信用标准时,客户"能力"是指(   )。

A. 偿债能力

B. 盈利能力

C. 营运能力

D. 发展能力

🔊 ·【解析】"5C"系统中,"能力"是指顾客的偿债能力,即其流动资产的数量和质量以及与流动负债的比例。综上,本题应选A。

🔓 ·【答案】A

📋 ·【真题点评】本题考查了"5C"系统的内容。要正确作答这道题目,考生可以结合"5C"系统的用途来进行判断。"5C"系统用来评估顾客的信用标准,以便决定是否给予顾客赊销,因此,"5C"系统中的能力是指顾客的偿债能力。

✈ ·【知识速递】本题涉及知识点:应收款项管理

此处参考本书2018年多项选择题第1题"知识速递"内容。

10. 甲公司采用存货模式确定最佳现金持有量,在现金需求量保持不变的情况下,当有价证券转换为现金的交易费用从每次100元下降至50元、有价证券投资报酬率从4%上涨至8%时,甲公司现金管理应采取的措施是(   )。

A. 最佳现金持有量保持不变

B. 将最佳现金持有量降低50%

C. 将最佳现金持有量提高50%

D. 将最佳现金持有量提高100%

· **【解析】** 存货模式下，最佳现金持有量 $=\sqrt{2TF/K}$，K（持有现金的机会成本率）上涨为原来的 2 倍，F（每次出售有价证券以补充现金所需的交易成本）下降为原来的 1/2，根据公式可知，根号里面的表达式变为原来的 1/4，最佳现金持有量变为原来的 1/2，即下降50%。综上，本题应选 B。

· **【答案】** B

· **【真题点评】** 本题考查了存货模式下最佳现金持有量的计算公式，涉及第12章的内容，要正确作答这道题目，考生需准确记忆最佳现金持有量的计算公式。

· **【知识速递】** 本题涉及知识点：现金管理

1.相关成本

成本类型	项目	说明
机会成本	概念	企业因持有现金而失去的将其投入其他活动获得的收益
	相关性	随着现金持有量的增加而增加
	计算公式	机会成本 = 平均现金持有量 × 持有现金的机会成本率 K $= \dfrac{现金持有量 C}{2} ×$ 持有现金的机会成本率 K
交易成本	概念	企业每次出售有价证券补足现金所付出的代价，如支付经纪费用
	相关性	假定每次出售有价证券补足现金的交易成本是固定的，在企业一定时期内现金使用量确定的前提下，交易成本随着现金持有量的增加而减少
	计算公式	交易成本 $= \dfrac{一定期间内的现金需求量 T}{现金持有量 C} ×$ 每次交易成本 F $=$ 一定期间内的交易次数 × 每次交易成本 F

2.最佳现金持有量

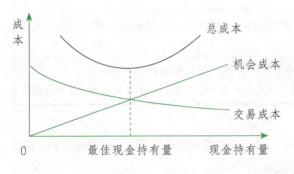

如左图所示：

在存货模式下，最佳现金持有量是使机会成本和交易成本之和最小时的现金持有量，此时，机会成本 = 交易成本。

最佳现金持有量 $C^* = \sqrt{\dfrac{2 \times T \times F}{K}}$

最小相关总成本 $TC(C^*) = \sqrt{2 \times T \times F \times K}$

11. 甲企业采用标准成本法进行成本控制。当月产品实际产量大于预算产量，导致的成本差异是（　　）。

A. 直接材料数量差异　　　　　　B. 变动制造费用效率差异

C. 直接人工效率差异　　　　　　D. 固定制造费用能力差异

· **【解析】**固定制造费用能力差异是指固定制造费用预算与固定制造费用标准成本的差额，或者说是生产能力与实际业务量的标准工时的差额用标准分配率计算的金额。综上，本题应选D。

· **【答案】**D

· **【真题点评】**本题考查的是标准成本分析中各种差异的判断，是历年考试中的高频考点，经常以客观题的形式从三个角度来考查，即差异如何产生、差异如何计算、差异应由哪个部门负责。本题有一个做题小技巧：本题提及了"预算产量"，在标准成本差异分析中，只有固定制造费用的差异分析涉及了预算产量，所以确定正确答案是选项D。

· **【知识速递】**本题涉及知识点：标准成本的差异分析

（1）变动成本差异分析

项目	价差	量差
直接材料成本差异	价格差异＝实际数量×（实际价格－标准价格）	数量差异＝（实际数量－标准数量）×标准价格
直接人工成本差异	工资率差异＝实际工时×（实际工资率－标准工资率）	效率差异＝（实际工时－标准工时）×标准工资率
变动制造费用成本差异	耗费差异＝实际工时×（变动制造费用实际分配率－变动制造费用标准分配率）	效率差异＝（实际工时－标准工时）×变动制造费用标准分配率

（2）固定制造费用差异的二因素分析法

差异	项目	内容
耗费差异	含义	指固定制造费用的实际金额与固定制造费用预算金额之间的差额
	公式	固定制造费用耗费差异＝固定制造费用实际数－固定制造费用预算数 ＝固定制造费用实际数－生产能力×固定制造费用标准分配率
能力差异	含义	指固定制造费用预算与固定制造费用标准成本的差额，反映实际产量标准工时未能达到生产能力而造成的损失
	公式	固定制造费用能力差异＝固定制造费用预算数－固定制造费用标准成本 ＝（生产能力－实际产量标准工时）×固定制造费用标准分配率

12. 甲企业采用作业成本法计算产品成本，每批产品生产前需要进行机器调试，在对调试作业中心进行成本分配时，最适合采用的作业成本动因是（　　）。

　　A. 产品品种　　　　　　　　　　　B. 产品数量

　　C. 产品批次　　　　　　　　　　　D. 每批产品数量

· **【解析】**生产前机器调试属于批次级作业，它们的成本取决于批次，所以作业成本动因应采用产品批次。综上，本题应选C。

🔓·【答案】C

📝·【真题点评】本题考查了作业成本库的设计。要正确作答这道题目,考生需首先明确生产前机器调试属于批次级作业,然后根据批次级作业的特征,确定该种作业适合的作业成本动因是产品批次。

✈·【知识速递】本题涉及知识点:作业成本计算

此处参考本书 2019 年多项选择题第 9 题"知识速递"内容。

13. 甲企业生产一种产品,每件产品消耗材料 10 千克。预计本期产量 155 件,下期产量 198 件,本期期初材料 310 千克,期末材料按下期产量用料的 20% 确定。本期预计材料采购量为( )千克。

A. 1 464
B. 1 860
C. 1 636
D. 1 946

🔊·【解析】预计材料采购量=(预计生产需用量＋预计期末材料存量)−预计期初材料存量=(155×10+198×10×20%)−310=1 636(千克)。综上,本题应选 C。

🔓·【答案】C

📝·【真题点评】本题考查了直接材料预算的编制。在作答这类题目时,考生需牢记"预计期初材料存量＋预计材料采购量＝预计生产需用量＋预计期末材料存量"这一恒等式。另外,考生需注意,有时预计期初材料存量是直接给出的,有时则需要根据预计生产需要量及一定的百分比进行计算。

✈·【知识速递】本题涉及知识点:各项营业预算的编制

此处参考本书 2019 年单项选择题第 13 题"知识速递"内容。

14. 甲部门是一个利润中心。下列各项指标中,考核该部门经理业绩最适合的指标是( )。

A. 部门边际贡献
B. 部门税后利润
C. 部门营业利润
D. 部门可控边际贡献

🔊·【解析】选项 D 正确,以可控边际贡献作为业绩评价依据可能是最佳的选择,因为它反映了部门经理在其权限和控制范围内有效使用资源的能力。综上,本题应选 D。

🔓·【答案】D

📝·【真题点评】本题考查了利润中心的考核指标。考生在备考该知识点时,应从以下两个方面进行掌握:首先是利润中心各个考核指标的计算;其次是各个考核指标的适用性,如部门经理业绩的考核指标是部门可控边际贡献,部门税前经营利润用于评价部门对公司利润和管理费用的贡献。

✈·【知识速递】本题涉及知识点:利润中心

此处参考本书 2018 年单项选择题第 13 题"知识速递"内容。

二、多项选择题（本题型共 12 小题，每小题 2 分，共 24 分。每小题均有多个正确答案，请从每小题的备选答案中选出你认为正确的答案。每小题所有答案选择正确的得分，不答、错答、漏答均不得分。）

1.甲投资基金利用市场公开信息进行价值分析和投资，在下列效率不同的资本市场中，该投资基金可获取超额收益的有（　　　）。

　　A.无效市场　　　　　　　　　　　　B.半强式有效市场

　　C.弱式有效市场　　　　　　　　　　D.强式有效市场

🔊·【解析】选项 A、C 符合题意，在无效市场和弱式有效市场中，股价没有反映公开的信息，因此利用公开信息进行投资可以获得超额收益；选项 B 不符合题意，在半强式有效市场中，历史信息和公开信息已反映于股票价格中，不能通过对历史信息和公开信息的分析获得超额收益；选项 D 不符合题意，在强式有效市场中，对投资人来说，不能从历史信息、公开信息和内幕信息分析中获得超额收益。综上，本题应选 AC。

🔓·【答案】AC

📝·【真题点评】资本市场效率的程度是一个非常重要的知识点。考生在备考时，需掌握资本市场效率的不同程度、股价所包含的信息，以及不同市场的验证方法。另外考生需区分清楚"超额收益"与"收益"，不能获取超额收益并不意味着不能获取收益。

✈·【知识速递】本题涉及知识点：金融工具与金融市场

　　此处参考本书 2018 年单项选择题第 1 题"知识速递"内容，并结合以下图示理解识记。

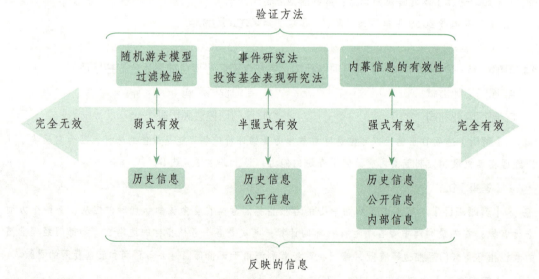

2.下列关于单个证券投资风险度量指标的表述中，正确的有（　　　）。

　　A.贝塔系数度量投资的系统风险

　　B.方差度量投资的系统风险和非系统风险

C. 标准差度量投资的非系统风险

D. 变异系数度量投资的单位期望报酬率承担的系统风险和非系统风险

· 【解析】方差、标准差和变异系数度量投资的总风险，包括系统风险和非系统风险。贝塔系数度量投资的系统风险。综上，本题应选 ABD。

· 【答案】ABD

· 【真题点评】本题考查了各风险度量指标。考生在备考该知识点时，需牢记：只有贝塔系数度量的是系统风险，而方差、标准差、变异系数度量的均是投资的总风险，包括系统风险和非系统风险。

· 【知识速递】本题涉及知识点：单项投资的风险与报酬；资本资产定价模型

只反映系统风险的是贝塔系数，系统风险和非系统风险都反映的是方差、标准差和变异系数。

3. 甲公司拟投资一条生产线，该项目投资期限 5 年，资本成本 12%，净现值 200 万元。下列说法中，正确的有（　　）。

A. 项目现值指数大于 1

B. 项目会计报酬率大于 12%

C. 项目折现回收期大于 5 年

D. 项目内含报酬率大于 12%

· 【解析】选项 A、D 正确，对于单一投资项目，当净现值大于 0 时，现值指数大于 1，内含报酬率大于资本成本 12%；选项 B 错误，会计报酬率是根据估计的项目整个寿命期年平均净利润与估计的资本占用之比计算而得，没有考虑货币时间价值，而净现值考虑了货币时间价值，因此当净现值大于 0 时，会计报酬率不一定大于资本成本 12%；选项 C 错误，因为净现值大于 0，因此投资引起的未来现金净流量的现值补偿了原始投资额现值后还有剩余，即折现回收期小于项目投资期 5 年。综上，本题应选 AD。

· 【答案】AD

· 【真题点评】投资项目的评价方法在历年考试中均以客观题或主观题的形式考查过。考生在备考这个知识点时，可将净现值、现值指数和内含报酬率结合起来学习，而将会计报酬率作为一个特殊的指标进行学习，记忆会计报酬率的两个计算公式。

· 【知识速递】本题涉及知识点：投资项目的评价方法

此处参考本书 2019 年多项选择题第 2 题"知识速递"内容。

4. 下列情形中，优先股股东有权出席股东大会行使表决权的有（　　）。

A. 公司增发优先股

B. 公司一次或累计减少注册资本超过 10%

C. 修改公司章程中与优先股有关的内容

D. 公司合并、分立、解散或变更公司形式

· 【解析】除以下情况外，优先股股东不出席股东大会会议，所持股份没有表决权：①修改公司章程中与优先股相关的内容（选项 C）；②一次或累计减少公司注册资本超过 10%（选项 B）；③公

司合并、分立、解散或变更公司形式（选项D）；④发行优先股（选项A）；⑤公司章程规定的其他情形。上述事项的决议，除须经出席会议的普通股东（含表决权恢复的优先股股东）所持表决权的2/3以上通过之外，还须经出席会议的优先股股东（不含表决权恢复的优先股股东）所持表决权的2/3以上通过。综上，本题应选ABCD。

🔓·【答案】ABCD

📝·【真题点评】本题考查了优先股股东出席股东大会，行使表决权的情形。在备考这一知识点时，考生需牢记：优先股股东出席股东大会行使表决权的情形都与优先股相关或者是事关公司的重大方面，如合并、分立、解散、变更公司形式，或公司注册资本大幅度减少。

✈·【知识速递】本题涉及知识点：混合筹资工具价值评估

此处参考本书2019年多项选择题第3题"知识速递"内容。

5. 甲股票当前市价20元，市场上有以该股票为标的资产的看涨期权和看跌期权，执行价格均为18元。下列说法中，正确的有（   ）。

A. 看涨期权处于实值状态   B. 看涨期权时间溢价大于0

C. 看跌期权处于虚值状态   D. 看跌期权时间溢价小于0

🔊·【解析】选项A正确，对于看涨期权来说，标的资产现行市价（20元）高于执行价格（18元），该期权处于实值状态；选项B正确、选项D错误，期权的时间溢价是一种等待的价值，只要未到期，时间溢价就是大于0的；选项C正确，对于看跌期权来说，标的资产的现行市价（20元）高于执行价格（18元），该期权处于虚值状态。综上，本题应选ABC。

🔓·【答案】ABC

📝·【真题点评】内在价值这个考点在历年考试中出现的频率较高。期权的实值还是虚值状态取决于立即行权能否给持有人带来正回报。需要提醒考生的两点是：①内在价值不存在负数情况，最低为0；②期权的内在价值及状态仅取决于标的资产现行市价与执行价格的比较，而期权的时间溢价取决于期权是否到期，只要期权未到期，期权的时间溢价即大于0。

✈·【知识速递】本题涉及知识点：金融期权价值的影响因素

此处参考本书2019年多项选择题第4题"知识速递"内容。

6. 在其他因素不变的情况下，下列各项变动中，引起美式看跌期权价值下降的有（   ）。

A. 股票市价下降   B. 股价波动率下降

C. 到期期限缩短   D. 无风险报酬率降低

🔊·【解析】选项A错误，看跌期权价值是执行价格与股票价格的差额。如果其他因素不变，当股票市价下降时，看跌期权的价值上升；选项B正确，股价波动率，是指股票价格变动的不确定性，对于看跌期权持有者来说，股价的波动率增加会使期权价值增加，股价波动率下降会使期权价值下降；选项C正确，对于美式期权来说，缩短到期期限能降低看跌期权的价值；选项D错误，一种简单而不全面的解释是：假设股票价格不变，高利率会导致执行价格的现值降低，从而降低看跌期权

的价值。因此，无风险报酬率越低，执行价格的现值越高，看跌期权的价值越高。综上，本题应选
BC。

· **【答案】** BC

· **【真题点评】** 期权价值的影响因素在 2016 年、2017 年和 2019 年均考查过，其重要性不言而
喻。在备考这一知识点时，除了股价波动率和到期期限这两个因素外，考生可将其他因素对看涨期
权与看跌期权价值的影响进行对比记忆。

· **【知识速递】** 本题涉及知识点：金融期权价值的影响因素

此处参考本书 2019 年单项选择题第 6 题"知识速递"内容。

7. 下列关于企业公平市场价值的说法中，正确的有（ ）。

　　A. 企业公平市场价值是企业控股权价值

　　B. 企业公平市场价值是企业未来现金流量的现值

　　C. 企业公平市场价值是企业持续经营价值

　　D. 企业公平市场价值是企业各部分构成的有机整体的价值

· **【解析】** 选项 A 错误，从少数股权投资者来看，V（当前）是企业股票的公平市场价值；对于
谋求控股权的投资者来说，V（新的）是企业股票的公平市场价值。

选项 B 正确，公平市场价值是指在公平的交易中，熟悉情况的双方，自愿进行资产交换或债务
清偿的金额。由于不同时间的现金不等价，需要通过折现处理，因此，资产的公平市场价值就是未
来现金流量的现值。

选项 C 错误，企业公平市场价值是企业持续经营价值和清算价值中的较高者。

选项 D 正确，企业整体不是各部分的简单相加，而是各部分之间通过有机联系形成的整体。所
以企业公平市场价值是企业各部分构成的有机整体的价值。

综上，本题应选 BD。

· **【答案】** BD

· **【真题点评】** 企业价值评估的对象在 2017 年、2019 年和 2020 年均有过考查。考生在备考这
一知识点时，可将实体价值与股权价值、持续经营价值与清算价值、少数股权价值与控股权价值等
概念进行对比学习。

· **【知识速递】** 本题涉及知识点：企业价值评估的目的和对象

此处参考本书 2019 年多项选择题第 5 题"知识速递"内容。

8. 与公开间接发行股票相比，下列关于不公开直接发行股票的说法中，正确的有（ ）。

　　A. 发行成本低　　　　　　　　　　　B. 股票变现性差

　　C. 发行范围小　　　　　　　　　　　D. 发行方式灵活性小

· **【解析】** 不公开直接发行，指不公开对外发行股票，只向少数特定的对象直接发行，因而不需
经中介机构承销。这种发行方式灵活性较大（选项 D 错误），发行成本低（选项 A 正确），但是发
行范围小（选项 C 正确），股票变现性差（选项 B 正确）。综上，本题应选 ABC。

🔓 · 【答案】ABC

📝 · 【真题点评】本题考查了非公开直接发行股票的特点。在作答这道题目时，考生需从不公开发行和直接发行两个方面进行考虑，对答案进行逐项分析。

✈ · 【知识速递】本题涉及知识点：普通股筹资

	公开发行	非公开发行
含义	又称公募，是指向不特定对象公开募集股份	又称私募，是指上市公司采用非公开方式，向特定对象发行股票的行为
要点	有下列情形之一的，为公开发行： ①向不特定对象发行证券 ②向特定对象发行证券累计超过200人，但依法实施员工持股计划的员工人数不计算在内 ③法律、行政法规规定的其他发行行为	非公开发行股票的特定对象应当符合下列规定： ①特定对象符合股东大会决议规定的条件 ②发行对象不超过35名 ③发行对象为境外战略投资者的，应当遵守国家的相关规定
优点	①发行范围广，发行对象多，易于足额募集资本 ②股票变现性强，流通性好 ③有助于提高发行公司的知名度和影响力	①灵活性较大 ②发行成本低
缺点	手续繁杂，发行成本高	发行范围小，股票变现性差

9. 下列各项作业中，属于品种级作业的有（　　）。

A. 产品组装　　　　　　　　　　　B. 产品生产工艺改造

C. 产品检验　　　　　　　　　　　D. 产品推广方案制定

🔊 · 【解析】选项B、D正确，品种级作业是指服务于某种型号或样式产品的作业。例如，产品设计、产品生产工艺规程制定、工艺改造、产品更新等；选项A错误，产品组装属于单位级作业；选项C错误，产品检验属于批次级作业。综上，本题应选BD。

🔓 · 【答案】BD

📝 · 【真题点评】本题考查了作业成本库的设计。在备考这一知识点时，考生需熟练掌握各种作业的名称、特征及举例。

✈ · 【知识速递】本题涉及知识点：作业成本计算

此处参考本书2019年多项选择题第9题"知识速递"内容。

10. 根据存货经济批量模型，下列各项中，导致存货经济订货批量增加的情况有（　　）。

A. 单位储存成本增加　　　　　　　B. 存货年需求量增加

C. 订货固定成本增加　　　　　　　D. 单位订货变动成本增加

🔊 · 【解析】存货经济订货批量 $= \sqrt{2KD/K_c}$ ，从公式中可以看出，每次订货的变动成本（K）、存货年需要量（D）与存货经济订货批量同向变动，单位变动储存成本（K_c）与存货经济订货批量反向变动，而订货固定成本与存货经济订货批量无关。综上，本题应选 BD。

🔓 · 【答案】BD

📑 · 【真题点评】本题考查了存货经济订货批量的计算公式，涉及第 12 章的内容。该知识点除了以客观题的形式考查外，还极易出主观题，考生在备考过程中除了熟记该计算公式外，还要能够准确判断出题干中各种成本的归属类别。

✈ · 【知识速递】本题涉及知识点：存货管理

经济订货量基本模型的公式总结

（1）经济订货量 $Q^* = \sqrt{2KD/K_c}$

（2）与批量有关的存货总成本 $TC(Q^*) = \sqrt{2KDK_c} = \dfrac{D}{Q^*} \times K + \dfrac{Q^*}{2} \times K_c$

（3）每年最佳订货次数 $N^* = D/Q^*$

（4）最佳订货周期 $t^* = 1/N^*$

（5）经济订货量占用资金 $I^* = \dfrac{Q^*}{2} \times U$

式中：Q^* 为经济订货量，K 为每次订货的变动成本，D 为存货年需要量，K_c 为单位储存变动成本，U 为存货购置单价。

---

11. 甲公司用平衡计分卡进行业绩考评，下列各种维度中，平衡计分卡需要考虑的有（　　）。

　　A. 顾客维度　　　　　　　　　　B. 债权人维度

　　C. 股东维度　　　　　　　　　　D. 学习与成长维度

🔊 · 【解析】平衡计分卡的目标和指标来源于企业的愿景和战略，这些目标和指标从四个维度来考察企业的业绩，即财务维度、顾客维度、内部业务流程维度、学习与成长维度。综上，本题应选 AD。

🔓 · 【答案】AD

📑 · 【真题点评】本题考查了平衡计分卡所包括的维度。在备考这一知识点时，考生需掌握以下几个方面：（1）平衡计分卡所包括的维度；（2）每个维度解决的问题；（3）每个维度的常见指标。

✈ · 【知识速递】本题涉及知识点：平衡计分卡

　　此处参考本书 2018 年多项选择题第 12 题"知识速递"内容。

12.【该题涉及的知识点新大纲已删除】下列各项质量成本中，不属于内部失败成本的有（　　）。

　　A. 产品返工费用　　　　　　　　B. 产品质量认证费用

　　C. 产品检测费用　　　　　　　　D. 处理顾客不满和投诉发生的费用

🔓 · 【答案】BCD

三、计算分析题（本题型共5小题40分。其中一道小题可以选用中文或英文解答，请仔细阅读答题要求。如使用英文解答，须全部使用英文，答题正确的，增加5分。本题型最高得分为45分。涉及计算的，要求列出计算步骤，否则不得分，除非题目特别说明不需要列出计算过程。）

1.甲公司是一家上市公司，主营保健品生产和销售。2017年7月1日，为对公司业绩进行评价，需估算其资本成本。相关资料如下：

（1）甲公司目前长期资本中有长期债券1万份，普通股600万股，没有其他长期债务和优先股。长期债券发行于2016年7月1日，期限5年，票面价值1 000元，票面利率8%，每年6月30日和12月31日付息。公司目前长期债券每份市价935.33元，普通股每股市价10元。

（2）目前无风险利率为6%，股票市场平均收益率为11%，甲公司普通股贝塔系数为1.4。

（3）甲公司的企业所得税税率为25%。

要求：

（1）计算甲公司长期债券税前资本成本。

🔊·【解析】根据题干信息可以判断，本题可以使用到期收益率法计算债券资本成本。值得注意的是，长期债券是每年付息两次，所以求解出来的资本成本是计息期税前资本成本，还需进一步转化年有效税前资本成本。

🔐·【答案】假设计息期债券税前资本成本为r_d，

$1\,000 \times 8\% \div 2 \times (P/A, r_d, 8) + 1\,000 \times (P/F, r_d, 8) = 935.33$；

当$r_d = 5\%$时，$1\,000 \times 8\% \div 2 \times (P/A, 5\%, 8) + 1\,000 \times (P/F, 5\%, 8) = 1\,000 \times 8\% \div 2 \times 6.4632 + 1\,000 \times 0.6768 = 935.33$，

因此，$r_d = 5\%$。

长期债券税前资本成本 $= (1 + 5\%)^2 - 1 = 10.25\%$。

📝·【真题点评】本题考查了债务税前资本成本的估计。要正确作答这道题目，考生首先要能够根据题干信息确定，需使用到期收益率法；其次，考生还需关注到，长期债券一年付息两次，因此，还需将求解出的计息期债券税前资本成本转换为年有效资本成本。

✈·【知识速递】本题涉及知识点：债务资本成本的估计

税前债务资本成本的估计方法包括到期收益率法、可比公司法、风险调整法和财务比率法。其中，到期收益率法的主要内容如下表所示：

应用前提	公司目前有上市的长期债券
计算原理	使用插值法求解使未来现金流出的现值等于现金流入现值的折现率

（续表）

计算公式	①一年付息一次 $$P_0 = \sum_{t=1}^{n} \frac{利息}{(1+r_d)^t} + \frac{本金}{(1+r_d)^n}$$ 式中：P_0——债券的市价 r_d——到期收益率，即税前债务成本 n——债券的剩余期限，通常以年表示 债务税前资本成本 = 有效年利率 = r_d ②一年内多次付息： $$P_0 = \sum_{t=1}^{mn} \frac{利息 \div m}{(1+r_d)^t} + \frac{本金}{(1+r_d)^{mn}}$$ 式中：P_0——债券的市价 r_d——计息期折现率 m——每年计息次数 n——债券的剩余期限，通常以年表示 债务税前资本成本 = 有效年利率 = $(1+r_d)^m - 1$

（2）用资本资产定价模型计算甲公司普通股资本成本。

· 【解析】普通股资本成本 = 无风险利率 + β × 市场风险溢价。

· 【答案】普通股资本成本 = 6% + 1.4 × （11%-6%）= 13%。

· 【真题点评】在考试中，经常使用资本资产定价模型计算普通股资本成本。作答这类题目时，考生需看清题干中给出的是"市场风险溢价"还是"平均风险股票报酬率"。

· 【知识速递】本题涉及知识点：普通股资本成本的估计

此处参考本书 2018 年单项选择题第 4 题"知识速递"内容。

（3）以公司目前的实际市场价值为权重，计算甲公司加权平均资本成本。

· 【解析】在前面已经计算出长期债务税前资本成本和普通股资本成本的基础上，按照长期债务和普通股的市场价值计算加权平均资本成本。

· 【答案】加权平均资本成本 = 10.25% × （1-25%）×（1×935.33）/（1×935.33+600×10）+13% ×（600×10）/（1×935.33+600×10）= 12.28%。『答案在 12.28% ~ 12.30% 之间均正确』

· 【真题点评】本题是在前面分别计算了长期债务的资本成本和普通股资本成本的基础上，计算加权平均资本成本。在计算时，考生需特别关注前面计算出的是税前债务资本成本还是税后债务资本成本，以及企业的资本结构中包括哪几种长期资本来源。

· 【知识速递】本题涉及知识点：加权平均资本成本的计算

$$r_w = \sum_{j=1}^{n} r_j w_j$$

式中，r_w 指加权平均资本成本；r_j 指第 j 种个别资本的资本成本；w_j 指第 j 种个别资本占全部资本的比重（权数）；n 指各种筹资方式的个数。

（4）在计算公司加权平均资本成本时，有哪几种权重计算方法？简要说明各种权重计算方法并比较优缺点。

🔊·【解析】在计算公司加权平均资本成本时，可以选择账面价值权重、实际市场价值权重和目标资本结构权重。账面价值权重反映的是过去的资本结构，实际市场价值权重反映的是现在的资本结构，而目标资本结构权重则体现的是未来的资本结构。

🔓·【答案】计算公司的加权平均资本成本，有三种权重依据可供选择，即账面价值权重、实际市场价值权重和目标资本结构权重。

①账面价值权重：根据企业资产负债表上显示的会计价值来衡量每种资本的比例。资产负债表提供了负债和权益的金额，计算时很方便。但是，账面结构反映的是历史的结构，不一定符合未来的状态；账面价值权重会歪曲资本成本，因为账面价值与市场价值有极大的差异。

②实际市场价值权重：根据当前负债和权益的市场价值比例衡量每种资本的比例。由于市场价值不断变动，负债和权益的比例也随之变动，计算出的加权平均资本成本数额也是经常变化的。

③目标资本结构权重：根据按市场价值计量的目标资本结构衡量每种资本要素的比例。公司的目标资本结构，代表未来将如何筹资的最佳估计。如果公司向目标资本结构发展，目标资本结构权重更为合适。这种权重可以选用平均市场价格，回避证券市场价格变动频繁的不便；可以适用于公司评价未来的资本结构，而账面价值权重和实际市场价值权重仅反映过去和现在的资本结构。

📝·【真题点评】这种文字说明的题目是近年来考试的命题趋势。应对这种题目，考生可以先写出关键点，然后在关键点的基础上进行扩展。要正确作答这道题目，考生需准确记忆三种权重的核心：账面价值权重反映的是长期资本在财务报表上的会计价值，计量的是历史价值，实际市场价值权重反映的是长期资本的当前市场价值，而目标资本结构权重反映的是按目标资本结构计量的长期资本的市场价值。

✈·【知识速递】本题涉及知识点：加权平均资本成本的计算

计算加权平均资本成本时权重的选择

项目		账面价值权重	实际市场价值权重	目标资本结构权重
含义		根据企业资产负债表上显示的会计价值来衡量每种资本的比例	根据当前负债和权益的市场价值比例衡量每种资本的比例	根据按市场价值计量的目标资本结构衡量每种资本要素的比例
评价	优点	资料易于取得，计算简便	能反映企业目前的实际情况，反映现在的资本结构	①代表未来将如何筹资的最佳估计，可以适用于公司评价未来的资本结构 ②可以选用平均市场价格，回避证券市场价格变动频繁的不便
	缺点	①反映的是历史的结构，不一定符合未来的状态 ②账面价值权重会歪曲资本成本	①反映的是现在的结构，不一定符合未来的状态 ②由于市场价值不断变动，计算出的加权平均资本成本也经常变化	—

2. 甲公司是一家新型建筑材料生产企业，为做好 2017 年财务计划，拟进行财务报表分析和预测。相关资料如下：

（1）甲公司 2016 年主要财务数据：

单位：万元

资产负债表项目	2016 年末
货币资金	600
应收账款	1 600
存货	1 500
固定资产	8 300
资产总计	12 000
应付账款	1 000
其他流动负债	2 000
长期借款	3 000
股东权益	6 000
负债及股东权益合计	12 000
利润表项目	2016 年度
营业收入	16 000
减：营业成本	10 000
税金及附加	560
销售费用	1 000
管理费用	2 000
财务费用	240
利润总额	2 200
减：所得税费用	550
净利润	1 650

（2）公司没有优先股且没有外部股权融资计划，股东权益变动均来自留存收益。公司采用固定股利支付率政策，股利支付率为 60%。

（3）销售部门预测 2017 年公司营业收入增长率为 10%。

（4）甲公司的企业所得税税率为 25%。

要求：

（1）假设 2017 年甲公司除长期借款外所有资产和负债与营业收入保持 2016 年的百分比关系，所有成本费用与营业收入的占比关系维持 2016 年水平，用销售百分比法初步测算公司 2017 年融资总需求和外部融资需求。

🔊 · **【解析】**解答本题要用到两个关键公式：融资总需求＝净经营资产增加＝（基期经营性资产－基期经营性负债）×营业收入增长百分比，外部融资需求＝融资总需求－预计可动用的金融资产－预计增加的留存收益。

🔓 · **【答案】**2017年融资总需求＝[12 000－（1 000＋2 000）]×10%＝900（万元），

2017年外部融资需求＝900－16 000×（1＋10%）×（1 650/16 000）×（1－60%）＝174（万元）。

📝 · **【真题点评】**财务预测的方法是高频考点，2015年和2017年均以主观题的形式考查过。要计算融资总需求，关键是识别各项经营资产和经营负债，从而确定净经营资产增加。而在融资总需求的基础上计算外部融资需求，关键是确定是否有可动用的金融资产，并准确计算预计增加的留存收益。

✈ · **【知识速递】**本题涉及知识点：外部资本需求的测算

销售百分比法的具体操作步骤：

①确定经营资产和经营负债项目的销售百分比：

经营资产销售百分比＝基期经营资产÷基期营业收入，

经营负债销售百分比＝基期经营负债÷基期营业收入；

②预计各项经营资产和经营负债：

预计经营资产＝预计营业收入×经营资产销售百分比，

预计经营负债＝预计营业收入×经营负债销售百分比，

融资总需求＝（预计经营资产－预计经营负债）－（基期经营资产－基期经营负债），

或：融资总需求＝营业收入增长额×净经营资产销售百分比，

或：融资总需求＝营业收入增长率×基期净经营资产；

③预计可动用的金融资产：

预计可动用的金融资产＝全部金融资产－预计保留的金融资产；

④预计增加的留存收益：

预计留存收益增加＝预计营业收入×预计营业净利率×（1－预计股利支付率）；

⑤预计增加的借款：

外部融资需求＝融资总需求－预计可动用的金融资产－预计留存收益增加，

需要的外部融资额，可以通过增加借款或增发股票筹资，涉及资本结构管理问题。

（2）假设2017年甲公司除货币资金、长期借款外所有资产和负债与营业收入保持2016年的百分比关系，除财务费用和所得税费用外所有成本费用与营业收入的占比关系维持2016年水平，2017年新增财务费用按新增长期借款期初借入计算，所得税费用按当年利润总额计算。为满足资金需求，甲公司根据要求（1）的初步测算结果，以百万元为单位向银行申请贷款；贷款利率8%，贷款金额超出融资需求的部分计入货币资金。预测公司2017年末资产负债表和2017年度利润表（结果填入下方表格中，不用列出计算过程）。

单位：万元

资产负债表项目	2017 年末
货币资金	
应收账款	
存货	
固定资产	
资产总计	
应付账款	
其他流动负债	
长期借款	
股东权益	
负债及股东权益总计	
利润表项目	2017 年度
营业收入	
减：营业成本	
税金及附加	
销售费用	
管理费用	
财务费用	
利润总额	
减：所得税费用	
净利润	

🔊 ·【解析】2017 年末资产负债表和 2017 年度利润表中各指标的计算依据及其计算过程如下：

单位：万元

资产负债表项目	计算依据	2017 年末
货币资金	根据资产总计和其他各项资产，倒挤出货币资金额	688.4＝13 228.4－1 760－1 650－9 130
应收账款	除货币资金、长期借款外所有资产和负债与营业收入保持 2016 年的百分比关系	1 760＝1 600×（1+10%）
存货		1 650＝1 500×（1+10%）
固定资产		9 130＝8 300×（1+10%）
资产总计	资产＝负债＋所有者权益	13 228.4

（续表）

资产负债表项目	计算依据	2017 年末
应付账款	除货币资金、长期借款外所有资产和负债与营业收入保持 2016 年的百分比关系	1 100=1 000×（1+10%）
其他流动负债		2 200=2 000×（1+10%）
长期借款	根据第（1）问的计算结果（174万元）以及"以百万元为单位向银行申请贷款"，可知借款金额为 200 万元	3 200=3 000+200
股东权益	①根据利润表可知 2017 年净利润为 1 821 万元 ②股利支付率为 60%	6 728.4=6 000+1 821×（1-60%）
负债及股东权益总计	将各项负债与股东权益汇总	13 228.4
利润表项目		2017 年度
营业收入	除财务费用和所得税费用外所有成本费用与营业收入的占比关系维持 2016 年水平	17 600=16 000×（1+10%）
减：营业成本		11 000=10 000×（1+10%）
税金及附加		616=560×（1+10%）
销售费用		1 100=1 000×（1+10%）
管理费用		2 200=2 000×（1+10%）
财务费用	①根据第（1）问的计算结果（174万元）以及"以百万元为单位向银行申请贷款"，可知借款金额为 200 万元 ②根据新增财务费用按新增长期借款期初借入计算 ③贷款利率 8%	256=240+200×8%
利润总额		2 428
减：所得税费用	①所得税费用按当年利润总额计算 ②甲公司的企业所得税税率为 25%	607=2 428×25%
净利润		1 821

🔓 ·【答案】

单位：万元

资产负债表项目	2017 年末
货币资金	688.4

（续表）

资产负债表项目	2017 年末
应收账款	1 760
存货	1 650
固定资产	9 130
资产总计	13 228.4
应付账款	1 100
其他流动负债	2 200
长期借款	3 200
股东权益	6 728.4
负债及股东权益总计	13 228.4
利润表项目	2017 年度
营业收入	17 600
减：营业成本	11 000
税金及附加	616
销售费用	1 100
管理费用	2 200
财务费用	256
利润总额	2 428
减：所得税费用	607
净利润	1 821

·【真题点评】根据题目信息的限定，可以确定需使用销售百分比法进行财务预测。考生需特别关注题干中关于货币资金、长期借款、财务费用和所得税费用等特殊项目的要求。首先要确定资产负债表和利润表项目中与营业收入保持稳定百分比的项目，然后根据资产、负债和股东权益的勾稽关系，以及收入、费用和利润的勾稽关系，倒推其他项目。

·【知识速递】本题涉及知识点：财务预测的步骤和方法

预计经营资产 = 基期经营资产 × 预计营业收入增长率

预计经营负债 = 基期经营负债 × 预计营业收入增长率

3.【该题已根据新大纲改编】甲公司是一家制造业企业，产品市场需求处于上升阶段，为增加产能，公司拟于 2018 年初添置一台设备。有两种方案可供选择：

方案一：自行购置。预计设备购置成本 1 600 万元，按税法规定，该设备按直线法计提折旧，折旧年限5年，净残值率5%，预计该设备使用4年，每年年末支付维护费用16万元，4年后变现价值400万元。

方案二：租赁。甲公司租用设备进行生产，租赁期4年，设备的维护费用由提供租赁服务的公司承担，租赁期内不得撤租，租赁期满时设备所有权不转让，租赁费总计1 480万元，分4年偿付，每年年初支付370万元。

甲公司的企业所得税税率为25%，税前有担保的借款利率为8%。

要求：

（1）计算方案一的初始投资额、每年折旧抵税额、每年维护费用税后净额、4年后设备变现税后净额，并计算考虑货币时间价值的平均年成本。

🔊·【解析】解答这类题目的关键是确定以下几点：（1）固定资产折旧或无形资产摊销年限和残值率需按照税法口径取值；（2）折旧与摊销会产生抵税效果，维护费用也会产生抵税效果；（3）将期末资产变现价值与账面价值进行比较来考虑资产变现对现金流量的影响，如果变现价值大于账面价值则需考虑变现利得纳税义务，反之，则需考虑变现损失抵税收益；（4）计算平均年成本时，一定要注意符号问题，流入量为负，流出量为正，平均年成本=现金流出总现值/年金现值系数。

🔒·【答案】①初始投资额=1 600（万元）；

②每年折旧额=（1 600-1 600×5%）÷5=304（万元），

每年折旧抵税额=304×25%=76（万元）；

③每年维护费用税后净额=16×（1-25%）=12（万元）；

④4年后账面价值=1 600-304×4=384（万元），

4年后设备变现税后净额=400-（400-384）×25%=396（万元）；

⑤税后有担保的借款利率=8%×（1-25%）=6%，

现金流出总现值=1 600+（-76+12）×（P/A, 6%, 4）-396×（P/F, 6%, 4）=1 064.56（万元），

平均年成本=1 064.56÷（P/A, 6%, 4）=307.22（万元）。

📋·【真题点评】本题考查的是租赁决策分析中自行购置方案现金流量及平均年成本的确定，是考试中的高频考点。考生需准确识别方案相关成本，也可以借助时间轴来分析具体的现金流量情况，如下图所示（现金流入为负，现金流出为正）：

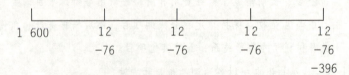

🛫·【知识速递】本题涉及知识点：租赁的决策分析

此处参考本书2020年计算分析题第3题第（1）小题"知识速递"内容。

（2）判断租赁性质，计算方案二的考虑货币时间价值的平均年成本。

🔊·【解析】首先需要判断租赁类型，根据题目可知，该租赁不属于采用简化处理的短期租赁和低价值资产租赁，符合融资租赁的认定标准。其次根据题目信息分析现金流，流出为正，流入为负，以此来计算现金流出总现值，从而利用公式"平均年成本=现金流出总现值/年金现值系数"得出

平均年成本。

🔓 ·【答案】该租赁不属于采用简化处理的短期租赁和低价值资产租赁，符合融资租赁的认定标准。

每年折旧额＝（1 480-1 480×5%）÷5=281.2（万元），

每年折旧抵税额=281.2×25%=70.3（万元）；

租赁期满时设备所有权不转让，期末资产变现流入=0（万元），

4 年后账面价值=1 480-281.2×4=355.2（万元），

4 年后设备变现税后净额=0+355.2×25%=88.8（万元）；

现金流出总现值=370×（P/A，6%，4）×（1+6%）-70.3×（P/A，6%，4）-88.8×（P/F，6%，4）=1 045.08（万元），

平均年成本=1 045.08÷（P/A，6%，4）=301.60（万元）。

『答案在301.5万元～301.7万元之间均正确』

📋 ·【真题点评】租赁筹资是考试中的重点。应对这类题目的关键是正确判断租赁的类型，并特别关注租金的支付时间和租赁期满设备的归属。

✈ ·【知识速递】本题涉及知识点：租赁筹资；投资项目现金流量的估计

租赁的会计处理中，承租方不区分经营租赁和融资租赁，除采用简化处理的短期租赁和低价值资产租赁外，均采用单一的会计处理模型。

项目	含义	简化处理方法
短期租赁	是指在租赁期开始日，租赁期不超过12个月的租赁	承租人可以选择不确认使用权资产和租赁负债，将短期租赁和低价值资产租赁的租赁付款额在租赁期内各个期间按照直线法或其他系统合理的方法计入相关资产成本或当期损益
低价值资产租赁	是指单项租赁资产为全新资产时价值较低的租赁	

（3）比较方案一和方案二的平均年成本，判断甲公司应选择方案一还是方案二。

🔊 ·【解析】平均年成本法的决策原则要和净现值区分开来，净现值作为决策依据时是越大越好，而平均年成本则是越小越好。『本儿小利才大』

🔓 ·【答案】方案一的平均年成本大于方案二的平均年成本，所以甲公司应选择方案二。

📋 ·【真题点评】本题要求考生在前两问的基础上判断最优方案。考生需正确计算前两问，并掌握决策原则。

✈ ·【知识速递】本题涉及知识点：投资项目现金流量的估计

固定资产的平均年成本，是指该资产引起的现金流出的年平均值。如果不考虑货币的时间价值，它是未来使用年限内的现金流出总额与使用年限的比值。如果考虑货币的时间价值，它是未来使用年限内现金流出总现值与年金现值系数的比值，即平均每年的现金流出。

4.甲企业使用同种原料生产联产品 A 和 B，采用平行结转分步法计算产品成本。产品生产分为两个步骤，第一步骤对原料进行预处理后，直接转移到第二步骤进行深加工，生产出 A、B 两种产品。原料只在第一步骤生产开工时一次性投放，两个步骤的直接人工和制造费用随加工进度

陆续发生。第一步骤和第二步骤均采用约当产量法（假设在产品存货发出采用加权平均法）在产成品和在产品之间分配成本，月末留存在本步骤的实物在产品的完工程度分别为 60% 和 50%。联产品成本按照可变现净值法进行分配，其中：A 产品可直接出售，售价为 8.58 元 / 千克；B 产品需继续加工，加工成本为 0.336 元 / 千克，售价为 7.2 元 / 千克。A、B 两种产品的产量比例为 6：5。

2017 年 9 月相关成本核算资料如下：

（1）本月产量资料（单位：千克）

	月初留存在本步骤的实物在产品	本月投产	合计	本月本步骤完成的产品	月末留存在本步骤的实物在产品
第一步骤	8 000	92 000	100 000	90 000	10 000
第二步骤	7 000	90 000	97 000	88 000	9 000

（2）月初在产品成本（单位：元）

	直接材料	直接人工	制造费用	合计
第一步骤	50 000	8 250	5 000	63 250
第二步骤	—	3 350	3 600	6 950

（3）本月发生成本（单位：元）

	直接材料	直接人工	制造费用	合计
第一步骤	313 800	69 000	41 350	424 150
第二步骤	—	79 900	88 900	168 800

要求：

（1）编制各步骤产品成本计算单以及产品成本汇总计算单（结果填入下方表格中，不用列出计算过程）。

第一步骤成本计算单

2017 年 9 月

单位：元

	直接材料	直接人工	制造费用	合计
月初在产品成本				
本月生产成本				
合计				
分配率				
产成品成本中本步骤份额				
月末在产品成本				

第二步骤成本计算单

2017 年 9 月

单位：元

	直接材料	直接人工	制造费用	合计
月初在产品成本				
本月生产成本				
合计				
分配率				
产成品成本中本步骤份额				
月末在产品成本				

产品成本汇总计算单

2017 年 9 月

单位：元

	直接材料	直接人工	制造费用	合计
第一步骤				
第二步骤				
合计				

·【解析】第一步骤成本计算：

单位：千克

	计算依据	产成品数量	在产品数量	在产品完工程度	在产品约当产量
直接材料	①采用平行结转分步法计算产品成本 ②原料只在第一步骤生产开工时一次性投放	88 000	10 000+9 000 =19 000	100%	19 000×100% =19 000
直接人工	①采用平行结转分步法计算产品成本 ②直接人工和制造费用随加工进度陆续发生	88 000	19 000	60%	10 000×60%+9 000 =15 000
制造费用		88 000	19 000	60%	10 000×60%+9 000 =15 000

单位：元

项目	直接材料	直接人工	制造费用	合计
月初在产品成本	50 000	8 250	5 000	63 250
本月生产成本	313 800	69 000	41 350	424 150
合计	363 800	77 250	46 350	487 400

（续表）

项目	直接材料	直接人工	制造费用	合计
产成品数量（千克）	88 000	88 000	88 000	—
在产品约当产量（千克）	19 000	15 000	15 000	—
产品数量合计（千克）	107 000	103 000	103 000	—
分配率（元/千克）	363 800÷107 000 =3.4	77 250÷103 000=0.75	46 350÷103 000 =0.45	4.6
产成品中本步骤份额	88 000×3.4 =299 200	88 000×0.75=66 000	88 000×0.45 =39 600	404 800
月末在产品成本	19 000×3.4 =64 600	15 000×0.75=11 250	15 000×0.45 =6 750	82 600

第二步骤成本计算：

单位：千克

	计算依据	产成品数量	在产品数量	在产品完工程度	在产品约当产量
直接人工	①采用平行结转分步法计算产品成本	88 000	9 000	50%	9 000×50%=4 500
制造费用	②直接人工和制造费用随加工进度陆续发生	88 000	9 000	50%	9 000×50%=4 500

单位：元

项目	直接材料	直接人工	制造费用	合计
月初在产品成本	—	3 350	3 600	6 950
本月生产成本	—	79 900	88 900	168 800
合计	—	83 250	92 500	175 750
产成品数量（千克）	—	88 000	88 000	—
在产品约当产量（千克）	—	4 500	4 500	—
产品数量合计（千克）	—	92 500	92 500	—
分配率（元/千克）	—	83 250÷92 500=0.9	92 500÷92 500=1	1.9
产成品中本步骤份额	—	88 000×0.9=79 200	88 000×1=88 000	167 200

（续表）

项目	直接材料	直接人工	制造费用	合计
月末在产品成本	—	4 500×0.9=4 050	4 500×1=4 500	8 550

·【答案】

第一步骤成本计算单

2017 年 9 月　　　　　　　　　　　　　　　单位：元

	直接材料	直接人工	制造费用	合计
月初在产品成本	50 000	8 250	5 000	63 250
本月生产成本	313 800	69 000	41 350	424 150
合计	363 800	77 250	46 350	487 400
分配率	3.4	0.75	0.45	4.6
产成品成本中本步骤份额	299 200	66 000	39 600	404 800
月末在产品	64 600	11 250	6 750	82 600

第二步骤成本计算单

2017 年 9 月　　　　　　　　　　　　　　　单位：元

	直接材料	直接人工	制造费用	合计
月初在产品成本	—	3 350	3 600	6 950
本月生产成本	—	79 900	88 900	168 800
合计	—	83 250	92 500	175 750
分配率	—	0.9	1	1.9
产成品成本中本步骤份额	—	79 200	88 000	167 200
月末在产品成本	—	4 050	4 500	8 550

产品成本汇总计算单

2017 年 9 月　　　　　　　　　　　　　　　单位：元

	直接材料	直接人工	制造费用	合计
第一步骤	299 200	66 000	39 600	404 800
第二步骤	—	79 200	88 000	167 200
合计	299 200	145 200	127 600	572 000

📝 · 【真题点评】本题考查的是平行结转分步法下产品成本的计算。产品成本计算在2016年、2017年、2018年及2020年均以主观题的形式考查过，考生务必要熟练掌握。在解答这道题目时，考生需要特别关注以下事项：（1）在产品数量的确定：因为平行结转分步法下的在产品是指广义在产品（指本步骤尚未加工完成的在产品和本步骤已完工但尚未最终完工的在产品、半成品）；（2）在产品完工程度的确定：要关注原材料是在生产开始时一次性投入，还是随生产进行陆续投入。在平行结转分步法下，本步骤的完工程度只适用于本步骤的在产品，而本步骤加工完毕但尚未最终完工的在产品在本步骤的完工程度是100%。

✈ · 【知识速递】本题涉及知识点：基本生产费用的归集和分配；完工产品和在产品的成本分配；平行结转分步法

此处参考本书2018年单项选择题第9题"知识速递"内容。

（2）计算A、B产品的单位成本。

🔊 · 【解析】联产品是指使用同种原料，经过同一生产过程同时生产出来的两种或两种以上的主要产品。本题要求使用可变现净值法分配联合产品成本，A产品的可变现净值是其售价，而B产品的可变现净值是其售价扣除加工成本后的净值。在计算B产品的单位成本时需要再加回其继续加工成本。

🔒 · 【答案】A产品产量 =88 000×6/（6+5）=48 000（千克），

B产品产量 =88 000×5/（6+5）=40 000（千克）；

A产品可变现净值 =48 000×8.58=411 840（元），

B产品可变现净值 =40 000×（7.2-0.336）=274 560（元）；

A产品应分配的成本 =572 000×411 840/（411 840+274 560）=343 200（元），

A产品单位成本 =343 200÷48 000=7.15（元/千克）；

B产品应分配的成本 =572 000×274 560÷（411 840+274 560）=228 800（元），

B产品单位成本 =228 800÷40 000+0.336=6.056（元/千克）。

📝 · 【真题点评】本题考查了联产品的成本分配。考生需熟练掌握联产品成本的分配方法及适用场景。在作答这道题目时，解题的关键是确定联产品的数量和各联产品在分离点的可变现净值，在计算B产品的单位成本时，需将B产品的进一步加工成本计入其成本。

✈ · 【知识速递】本题涉及知识点：联产品和副产品的成本分配

联合成本分配率 = 待分配联合成本/各联产品分配标准合计

某联产品应分配联合成本 = 联合成本分配率 × 该产品分配标准

5.甲公司是一家蔗糖生产企业，每年12月份编制下一年的分季度现金预算。2017年末，预计2018年的相关资料如下：

（1）该公司只生产一种1千克装的白砂糖。由于作为原料的甘蔗供货有季节性，采购、生产只在第一、四季度进行，但销售全年发生。

（2）销售收入预计：第一季度1 500万元，第二季度750万元，第三季度750万元，第四季度1 500万元。所有销售均为赊销。每季度赊销款的2/3当季收回，另外1/3下一季度收回。

应收账款年初余额 500 万元，预计可在第一季度收回。

（3）原料采购预计：甘蔗全年原料采购预计支出 800 万元；第一季度预付原料采购款的 50%，第四季度收储原料并支付剩余的 50% 尾款。

（4）付现费用预计：直接人工费用第一、四季度均为 700 万元；制造费用第一、四季度均为 500 万元；第二、三季度不进行生产，不发生直接人工和制造费用；销售和管理费用第一季度 100 万元、第二季度 50 万元、第三季度 50 万元、第四季度 100 万元。直接人工费用、制造费用、销售和管理费用，均于当季支付。全年所得税费用 200 万元，分 4 个季度预交，每季度支付 50 万元。

（5）公司计划在下半年安装两条新生产线，第三、四季度分别支付设备及安装款 400 万元、200 万元。

（6）2017 年末，公司有现金 12 万元，没有短期投资。为应对季节生产所需的大量资金，2017 年末公司从银行借入短期借款 255 万元。除该短期借款外，公司没有其他负债。公司根据下季度现金净需求额外加 10 万元浮动额确定季末最低现金余额，如下季度现金净需求额为负，则最低现金余额为 10 万元。实有现金低于最低现金余额时，如果有短期投资，先变卖短期投资，仍不足时，再向银行借入短期借款；超过最低现金余额时，如果有短期借款，先偿还短期借款，仍有剩余时，再进行短期投资。借款、偿还借款、投资和收回投资，数额均为 5 万元的倍数，均在季度末发生。短期借款年利率为 8%，每季度末付息一次；短期投资年报酬率为 4%，每季度末结算一次。假设不考虑借款和投资的交易费用。

（7）为简化计算，假设 2019 年第一季度的预计销售收入、原料采购及付现费用与 2018 年第一季度相同。

要求：

根据上述资料，编制公司的现金预算（结果填入下方表格中，不用列出计算过程）。

现金预算　　　　　　　　　　　　单位：万元

季度	一	二	三	四	合计
期初现金余额					
现金收入：					
本期销售本期收款					
上期销售本期收款					
现金收入合计					
现金支出：					
原料采购					
直接人工					
制造费用					
销售与管理费用					
所得税费用					

（续表）

季度	一	二	三	四	合计
设备购置及安装					
现金支出合计					
向银行借款					
归还银行借款					
支付借款利息					
短期投资					
收回短期投资					
获取投资报酬					
期末现金余额					

·【解析】现金预算由四部分组成：可供使用现金、现金支出、现金多余或不足、现金的筹措和运用。

（1）在填列"可供使用现金"部分时，需特别关注销售收款政策。

单位：万元

项目	计算依据	第一季度	第二季度	第三季度	第四季度
期初现金余额	①2017年末，公司有现金12万元 ②2017年末公司从银行借入短期借款255万元	12+255=267	（第一季度期末现金余额）	（第二季度期末现金余额）	（第三季度期末现金余额）
现金收入：					
本期销售本期收款	每季度赊销款的2/3当季收回，另外1/3下一季度收回	1 500×2/3=1 000	750×2/3=500	750×2/3=500	1 500×2/3=1 000
上期销售本期收款	应收账款年初余额500万元，预计可在第一季度收回	500	1 500×1/3=500	750×1/3=250	750×1/3=250
现金收入合计	—	1 000+500=1 500	500+500=1 000	500+250=750	1 000+250=1 250

注：第二、三、四季度期初现金余额需等待上一季度现金预算编制完成后才能依次确定。

（2）在填列"现金支出"部分时，需根据采购付款政策，计算本期材料采购付款额。

单位：万元

项目	计算依据	第一季度	第二季度	第三季度	第四季度
现金支出：					
原料采购	①甘蔗全年原料采购预计支出 800 万元 ②第一季度预付原料采购款的 50%，第四季度收储原料并支付剩余的 50% 尾款	800×50%=400	—	—	800×50%=400
直接人工	直接人工费用第一、四季度均为 700 万元	700	—	—	700
制造费用	制造费用第一、四季度均为 500 万元	500	—	—	500
销售与管理费用	销售和管理费用第一季度 100 万元、第二季度 50 万元、第三季度 50 万元、第四季度 100 万元	100	50	50	100
所得税费用	全年所得税费用 200 万元，分 4 个季度预交，每季度支付 50 万元	50	50	50	50
设备购置及安装	第三、四季度分别支付设备及安装款 400 万元、200 万元	—	—	400	200
现金支出合计	—	1 750	100	500	1 950

（3）计算"现金多余或不足"。

第一季度"现金多余或不足"＝期初现金余额＋现金收入合计－现金支出合计＝267+1 500-1 750=17（万元）。

（4）在填列"现金的筹措和运用"部分时，需特别关注借款和还款、投资和收回投资是在期初还是期末，利息的支付时间，以及季末最低现金余额的确定方法。

单位：万元

项目	计算依据	第一季度	第二季度	第三季度	第四季度
现金多余或不足	期初现金余额＋现金收入合计－现金支出合计	17 步骤（3）	11.9+1 000-100=911.9	11.8+750-500=261.8	713.2+1 250-1 950=13.2

（续表）

项目	计算依据	第一季度	第二季度	第三季度	第四季度
下季度现金净需求	下季度现金支出合计－下季度现金收入合计	100－1 000＝－900	500－750＝－250	1 950－1 250＝700	1 750－1 500＝250
期末现金余额	①公司根据下季度现金净需求额外加10万元浮动额确定季末最低现金余额 ②如果下季度现金净需求额为负，则最低现金余额为10万元	10	10	710	260
向银行借款	—	0	0	0	55
支付借款利息	短期借款年利率为8%，每季度末付息一次	255×8%/4＝5.1	5.1	0	0
归还银行借款	借款、偿还借款、投资和收回投资，数额均为5万元的倍数	0	255	0	0
剩余银行借款	—	255	0	0	55③
短期投资	—	0	640①	0	0
收回短期投资	—	0	0	445②	195
剩余短期投资	—	0	640	640－445＝195	0
获取投资报酬	—	0	0	640×4%/4＝6.4	195×4%/4＝1.95
期末现金余额	—	17－5.1＝11.9	911.9－255－5.1－640＝11.8	261.8＋445＋6.4＝713.2	13.2＋55＋195＋1.95＝265.15

注：①假设第二季度短期投资金额为 A，911.9－255－5.1－A≥10，解得 A≤641.8（万元），因题目要求投资数额为5万元的倍数，所以在归还短期借款255万元后还应进行短期投资640万元；

②假设第三季度收回短期投资的金额为 B，261.8＋B＋6.4≥710，解得，B≥441.8（万元），因题目要求收回投资数额为5万元的倍数，所以应收回短期投资445万元；

③假设第四季度借入的短期借款金额为 C，借入短期借款会使 2019 年第一季度的现金支出增加 $C \times 8\%/4$，$13.2 + C + 195 + 1.95 \geq 260 + C \times 8\%/4$，解得，$C \geq 50.87$（万元），因题目要求借款数额为 5 万元的倍数，所以应借入短期借款 55 万元。

🔓 ·【答案】

现金预算　　　　　　　　　　　　　　　　单位：万元

季度	一	二	三	四	合计
期初现金余额	267	11.9	11.8	713.2	267
现金收入：					
本期销售本期收款	1 000	500	500	1 000	3 000
上期销售本期收款	500	500	250	250	1 500
现金收入合计	1 500	1 000	750	1 250	4 500
现金支出：					
原料采购	400	0	0	400	800
直接人工	700	0	0	700	1 400
制造费用	500	0	0	500	1 000
销售与管理费用	100	50	50	100	300
所得税费用	50	50	50	50	200
设备购置及安装	0	0	400	200	600
现金支出合计	1 750	100	500	1 950	4 300
向银行借款	0	0	0	55	55
归还银行借款	0	255	0	0	255
支付借款利息	5.1	5.1	0	0	10.2
短期投资	0	640	0	0	640
收回短期投资	0	0	445	195	640
获取投资报酬	0	0	6.4	1.95	8.35
期末现金余额	11.9	11.8	713.2	265.15	265.15

📋 ·【真题点评】本题考查了现金预算的编制。在 2017 年和 2018 年均以主观题的形式考查过。在作答这类题目时，考生需特别关注销售收款政策、采购付款政策、期末现金余额的确定方法以及对现金的筹措和运用的要求。

✈ ·【知识速递】本题涉及知识点：财务预算的编制

此处参考本书 2018 年计算分析题第 5 题"知识速递"内容。

四、综合题（本题共 15 分。涉及计算的，要求列出计算步骤，否则不得分，除非题目特别说明不需要列出计算过程。）

甲公司是一家智能机器人制造企业，目前生产 A、B、C 三种型号机器人，最近几年该行业市场需求变化较大，公司正进行生产经营的调整和决策。相关资料如下：

（1）预计 2018 年 A 型机器人销量为 1 500 台，单位售价为 24 万元，单位变动成本为 14 万元；B 型机器人销量为 1 000 台，单位售价为 18 万元，单位变动成本为 10 万元；C 型机器人销量为 2 500 台，单位售价为 16 万元，单位变动成本为 10 万元；固定成本总额为 10 200 万元。

（2）A、B、C 三种型号机器人都需要通过同一台关键设备加工，该设备是公司的关键限制资源，该设备总的加工能力为 5 000 小时，A、B、C 三种型号机器人利用该设备进行加工的时间分别为 1 小时、2 小时和 1 小时。

要求：

（1）为有效利用关键设备，该公司 2018 年 A、B、C 三种型号机器人各应生产多少台？营业利润总计多少？

🔓·【答案】A 型机器人单位小时边际贡献 =（24-14）/1=10（万元/小时），

B 型机器人单位小时边际贡献 =（18-10）/2=4（万元/小时），

C 型机器人单位小时边际贡献 =（16-10）/1=6（万元/小时）。

因为 A 型机器人单位小时边际贡献＞C 型机器人单位小时边际贡献＞B 型机器人单位小时边际贡献，所以应该先生产 A 型机器人，再生产 C 型机器人，最后生产 B 型机器人。

因为 A 型机器人销量为 1 500 台，所以 A 型机器人生产 1 500 台，总工时为 1 500 小时，C 型机器人销量为 2 500 台，所以 C 型机器人生产 2 500 台，总工时为 2 500 小时。剩余工时 =5 000-1 500-2 500=1 000（小时），所以应该生产 B 型机器人的数量 =1 000/2=500（台）。

即：生产 A 型机器人 1 500 台，C 型机器人 2 500 台，B 型机器人 500 台。

营业利润总计 =1 500×（24-14）+2 500×（16-10）+500×（18-10）-10 200

=23 800（万元）。

📝·【真题点评】本题考查的是约束资源最优利用决策，2017 年和 2018 年均以主观题的形式考查过。考生需熟练掌握约束资源最优利用的决策原则，即应优先安排生产"单位约束资源边际贡献"最大的产品。解题时考生需特别关注单位产品对约束资源的消耗量。

✈·【知识速递】本题涉及知识点：生产决策

约束资源最优利用决策主要包含如下内容：

（1）概念

企业如何来安排生产的问题，即优先生产哪种产品，才能最大限度地利用好约束资源，让企业产生最大的经济效益。

（2）决策原则

决策原则主要是考虑如何安排生产才能使企业总的边际贡献最大化，即优先安排单位限制资源边际贡献最大的方案。因为约束资源最优利用的决策通常是短期的日常的生产经营安排，因此不考虑固定成本对决策的影响。

单位约束资源边际贡献 = 单位产品边际贡献 / 该单位产品耗用的约束资源量

（2）基于要求（1）的结果，计算公司 2018 年的加权平均边际贡献率、盈亏平衡销售总额及A 型机器人的盈亏平衡销售额、盈亏平衡销售量、盈亏临界点作业率。

🔊·【解析】加权平均边际贡献率 = ∑各产品边际贡献 / ∑各产品销售收入 ×100%= [1 500×（24-14）+2 500×（16-10）+500×（18-10）] ÷（1 500×24+2 500×16+500×18）×100%=40%，

盈亏平衡销售总额 = 固定成本总额 ÷ 加权平均边际贡献率 =10 200÷40%=25 500（万元），

A 型机器人的盈亏平衡销售额 = 盈亏平衡销售总额 ×A 型机器人销售收入占全部销售收入的比重 =25 500×（1 500×24）÷（1 500×24+2 500×16+500×18）=10 800（万元），

A 型机器人的盈亏平衡销售量 =A 型机器人的盈亏平衡销售额 ÷A 型机器人的销售单价 =10 800÷24=450（台），

A 型机器人的盈亏临界点作业率 =450÷1 500×100%=30%。

🔒·【答案】加权平均边际贡献率 = [1 500×（24-14）+2 500×（16-10）+500×（18-10）] ÷（1 500×24+2 500×16+500×18）×100%=40%，

盈亏平衡销售总额 =10 200÷40%=25 500（万元），

A 型机器人的盈亏平衡销售额 =25 500×（1 500×24）÷（1 500×24+2 500×16+500×18）

　　　　　　　　=10 800（万元），

A 型机器人的盈亏平衡销售量 =10 800÷24=450（台），

A 型机器人的盈亏临界点作业率 =450÷1 500×100%=30%。

📝·【真题点评】本题考查的是多品种情况下的保本分析、与保本点有关的指标计算，2016 年、2017 年和 2020 年均考查过。本题比较简单，考生熟练运用保本分析的计算公式即可作答正确。

✈·【知识速递】本题涉及知识点：保本分析

多多品种情况下的保本分析

（1）首先计算加权平均边际贡献率

$$加权平均边际贡献率 = \frac{∑各产品边际贡献}{∑各产品销售收入} ×100\%$$

加权平均边际贡献率 = ∑（各产品边际贡献率 × 各产品收入占总销售收入比重）

（2）计算加权平均销售额与各产品的保本销售额

保本销售总额 = 固定成本总额 / 加权平均边际贡献率
某种产品的销售百分比 = 该产品的销售额 / 所有产品的销售额 ×100%
某种产品的保本销售额 = 保本销售总额 × 某种产品的销售百分比

（3）用求得的保本销售额除以该产品的单价，就得到该产品的保本销售量：
某产品的保本销售量 = 该产品的保本销售额 / 该产品的销售单价

（3）假设公司根据市场需求变化，调整产品结构，计划 2019 年只生产 A 型机器人，预计 2019 年 A 型机器人销量达到 5 000 台，单位变动成本保持不变，固定成本增加到 11 200 万元，若想达到要求（1）的营业利润，2019 年公司 A 型机器人可接受的最低销售单价是多少？

🔒 ·【答案】假设可接受的最低销售单价是 W，则：（W-14）×5 000-11 200=23 800；解得：W=21（万元）。

📝 ·【真题点评】本题考查了保利分析。考生在作答这道题目时，需要特别注意营业利润需沿用要求（1）的营业利润，但是固定成本总额却发生了变化，需要根据这些数据正确列出方程式求解可接受的最低销售单价。

✈ ·【知识速递】本题涉及知识点：保利分析
此处参考本书 2019 年计算分析题第 5 题第（1）小题"知识速递"内容。

（4）基于要求（3）的单位售价、单位变动成本、固定成本和销量，分别计算在这些参数增长 10% 时营业利润对各参数的敏感系数，然后按营业利润对这些参数的敏感程度进行排序，并指出对营业利润而言哪些参数是敏感因素。

🔊 ·【解析】解答这道题目，需利用"敏感系数 = 目标值变动百分比 ÷ 参量值变动百分比"，并根据各敏感系数绝对值的大小来确定敏感因素。

🔒 ·【答案】营业利润对单位售价的敏感系数 =（5 000×21×10% ÷23 800）÷10%=4.41，
营业利润对单位变动成本的敏感系数 =（-5 000×14×10% ÷23 800）÷10%=-2.94，
营业利润对固定成本的敏感系数 =（-11 200×10% ÷23 800）÷10%=-0.47，
营业利润对销量的敏感系数 =［5 000×（21-14）×10% ÷23 800］÷10%=1.47。

比较上面四个结果的绝对值可以得出：营业利润对各参数的敏感程度按其敏感系数的绝对值大小排序依次为单位售价、单位变动成本、销量和固定成本。其中，单位售价、单位变动成本和销量的敏感系数绝对值大于 1，因此对营业利润而言是敏感因素；而固定成本的敏感系数绝对值小于 1，对营业利润而言是不敏感因素。

📝 ·【真题点评】本题考查的是敏感系数的计算和敏感因素与不敏感因素的区分。2016 年和 2017 年均有所考查。考生需牢记：敏感系数的正负号代表参量值与目标值变动方向的异同，敏感因素的判断标准是敏感系数的绝对值大于 1。

✈ ·【知识速递】本题涉及知识点：利润敏感分析
敏感系数提供了各因素变动百分比和利润变动百分比之间的比例关系。

敏感系数	
计算公式	敏感系数 = $\dfrac{\text{目标值变动百分比（利润变动百分比）}}{\text{参量值变动百分比}}$
评价	①敏感系数＞0，表明参量值与利润呈同向变动 ②敏感系数＜0，表明参量值与利润呈反向变动
	①敏感系数绝对值＞1，则该参量值属于敏感因素 ②敏感系数绝对值＜1，则该参量值属于不敏感因素
	💡敏感系数的绝对值越大，表明利润对该参量值的敏感程度越高

2016 年注册会计师全国统一考试

《财务成本管理》真题逐题解密

（考试时长：150 分钟）

一、单项选择题（本题型共 14 小题，每小题 1.5 分，共 21 分，每小题只有一个正确答案，请从每小题的备选答案中选出一个你认为最正确的答案。）

1. 下列关于营运资本的说法中，正确的是（　　）。

   A. 营运资本越多的企业，流动比率越大

   B. 营运资本越多，长期资本用于流动资产的金额越大

   C. 营运资本增加，说明企业短期偿债能力提高

   D. 营运资本越多的企业，短期偿债能力越强

🔊 · 【解析】流动比率＝流动资产÷流动负债，营运资本＝流动资产－流动负债＝长期资本－长期资产。选项 A 错误，营运资本越多并不能说明流动比率就一定越大。我们可以举反例来证明，比如流动资产为 2 万元，流动负债为 1 万元，则营运资本为 1 万元，流动比率为 2；假如流动资产为 4 万元，流动负债为 2 万元，则营运资本为 2 万元，流动比率还是 2。可见营运资本越多，流动比率未必越大；选项 B 正确，营运资本＝长期资本－长期资产，所以营运资本是长期资本超过长期资产的部分，同时也是长期资本用于流动资产的部分，营运资本越多，说明长期资本用于流动资产的金额越大；选项 C、D 错误，营运资本是绝对数，在实务中很少直接使用营运资本作为偿债能力指标。综上，本题应选 B。

🔒 · 【答案】B

📋 · 【真题点评】本题考查营运资本的计算公式及经济含义。在备考该知识点时，考生需牢记营运资本的两个计算公式，此外，考生还需明确营运资本是一个绝对数指标，需结合其他存量比率来评价企业的短期偿债能力。

✈ · 【知识速递】本题涉及知识点：偿债能力比率

　　流动比率、速动比率、现金比率这三个指标的分母都是流动负债，分子涵盖的范围是逐渐缩小的，速动比率的分子是流动资产剔除非速动资产后的余额，现金比率的分子则是货币资金。现金流量比率虽然考查频率较低，但是考生需牢记这个指标的特殊点，即分母"流动负债"采用期末数额。

2. 甲公司 2015 年经营资产销售百分比 70%，经营负债销售百分比 15%，营业净利率 8%，假设公司 2016 年上述比率保持不变，没有可动用的金融资产，不打算进行股票回购，并采用内含增长方式支持销售增长，为实现 10% 的销售增长目标，预计 2016 年股利支付率为（　　）。

   A. 37.5%

   B. 62.5%

C. 42.5%   D. 57.5%

🔊 ·【解析】令"经营资产销售百分比－经营负债销售百分比－［（1＋增长率）/增长率］×预计营业净利率×（1－预计股利支付率）=0"，即 70%-15%-［（1+10%）/10%］×8%×（1－预计股利支付率）=0，解得，预计股利支付率 =37.5%。综上，本题应选 A。

🔒 ·【答案】A

📝 ·【真题点评】本题考查外部融资销售增长比计算公式的灵活运用。要正确作答这道题目，考生除了需要准确记忆外部融资销售增长比的计算公式外，还需了解外部融资销售增长比和内含增长率的关系，即令外部融资销售增长比为 0 时求解出的增长率即为内含增长率。

✈ ·【知识速递】本题涉及知识点：增长率的测算

令外部融资销售增长比 =0：

0=经营资产销售百分比－经营负债销售百分比－［（1＋增长率）÷增长率］×预计营业净利率×（1－预计股利支付率）

则：内含增长率 = $\dfrac{\dfrac{预计净利润}{预计净经营资产} \times 预计利润留存率}{1 - \dfrac{预计净利润}{预计净经营资产} \times 预计利润留存率}$

3.【该题已根据新大纲改编】假设不考虑筹资费用的情况下，在进行投资决策时，需要估计的债务成本是（   ）。

A. 现有债务的承诺收益   B. 未来债务的期望收益

C. 未来债务的承诺收益   D. 现有债务的期望收益

🔊 ·【解析】选项 B 正确，作为投资决策依据的资本成本，只能是未来借入新债务的成本。对于筹资人来说，在不考虑筹资费用的情况下，债权人的期望收益是其债务的真实成本。因为公司可以违约，所以承诺收益夸大了债务成本。在不利的情况下，可以违约的能力会降低借款的实际成本。综上，本题应选 B。

🔒 ·【答案】B

📝 ·【真题点评】本题考查债务资本成本的区分。针对这一知识点，考生在备考时需注意区分债务的历史成本和未来成本、债务的承诺收益与期望收益，以及长期债务成本和短期债务成本这三对概念，并牢记相应的结论。

✈ ·【知识速递】本题涉及知识点：债务资本成本的估计

（1）区分债务的历史成本和未来成本

作为投资决策和企业价值评估依据的资本成本，只能是未来借入新债务的成本。现有债务的历史成本，对于未来的决策来说是不相关的沉没成本。

（2）区分债务的承诺收益与期望收益

对于筹资人来说，在不考虑筹资费用的情况下，债权人的期望收益率是其债务的真实成本。因为公司可以违约，所以承诺收益夸大了债务成本。在不利的情况下，可以违约的能力会降低借款的实际成本。

（3）区分长期债务成本和短期债务成本

由于加权平均资本成本主要用于资本预算，涉及的债务是长期债务，因此，通常的做法是只考虑长期债务，而忽略各种短期债务。

4.在其他条件不变的情况下，下列关于股票的欧式看涨期权内在价值的说法中，正确的是（   ）。

　　A.股票市价越高，期权的内在价值越大

　　B.期权到期期限越长，期权的内在价值越大

　　C.股价波动率越大，期权的内在价值越大

　　D.期权执行价格越高，期权的内在价值越大

·【解析】选项A正确，选项D错误，欧式看涨期权内在价值＝标的资产现行市价－期权执行价格，所以股票市价越高，则欧式看涨期权的内在价值越大；而期权执行价格越高，欧式看涨期权的内在价值越小；选项B、C错误，内在价值是期权立即行权产生的经济价值，因此不受时间溢价的影响，而期权到期期限和股价波动率影响的是时间溢价。综上，本题应选A。

·【答案】A

·【真题点评】金融期权价值的影响因素在2016年、2017年及2019年均以客观题形式考查过，其重要性不言而喻。考生要正确作答这道题目，首先需明确考查的是欧式看涨期权内在价值的影响因素，其内在价值的大小取决于期权标的资产的现行市价与期权执行价格的高低。

·【知识速递】本题涉及知识点：金融期权价值的影响因素

此处参考本书2019年单项选择题第6题"知识速递"内容。

5.甲公司进入可持续增长状态，股利支付率50%，权益净利率20%，股利增长率5%，股权资本成本10%。甲公司的内在市净率是（   ）。

　　A.2　　　　　　　　　　　　　　B.10.5

　　C.10　　　　　　　　　　　　　D.2.1

·【解析】内在市净率 $= \dfrac{\text{股利支付率} \times \text{权益净利率}}{\text{股权成本} - \text{增长率}}$

$=50\% \times 20\% / (10\% - 5\%) = 2$

综上，本题应选A。

·【答案】A

·【真题点评】本题考查了内在市净率的计算。考生在备考这一知识点时，可将市盈率模型、市净率模型和市销率模型进行对比学习，通过掌握它们之间的异同点进行对比记忆。下面是给考生提供的记忆小窍门：

（1）以市盈率为例，内在市盈率和本期市盈率的区别就是分子少了（1＋增长率），总结口诀为：预期（内在）不乘，本期乘。其余的两个指标同理。

（2）内在市盈率、内在市净率和内在市销率这三个表达式中，分母都是相同的，分子中都包括股利支付率，而内在市净率和内在市销率计算公式中，分子中的另一个因子则是该指标的关键驱动因素。

✈ ·【知识速递】本题涉及知识点：相对价值评估模型

相对价值评估模型中的公式总结

$$本期市盈率 = \frac{股利支付率 \times （1+增长率）}{股权成本 - 增长率}$$

$$本期市净率 = \frac{股利支付率 \times （1+增长率） \times 权益净利率}{股权成本 - 增长率}$$

$$本期市销率 = \frac{股利支付率 \times （1+增长率） \times 营业净利率}{股权成本 - 增长率}$$

$$内在（预期）市盈率 = \frac{股利支付率}{股权成本 - 增长率}$$

$$内在（预期）市净率 = \frac{股利支付率 \times 权益净利率}{股权成本 - 增长率}$$

$$内在（预期）市销率 = \frac{股利支付率 \times 营业净利率}{股权成本 - 增长率}$$

6. 甲公司 2015 年每股收益 1 元，2016 年经营杠杆系数 1.2，财务杠杆系数 1.5。假设公司不进行股票分割，如果 2016 年每股收益想达到 1.9 元，根据杠杆效应，其营业收入应比 2015 年增加（　　）。

A. 50%　　　　　　　　　　　　　B. 90%

C. 75%　　　　　　　　　　　　　D. 60%

🔊 ·【解析】联合杠杆系数 = 每股收益变化百分比 / 营业收入变化百分比 = 经营杠杆系数 × 财务杠杆系数 =1.2×1.5=1.8，每股收益增长率 =（1.9-1）÷1×100%=90%，则营业收入增长比 = 每股收益变动百分比 ÷ 联合杠杆系数 =90%÷1.8=50%。综上，本题应选 A。

🔒 ·【答案】A

📝 ·【真题点评】本题考查了联合杠杆系数定义式和计算式的灵活运用。考生要正确作答这道题目，首先需根据每股收益和所需求解的营业收入增长率，明确联合杠杆系数是解答这道题的关键，然后根据题干中给出的经营杠杆系数和财务杠杆系数来计算联合杠杆系数，进而根据联合杠杆系数的定义式和每股收益的增长率来求解营业收入的增长率。

✈ ·【知识速递】本题涉及知识点：杠杆系数的衡量

此处参考本书 2018 年综合题第（3）小题"知识速递"内容。

7. 根据有税的 MM 理论，下列各项中会影响企业价值的是（　　）。

A. 债务利息抵税　　　　　　　　　B. 债务代理成本

C. 债务代理收益   D. 财务困境成本

· 【解析】有税 MM 理论下,有负债企业的价值 = 无负债企业的价值 + 债务利息抵税收益的现值。综上,本题应选 A。

· 【答案】A

· 【真题点评】资本结构理论是考试中客观题的常考点,在 2016 年、2017 年及 2019 年均考查过。关于有税 MM 理论,考生需重点掌握该理论下,有负债企业价值的表达式。

· 【知识速递】本题涉及知识点:资本结构理论

此处参考本书 2019 年多项选择题第 6 题"知识速递"内容。

8. 如果甲公司以持有的乙公司股票作为股利支付给股东,这种股利属于(　　)。

A. 现金股利   B. 负债股利

C. 股票股利   D. 财产股利

· 【解析】选项 D 符合题意,以持有的其他公司的有价证券支付的股利,属于财产股利。综上,本题应选 D。

· 【答案】D

· 【真题点评】本题考查了股利的种类,该题的解题关键在于识别股票的发行人,因为乙公司股票属于甲公司的财产,所以该股利属于财产股利。如果甲公司以自身增发的股票作为股利,则属于股票股利。

· 【知识速递】本题涉及知识点:股利的种类、支付程序与分配方案

①现金股利是以现金支付的股利,它是股利支付的主要方式。

②股票股利是公司以增发的股票作为股利的支付方式。

③负债股利是以负债支付的股利,如公司的应付票据,在不得已的情况下也会有发行公司债券抵付股利的情况。

④财产股利是以现金以外的资产支付的股利,主要是以公司所拥有的其他企业的有价证券,如债券、股票,作为股利支付给股东。

9. 甲公司采用配股方式进行融资,拟每 10 股配 1 股,配股前价格每股 9.1 元,配股价格每股 8 元,假设所有股东均参与配股,则配股除权价格是(　　)元。

A. 8   B. 10.01

C. 8.8   D. 9

· 【解析】配股除权价格 $= \dfrac{配股前每股价格 + 配股价格 × 股份变动比例}{1 + 股份变动比例}$

$= (9.1 + 8 × 1/10) / (1 + 1/10)$

$= 9（元）$

综上,本题应选 D。

🔓 · 【答案】D

📝 · 【真题点评】配股除权参考价的计算在 2016 年、2018 年、2019 年及 2020 年均考查过，考生需准确记忆两个计算公式，切忌与股票的除权参考价计算公式混淆。在作答这道题目时，考生需特别关注是否所有股东都参与了配股。如果有部分股东没有参与配股，股份变动比例 = 拟配售比例 × 参与配股的股权比例。

✈ · 【知识速递】本题涉及知识点：普通股筹资

在除息日，上市公司发放现金股利、股票股利以及资本公积转增资本后，

$$股票的除权参考价 = \frac{股权登记日收盘价 - 每股现金股利}{1 + 送股率 + 转增率}$$

10. 有些可转换债券在赎回条款中设置不可赎回期，其目的是（ ）。

    A. 防止赎回溢价过高　　　　　　　B. 保证可转换债券顺利转换成股票

    C. 防止发行公司过度使用赎回权　　D. 保证发行公司长时间使用资金

🔊 · 【解析】不可赎回期是可转换债券从发行开始，不能被赎回的那段时间。设立不可赎回期的目的就是保护债券持有人的利益，防止发行企业通过滥用赎回权，促使债券持有人尽早转换债券。不过，并不是每种可转换债券都设有不可赎回条款。综上，本题应选 C。

🔓 · 【答案】C

📝 · 【真题点评】可转换债券的不可赎回期、回售条款以及强制转换条款是考试的易出题点。考生在备考时，需区别记忆各个条款的设置目的，保护的是哪一方的利益。

✈ · 【知识速递】本题涉及知识点：可转换债券筹资

赎回条款是可转换债券的发行企业可以在债券到期日之前提前赎回债券的规定。设置赎回条款是为了促使债券持有人转换股份，因此又被称为加速条款；同时也能使发行公司避免市场利率下降后，继续向债券持有人按较高的债券票面利率支付利息所蒙受的损失。

回售条款是在可转换债券发行公司的股票价格达到某种恶劣程度时，债券持有人有权按照约定的价格将可转换债券卖给发行公司的有关规定。设置回售条款是为了保护债券投资人的利益，使他们能够避免遭受过大的投资损失，从而降低投资风险。合理的回售条款，可以使投资者具有安全感，因而有利于吸引投资者。

11. 企业在生产中为生产工人发放安全头盔所产生的费用，应计入（ ）。

    A. 直接材料　　　　　　　　　　　B. 管理费用

    C. 直接人工　　　　　　　　　　　D. 制造费用

🔊 · 【解析】选项 D 符合题意，为生产工人发放安全头盔所产生的费用属于劳动保护费，是企业为生产产品而发生的间接费用，应计入制造费用。综上，本题应选 D。

🔓 · 【答案】D

📝 · 【真题点评】制造费用是指企业各生产单位为组织和管理生产而发生的各项间接费用。关于基本生产费用归集的判断很少考查，这部分内容相对简单，建议考生结合会计知识掌握。

✈ ·【知识速递】本题涉及知识点：基本生产费用的归集和分配

　　制造费用是指企业各生产单位为组织和管理生产而发生的各项间接费用，包括间接材料成本、间接人工成本和其他制造费用。

12. 下列各项中，应使用强度动因作为作业量计量单位的是（　　）。

　　A. 产品的生产准备　　　　　　　B. 产品的研究开发

　　C. 产品的机器加工　　　　　　　D. 产品的分批质检

🔊 ·【解析】选项 A 不符合题意，产品的生产准备应使用执行的次数作为作业动因，并假定执行每次作业的成本相等，即应使用业务动因作为作业量计量单位。选项 B 符合题意，强度动因是在某些特殊情况下，将作业执行中实际耗用的全部资源单独归集，并将该项单独归集的作业成本直接计入某一特定的产品，一般适用于某一特殊订单或某种新产品试制等。产品的研究开发是针对某一特定的产品的，应使用强度动因作为作业量计量单位。选项 C 不符合题意，持续动因是指执行一项作业所需的时间标准。当执行作业的单位时间内耗用的资源相等，而不同产品所需作业量差异较大的情况下，应使用持续动因作为作业量计量单位。由于不同产品的机器加工所需工时差异较大，因此应使用持续动因作为作业量计量单位。选项 D 不符合题意，如果每批产品的质检耗用的时间相同，可使用业务动因作为作业量计量单位；如果每批产品的质检耗用的时间不相同，则应使用持续动因作为作业量计量单位。综上，本题应选 B。

🔒 ·【答案】B

📝 ·【真题点评】本题考查的是作业成本动因类别的判断，2016 年、2017 年及 2019 年均以客观题形式考查过。考生需牢记：强度动因衡量的是资源消耗，持续动因衡量的是作业持续的时间，业务动因衡量的是作业执行次数。此外，考生还需熟记业务动因和持续动因的假设前提。

✈ ·【知识速递】本题涉及知识点：作业成本计算

　　作业量的计量单位即作业成本动因，可以分为三类：业务动因、持续动因和强度动因，如下表所示：

类型	含义	假设条件	举例	特点
业务动因	通常以执行的次数作为作业动因	①单位时间耗用的资源相等 ②每次作业耗用的时间相等	质量检验（每次耗时相等）	精确度最差 执行成本最低
持续动因	执行一项作业所需的时间标准	①单位时间耗用的资源相等 ②每次作业耗用的时间不等	质量检验（每次耗时不等）	精确度居中 执行成本居中
强度动因	在某些特殊情况下，将作业执行中实际耗用的全部资源单独归集，并将该项单独归集的作业成本直接计入某一特定的产品	①单位时间耗用的资源不等 ②每次作业耗用的时间不等	特殊订单、新产品试制	精确度最高 执行成本最高

13. 甲消费者每月购买的某移动通信公司 58 元套餐，含主叫长市话 450 分钟，超出后主叫国内长市话每分钟 0.15 元。该通信费是（　　　）。

A. 变动成本

B. 延期变动成本

C. 阶梯式成本

D. 半变动成本

📢·**【解析】**本题中，在主叫长市话 450 分钟内成本不变，是固定成本 58 元，超过 450 分钟后属于变动成本，且成本和通话时长成比例变动，符合延期变动成本的特点。延期变动成本，是指在一定业务量范围内总额保持稳定，超过特定业务量则开始随业务量同比例增长的成本。综上，本题应选 B。

🔓·**【答案】**B

📝·**【真题点评】**成本性态分析是本量利分析的基础知识，2016 年及 2019 年均以客观题形式考查过。成本性态分析的关键是掌握判断标准，不易判断时可以通过绘制成本关系图来帮助理解。半变动成本和延期变动成本的区别在于半变动成本存在一个与业务量无关的初始成本，而延期变动成本存在一个与一定业务量相关的固定成本。

✈·**【知识速递】**本题涉及知识点：成本性态分析

此处参考本书 2019 年单项选择题第 11 题"知识速递"内容。

14. 甲公司与某银行签订周转信贷协议，银行承诺一年内随时满足甲公司最高 8 000 万元的贷款，承诺费按承诺贷款额度的 0.5% 于签订协议时交付，公司取得贷款部分已支付的承诺费用在一年后返还，甲公司在签订协议同时申请一年期贷款 5 000 万元，年利率 8%，按年单利计息，到期一次还本付息，在此期间未使用承诺贷款额度的其他贷款，该笔贷款的实际成本最接近于（　　　）。

A. 8.06%

B. 8.8%

C. 8.3%

D. 8.37%

📢·**【解析】**因为承诺费在签订协议时支付，扣掉承诺费实际取得的贷款 =5 000-8 000×0.5% =4 960（万元），未使用的信贷额度是 8 000-5 000=3 000（万元），这部分支付的承诺费 =3 000×0.5%=15（万元），所以此项贷款实际共支付使用利息是 5 000×8%+15=415（万元），该笔贷款的实际成本 = 实际利息 ÷ 实际贷款数额 =415÷4 960=8.37%。综上，本题应选 D。

🔓·**【答案】**D

📝·**【真题点评】**本题考查了短期借款的信用条件——周转信贷协定。正确解答这道题目的关键在于明确按承诺贷款额度支付的承诺费会减少甲公司的实际用款额，而实际承诺费要根据题目条件计算。在明确这一点后可以根据实际需支付的利息和承诺费以及实际用款额计算出贷款的实际成本。

✈·**【知识速递】**本题涉及知识点：短期债务管理

周转信贷协定是银行具有法律义务的、承诺提供不超过某一最高限额的贷款协定。在协定的有效期内，只要企业的借款总额未超过最高限额，银行必须满足企业任何时候提出的借款要求。企业享用周转信贷协定，通常要就贷款限额的未使用部分付给银行一笔承诺费。

二、多项选择题（本题型共 12 小题，每小题 2 分，共 24 分，每小题均有多个正确答案，请从每小题的备选答案中选出你认为正确的答案，每小题所有答案选择正确的得分，不答、错答、漏答均不得分。）

1. 公司的下列行为中，可能损害债权人利益的有（　　　）。

A. 提高股利支付率　　　　　　　　B. 加大为其他企业提供的担保

C. 提高资产负债率　　　　　　　　D. 加大高风险投资比例

·【解析】 选项 A 符合题意，提高股利支付率会使现金流出增加，降低了对债权人的保障程度，损害了债权人利益；选项 B 符合题意，加大为其他企业提供担保，增加了或有负债金额，降低了偿债能力，损害了债权人利益；选项 D 符合题意，加大投资于比债权人预期风险更高的项目比例，项目成功则超额利润归股东独享，如果项目失败，股东和债权人共担损失，损害债权人利益；选项 C 符合题意，提高资产负债率，偿债能力下降，财务风险提高，会损害债权人利益。综上，本题应选 ABCD。

·【答案】 ABCD

·【真题点评】 正确解答这道题目的关键在于明确债权人的利益包括收取利息和收回本金两部分，相应地，可能损害债权人利益的行为包括减少企业的现金流或增加财务风险。因此，考生需从这两个方面逐项判断各个行为是否会减少企业现金流量或增加公司财务风险。

·【知识速递】 本题涉及知识点：利益相关者的要求

（1）经营者的利益要求与协调

·冲突表现：	·解决措施：
①道德风险：经营者不做什么错事，只是不十分卖力，以增加自己的闲暇时间 ②逆向选择：经营者装修豪华办公室、购置高档汽车、借口工作需要乱花公司的钱、蓄意压低股价买入股票	①股东对经营者的监督：审计、财务监督、解雇 ②股东对经营者的激励：现金、股票期权奖励 ③最佳的解决办法：股东同时采用监督和激励两种措施，使监督成本、激励成本和偏离股东目标的损失这三项之和最小

（2）债权人的利益要求与协调

·冲突表现：	·解决措施：
①股东未经债权人同意而投资于比债权人预期风险更高的新项目 ②股东未经债权人同意而发行新债	①债权人寻求立法保护 ②债权人在借款合同中加入限制性条款，如规定贷款的用途、规定不得发行新债或限制发行新债的额度等 ③债权人发现公司有损害其债权利益意图时，拒绝进一步合作，不再提供新的贷款或者提前收回贷款

2.【该题已根据新大纲改编】甲公司是制造业企业，采用管理用财务报表进行分析，下列各项中，属于甲公司金融负债的有（　　　）。

A.长期借款　　　　　　　　　　　B.应付职工薪酬

C.应付股利　　　　　　　　　　　D.无息应付票据

📢·【解析】金融负债是筹资活动所涉及的负债。选项A、C均属于筹资活动形成的金融负债；选项B不属于金融负债，"应付职工薪酬"是企业经营活动产生的负债，属于经营负债；选项D不属于金融负债，无息应付票据是经营活动形成的，属于经营负债。综上，本题应选AC。

🔓·【答案】AC

📋·【真题点评】在历年考试中，管理用财务报表的考查频率非常高。本题的解题关键在于掌握经营负债和金融负债的分类原则，即负债是由经营活动还是筹资活动引起的。掌握了这一原则，解答题目就得心应手了。

✈·【知识速递】本题涉及知识点：管理用财务报表体系

资产负债表项目按照经营资产和金融资产、经营负债和金融负债进行划分，如下所示：

报表项目	经营资产	金融资产
货币资金	处理方法有： ①全部为经营资产或全部为金融资产 ②一定比例为经营资产，其余为金融资产 💡根据题目要求选择处理方法	
应收票据	无息应收票据	以市场利率计息的应收票据
应收账款	√	—
交易性金融资产	—	√
债权投资	—	√
其他债权投资	—	√
其他权益工具投资	—	√
长期股权投资	√	—
其他应收款中的应收股利	由长期股权投资形成	由短期权益性投资形成
其他应收款中的应收利息	—	√
投资性房地产	—	√
递延所得税资产	经营性资产产生	金融性资产产生

3.市场上有两种有风险证券X和Y，下列情况下，两种证券组成的投资组合风险低于二者加权平均风险的有（　　　）。

A.X和Y期望报酬率的相关系数是0　　　B.X和Y期望报酬率的相关系数是-1

C.X和Y期望报酬率的相关系数是0.5　　D.X和Y期望报酬率的相关系数是1

📢·【解析】证券投资组合的风险用投资组合报酬率的标准差表示，根据投资组合报酬率标准差的计算公式，当相关系数等于 1 时，组合报酬率的标准差等于两种证券报酬率标准差的加权平均数；而只要相关系数小于 1，组合标准差就会小于加权平均标准差。综上，本题应选 ABC。

·【答案】 ABC

·【真题点评】 本题考查相关系数对投资组合风险的影响，解答这道题目，考生只需牢记：只要相关系数小于 1，两种证券组成的投资组合的风险就低于二者的加权平均风险；相关系数越小，风险分散化效应就越强。

·【知识速递】 本题涉及知识点：投资组合的风险与报酬

此处参考本书 2021 年多项选择题第 2 题"知识速递"内容。

4. 下列关于证券市场线的说法中，正确的有（   ）。

A. 无风险报酬率越大，证券市场线在纵轴的截距越大

B. 证券市场线描述了由风险资产和无风险资产构成的投资组合的有效边界

C. 投资者对风险的厌恶感越强，证券市场线的斜率越大

D. 预计通货膨胀率提高时，证券市场线向上平移

·【解析】 选项 A、D 正确，证券市场线在纵轴的截距是无风险报酬率，所以无风险报酬率越大，证券市场线在纵轴的截距越大，证券市场线向上平移；选项 B 错误，资本市场线（而非证券市场线）描述的是由风险资产和无风险资产构成的投资组合的有效边界；选项 C 正确，证券市场线的斜率是市场风险溢价，受投资者对风险态度的影响，所以投资者对风险的厌恶程度越强，证券市场线的斜率越大。综上，本题应选 ACD。

·【答案】 ACD

·【真题点评】 本题考查了证券市场线。考生在备考时可以将证券市场线与资本市场线对比学习，区分清楚证券市场线和资本市场线在纵轴的截距、斜率、横轴和纵轴分别代表的变量，以及变量变化时的影响。

·【知识速递】 本题涉及知识点：投资组合的风险与报酬；资本资产定价模型

此处参考本书 2018 年多项选择题第 2 题"知识速递"内容。

5. 下列关于投资项目资本成本的说法中，正确的有（   ）。

A. 资本成本是投资项目的取舍率　　　　B. 资本成本是投资项目的必要报酬率

C. 资本成本是投资项目的机会成本　　　D. 资本成本是投资项目的内含报酬率

·【解析】 资本成本是指投资资本的机会成本（选项 C），这种成本不是实际支付的成本，而是一种失去的利益，也称为必要报酬率（选项 B）、投资项目的取舍率（选项 A）、最低可接受的报酬率。选项 D 错误，项目的内含报酬率是真实的报酬率，不是资本成本。综上，本题应选 ABC。

·【答案】 ABC

·【真题点评】 本题考查对资本成本的理解。考生在备考时可以将机会成本与付现成本、未来成本与历史成本、期望报酬率与承诺报酬率、必要报酬率与实际报酬率等概念对比记忆。

✈ **【知识速递】**本题涉及知识点：资本成本的概念、用途和影响因素

资本成本
是什么

资本成本
不是什么

| 机会成本 |
| 未来成本 |
| 增量边际成本 |
| 长期债务成本 |
| 期望报酬率 |
| 必要报酬率 |

| 付现成本 |
| 历史成本 |
| 沉没成本 |
| 短期债务成本 |
| 承诺报酬率 |
| 实际报酬率 |

6. 在其他条件不变的情况下，关于单利计息、到期一次还本付息的可转换债券的内含报酬率，下列各项中正确的有（　　）。

A. 债券期限越长，债券内含报酬率越高　　B. 票面利率越高，债券内含报酬率越高

C. 转换价格越高，债券内含报酬率越高　　D. 转换比率越高，债券内含报酬率越高

🔊 **【解析】**选项 A 错误，由于是单利计息、到期一次还本付息的可转换债券，若选择持有至到期日，债券的内含报酬率取决于债券到期时债券面值与单利利息之和以及债券发行价格的关系，与债券期限没有必然联系；若提前转换，发行价格 = 转换比率 × 股价 / $(1+IRR)^t$，所以，$(1+IRR)^t$= 转换比率 × 股价 / 发行价格，由于其他因素不变，t 越大，IRR 越小，但 t 是指债券购买日与债券转换日之间的时间，与债券期限没有必然联系。

选项 B 正确，在其他条件不变时，票面利率越高，持有期间获得的利息越高，债券的内含报酬率越高。

选项 C 错误，选项 D 正确，如果投资者在债券到期前提前转股，债券内含报酬率 =（转换价值 / 发行价格）$^{1/t}$−1 =（转换比率 × 股价 / 发行价格）$^{1/t}$−1，转换比率 = 债券面值 / 转换价格，债券转换价格越高，转换比率越低，债券内含报酬率越低；转换比率越高，债券内含报酬率越高。

综上，本题应选 BD。

🔒 **【答案】**BD

📝 **【真题点评】**本题考查可转换债券内含报酬率的影响因素。本题的解题关键在于，考生需明确，题干中的可转换债券是单利计息、到期一次还本付息债券，与常见的复利计息、分期付息、到期还本债券不同。明确这一点后，考生再逐项分析各因素对债券内含报酬率的影响。

✈ **【知识速递】**本题涉及知识点：可转换债券筹资

可转换债券的底线价值，应当是纯债券价值和转换价值两者中的较高者。

可转换债券的现金流出总额为"初始 0 时点购买可转换债券的总价款"，现金流入总额为债券转换前收取的利息以及转换时点的底线价值。

可转换债券的内含报酬率是使其现金流出量总现值等于现金流入量总现值时的折现率。

7. 在有效资本市场，管理者可以通过（   ）。

　　A. 财务决策增加公司价值从而提升股票价格

　　B. 从事利率、外汇等金融产品的投机交易获取超额利润

　　C. 改变会计方法增加会计盈利从而提升股票价格

　　D. 关注公司股价对公司决策的反映而获得有益信息

🔊 · **【解析】** 选项 A 正确，资本市场连接理财行为、公司价值和股票价格；如果公司的管理行为是理智的，投资和筹资将增加公司价值；如果资本市场是有效的，增加公司价值将会提高股票价格，从而增加股东财富。

　　选项 B 错误，管理者可以借助资本市场去筹资而不是通过利率、外汇等金融投机获利。

　　选项 C 错误，在有效资本市场，管理者不能通过改变会计方法提升股票价格。

　　选项 D 正确，财务决策会改变企业的经营和财务状况，而企业状况会及时被市场价格所反映，管理者通过关注股价可以看出市场对决策行为的评价。

　　综上，本题应选 AD。

🔓 · **【答案】** AD

📝 · **【真题点评】** 本题考查有效资本市场对财务管理的意义，在备考时，考生需牢记：有效资本市场中，管理者不能通过改变会计方法提升股票价值；管理者不能通过金融投机获利；管理者关注自己公司的股价是有益的。

✈ · **【知识速递】** 本题涉及知识点：金融工具与金融市场

　　有效资本市场对财务管理的意义：①管理者不能通过改变会计方法提升股票价值；②管理者不能通过金融投机获利；③关注自己公司的股价是有益的。

8. 【该题已根据新大纲改编】下列各项中，需要修订产品基本标准成本的情况有（   ）。

　　A. 产品生产能力利用程度显著提升

　　B. 生产工人技术操作水平明显改进

　　C. 产品物理结构设计出现重大改变

　　D. 产品主要材料价格发生重要变化

🔊 · **【解析】** 选项 C、D 符合题意，当生产的基本条件发生重大变化时，需要修订产品基本标准成本，主要情形有：①产品的物理结构变化（选项 C）；②重要原材料和劳动力价格的重要变化（选项 D）；③生产技术和工艺的根本变化等。选项 A、B 不符合题意，产品生产能力利用程度显著提升、生产工人技术操作水平明显改进，不属于生产的基本条件发生重大变化，对此不需要修订基本标准成本。综上，本题应选 CD。

🔓 · **【答案】** CD

📝 · **【真题点评】** 解答本题的关键在于理解哪些变化属于基本生产条件的重大变化。考生备考时可将需要修订基本标准成本的情形与需要修订现行标准成本的情形一起记忆学习。

✈ · 【知识速递】本题涉及知识点：标准成本及其制定

分类	含义	修订情形	用途
基本标准成本	指一经制定，只要生产的基本条件无重大变化，就不予变动的一种标准成本	生产基本条件的重大变化： ①产品的物理结构变化 ②重要原材料和劳动力价格的重要变化 ③生产技术和工艺的根本变化	①与各期实际成本对比，可以反映成本变动的趋势 ②若不按各期实际进行动态修订，就不宜用来直接评价工作效率和成本控制的有效性
现行标准成本	根据其适用期间应该发生的价格、效率和生产经营能力利用程度等预计的标准成本	生产基本条件的重大变化： ①产品的物理结构变化 ②重要原材料和劳动力价格的重要变化 ③生产技术和工艺的根本变化 不属于生产基本条件的重大变化： ①市场供求变化导致的售价变化 ②市场供求变化导致的生产经营能力利用程度的变化 ③工作方法改变而引起的效率变化	①可以成为评价实际成本的依据 ②可以对存货和销货成本计价

9.下列营业预算中，通常需要预计现金支出的预算有（   ）。

A.生产预算

B.销售费用预算

C.直接材料预算

D.制造费用预算

◁)) · 【解析】选项A不符合题意，生产预算是所有营业预算中唯一的只使用实物量为计量单位的预算，不直接涉及现金收支，但与其他预算密切相关；选项B、C、D符合题意，销售费用预算、直接材料预算和制造费用预算都会涉及现金的支出，所以需要预计现金支出。综上，本题应选BCD。

🔒 · 【答案】BCD

📝 · 【真题点评】在考试中，营业预算的考查频率非常高，文字型和计算型题目均会涉及。解答这道题目的关键在于识别各项预算是否涉及价值量指标，不涉及价值量指标的预算不需要预计现金支出。

✈ · 【知识速递】本题涉及知识点：各项营业预算的编制

全面预算管理中需要注意的一些考点：

①营业预算包括销售预算、生产预算、直接材料预算、直接人工预算、制造费用预算、产品成本预算、销售费用预算和管理费用预算等；

②销售预算是整个预算的编制起点，也是编制其他有关预算的基础；

③生产预算是所有日常业务预算中唯一只使用实物量为计量单位的预算，不直接涉及现金收支，但与其他预算密切相关；

④直接材料预算、直接人工预算和制造费用预算都是以生产预算为基础来编制的。

10. 企业采用成本分析模式管理现金，在最佳现金持有量下，下列各项中正确的有（   ）。

    A. 机会成本等于短缺成本   B. 机会成本与管理成本之和最小

    C. 机会成本等于管理成本   D. 机会成本与短缺成本之和最小

◁ · **【解析】** 选项 A 正确，从下面的图形中可以看到，当机会成本等于短缺成本时，总成本是最小的；选项 D 正确，由于管理成本固定，所以当机会成本与短缺成本之和最小时，总成本是最小的。综上，本题应选 AD。

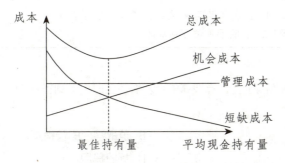

🔓 · **【答案】** AD

📝 · **【真题点评】** 最佳现金持有量分析包括成本分析模式、存货模式和随机模式三种模式，每种模式都很重要。考生需熟练掌握成本分析模式下的成本类型以及存货模式和随机模式下最佳现金持有量的计算公式。

✈ · **【知识速递】** 本题涉及知识点：现金管理

    最佳现金持有量分析三种模式下的相关成本如下表所示：

成本分析模式	存货模式	随机模式
机会成本、管理成本、短缺成本	机会成本、交易成本	机会成本、交易成本

11. 【该题已根据新大纲改编】在制定内部转移价格时，可以考虑的内部转移价格有（   ）。

    A. 市场型内部转移价格   B. 成本型内部转移价格

    C. 标准型内部转移价格   D. 协商型内部转移价格

◁ · **【解析】** 在制定内部转移价格时，可以考虑的转移价格包括：市场型内部转移价格（选项 A）、成本型内部转移价格（选项 B）、协商型内部转移价格（选项 D）。综上，本题应选 ABD。

🔓 · **【答案】** ABD

📝 · **【真题点评】** 本题考查的是内部转移价格的类型，属于识记型知识点。在备考时，除了了解内部转移价格的类型，考生还需牢记每种内部转移价格的适用范围，以及内部转移价格的确定方法。

✈ · **【知识速递】** 本题涉及知识点：利润中心

    可以考虑的转移价格种类及适用范围如下表所示：

种类	含义	适用范围
市场型 内部转移价格	以市场价格为基础、由成本和毛利构成的内部转移价格	一般适用于利润中心

（续表）

种类	含义	适用范围
成本型 内部转移价格	以企业制造产品的完全成本或变动成本等相对稳定的成本数据为基础制定的内部转移价格	一般适用于成本中心
协商型 内部转移价格	企业内部供求双方通过协商机制制定的内部转移价格 💡 协商价格的取值范围通常较宽，一般不高于市场价，不低于单位变动成本	主要适用于分权程度较高的企业

12.【该题已根据新大纲改编】在计算披露的经济增加值时，下列各项中，需要进行调整的项目有（ ）。

A. 研究费用   B. 争取客户的营销费用

C. 资本化利息支出   D. 折旧费用

🔊·【解析】选项A、B、D符合题意，经济增加值的典型调整包括：①研究与开发费用（选项A）；②战略性投资；③为建立品牌、进入新市场或扩大市场份额发生的费用（选项B）；④折旧费用（选项D）。综上，本题应选ABD。

📝·【真题点评】本题考查披露的经济增加值的典型调整项目。在备考时，考生需了解项目调整的基本思路，即所有对未来利润有贡献的支出都是投资，如果这些支出在会计上是通过费用核算的，在计算披露的经济增加值时就需作出调整。

🔒·【答案】ABD

✈·【知识速递】本题涉及知识点：经济增加值

计算披露的经济增加值时的调整项目

项目	会计处理	经济增加值的调整
研究与开发费用	作为费用立即从利润中扣除	作为投资并在一个合理的期限内摊销
战略性投资	将投资的利息（或部分利息）计入当期财务费用	在一个专门账户中资本化，并在开始生产时逐步摊销
为建立品牌、进入新市场或扩大市场份额发生的费用	作为费用立即从利润中扣除	把争取客户的营销费用资本化，并在适当的期限内摊销
折旧费用	大多使用直线折旧法处理	对某些大量使用长期设备的公司，按照更接近经济现实的"沉淀资金折旧法"处理，前期折旧少，后期折旧多

三、计算分析题（本题型共 5 小题 40 分。其中一道小题可以选用中文或英文解答，请仔细阅读答题要求。如使用英文解答，须全部使用英文，答题正确的，增加 5 分。本题型最高得分为 45 分。涉及计算的，要求列出计算步骤，否则不得分，除非题目特别说明不需要列出计算过程。）

1. 甲公司是一家汽车销售企业，现对公司财务状况和经营成果进行分析，以发现与主要竞争对手乙公司的差异，相关资料如下：

（1）甲公司 2015 年的主要财务报表数据（单位：万元）

资产负债表项目	2015 年末
货币资金	1 050
应收账款	1 750
预付账款	300
存货	1 200
固定资产	3 700
资产总计	8 000
流动负债	3 500
非流动负债	500
股东权益	4 000
负债和股东权益总计	8 000
利润表项目	2015 年度
营业收入	10 000
减：营业成本	6 500
税金及附加	300
销售费用	1 400
管理费用	160
财务费用	40
利润总额	1 600
减：所得税费用	400
净利润	1 200

（2）乙公司相关财务比率

营业净利率	总资产周转次数	权益乘数
24%	0.6	1.5

假定资产负债表项目年末余额可代表全年平均水平。

要求：

（1）使用因素分析法，按照营业净利率、总资产周转次数、权益乘数的顺序，对2015年甲公司相对乙公司权益净利率的差异进行定量分析。

◁» ·【解析】

权益净利率 = 营业净利率 × 总资产周转次数 × 权益乘数

营业净利率 = 净利润 ÷ 营业收入 ×100%

总资产周转次数 = 营业收入 ÷ 平均总资产

权益乘数 = 总资产 ÷ 股东权益 =1/（1－资产负债率）

🔓 ·【答案】

甲公司营业净利率 =1 200÷10 000×100%=12%，

甲公司总资产周转次数 =10 000÷8 000=1.25（次），

甲公司权益乘数 =8 000÷4 000=2，

甲公司权益净利率 =12%×1.25×2=30%，

乙公司权益净利率 =24%×0.6×1.5=21.6%。

甲公司相对乙公司权益净利率的差异 =30%-21.6%=8.4%；

营业净利率变动对权益净利率的影响 =（12%-24%）×0.6×1.5=-10.8%，

总资产周转次数变动对权益净利率的影响 =12%×（1.25-0.6）×1.5=11.7%，

权益乘数变动对权益净利率的影响 =12%×1.25×（2-1.5）=7.5%。

📝 ·【真题点评】本题考查使用因素分析法对权益净利率的差异进行定量分析。在作答时，除了准确计算各项驱动因素外，考生还需严格按照题目规定（或给定）的顺序进行驱动因素的替换，因为替换顺序的不同直接影响结果的正确性。另外，时间允许的话，建议考生做一个简单的验证，即各驱动因素对指标的影响之和等于差异总量。

✈ ·【知识速递】本题涉及知识点：财务报表分析的目的与方法

此处参考本书2018年计算分析题第2题第（3）小题"知识速递"内容。

（2）说明营业净利率、总资产周转次数、权益乘数3个指标各自的经济含义及各评价企业哪方面能力，并指出甲公司与乙公司在经营战略和财务政策上的差别。

◁» ·【解析】营业净利率、总资产周转次数以及权益乘数的经济含义可以根据其计算公式进行说明，其所评价的能力可以根据各指标所属的类别进行作答，甲公司与乙公司在经营战略和财务政策上的差别可以通过对比二者的上述三个指标来进行判断。

🔓 ·【答案】营业净利率是净利润占营业收入的比重，它的经济含义是每1元营业收入创造的净利润，它评价的是企业盈利能力。

总资产周转次数的经济含义是1年中总资产的周转次数或每1元总资产支持的营业收入，它评价的是企业的营运能力。

权益乘数的经济含义是每1元股东权益启动的总资产额，它衡量的是企业的长期偿债能力。

两个公司在经营战略上存在较大的差别，甲公司采取的是"低盈利、高周转"的策略，而乙公司是"高盈利、低周转"的策略。在财务政策上，两公司也有很大不同，甲公司采取的是相对高风险的财务政策，财务杠杆较大，而乙公司采取的是相对低风险的财务政策，财务杠杆较小。

· 【真题点评】在主观题中设置文字说明性的问题是近年来的命题趋势。要正确作答这道题目，考生可以结合第（1）小题中各指标的计算公式，从计算公式出发解答各指标的经济含义，并通过对比甲、乙公司的上述三个指标，对经营战略和财务政策的差异进行说明。

· 【知识速递】本题涉及知识点：传统的财务报表体系

杜邦分析体系是一个多层次的财务比率分解体系，具体如下图所示。

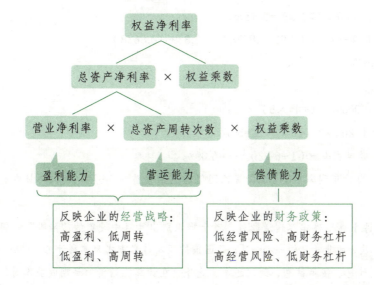

2. 小 W 因购买个人住房向甲银行借款 300 000 元，年利率 6%，每半年计息一次，期限5 年，自 2014 年 1 月 1 日至 2019 年 1 月 1 日止，小 W 选择等额本息还款方式偿还贷款本息，还款日在每年的 7 月 1 日和 1 月 1 日。2015 年 12 月末，小 W 收到单位发放的一次性年终奖60 000 元，正在考虑这笔奖金的两种使用方案：

（1）2016 年 1 月 1 日提前偿还银行借款 60 000 元。（当日仍需偿还原定的每期还款额）

（2）购买乙国债并持有至到期，乙国债为 5 年期债券，每份债券面值 1 000 元，票面利率 4%，单利计息，到期一次还本付息，乙国债还有 3 年到期，当前价格 1 020 元。

要求：

（1）计算投资乙国债的到期收益率。小 W 应选择提前偿还银行借款还是投资国债，为什么？

· 【解析】作答这类题目时，可按照如下步骤进行分析：

①绘制时间轴，分析现金流量。先计算出乙国债到期时的本息和，然后将本息和折现到当前时点（2016 年 1 月 1 日），那么使得这个等式成立的折现率就是乙国债的到期收益率；

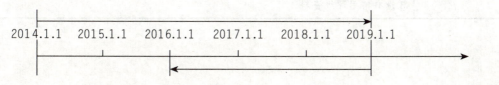

②计算银行借款的有效年利率，有效年利率＝（1＋报价利率/每年内复利次数）^{每年内复利次数}－1；

③比较银行借款的有效年利率和投资乙国债的到期收益率，如果投资乙国债的到期收益率大于银行借款有效年利率，则选择投资乙国债，反之则选择偿还银行借款。

·【答案】 设投资乙国债的到期收益率为 i，

第一种方法：

由 $1\,020=1\,000\times(1+4\%\times5)\times(P/F, i, 3)$，

可得：$(P/F, i, 3)=0.85$。

当 $i=5\%$ 时，$(P/F, 5\%, 3)=0.8638$，

当 $i=6\%$ 时，$(P/F, 6\%, 3)=0.8396$，

$(i-5\%)/(6\%-5\%)=(0.85-0.8638)/(0.8396-0.8638)$，

解得：$i=5.57\%$。

第二种方法：

由 $1\,020=1\,000\times(1+4\%\times5)\times(1+i)^{-3}$，

解得：$i=(1\,200\div1\,020)^{1/3}-1=5.57\%$。

银行借款有效年利率 $=(1+6\%/2)^2-1=6.09\%$。

银行借款的有效年利率 6.09%＞投资乙国债的到期收益率 5.57%，所以小 W 应选择提前偿还银行借款。

·【真题点评】 要正确作答这道题目，考生需识别出题目中设置的"陷阱"：银行借款的付息频率为每半年一次，而非常见的一年一次；乙国债的还本付息方式为单利计息、到期一次还本付息，而非常见的复利计息、按年付息、到期还本。此外，在计算乙国债的到期收益率时，考生需关注债券的到期时间还剩 5 年，而非债券期限 5 年。

·【知识速递】 本题涉及知识点：债务资本成本的估计

税前债务资本成本的估计方法包括：到期收益率法、可比公司法、风险调整法和财务比率法。各方法的应用前提如下表所示：

方法	应用前提
到期收益率法	目标公司有上市的长期债券
可比公司法	①目标公司没有上市的长期债券，但能找到拥有上市长期债券的可比公司 ②经营可比：可比公司与目标公司处于同一行业，有类似的商业模式 ③财务可比：最好在规模、负债比率和财务状况方面也比较类似
风险调整法	目标公司没有上市的长期债券，也找不到合适的可比公司
财务比率法	①目标公司没有上市的长期债券 ②找不到合适的可比公司 ③没有信用评级资料

（2）计算当前每期还款额，如果小 W 选择提前偿还银行借款，计算提前还款后的每期还款额。

· 【解析】求解当前每期还款额的实质是：已知 2014 年 1 月 1 日的价值为 300 000 元，分 10 期等额偿还，折现率为 6%÷2=3%，求解年金 A；求解提前还款后的每期还款额的实质是：使已偿还金额、提前还款额、提前还款后每期还款额在 2014 年 1 月 1 日的价值等于借款额 300 000 元。

· 【答案】第一种方法：

当前每期还款额 =300 000÷（P/A，3%，10）=35 169.16（元）。

设还款后每期还款额为 M，则：35 169.16×（P/A，3%，4）+60 000×（P/F，3%，4）+M×（P/A，3%，6）×（P/F，3%，4）=300 000，

M=24 092.73（元）。

第二种方法：

考虑提前还款，则以后每期少还款的金额 =60 000÷（P/A，3%，6）=11 075.83（元），

提前还款后每期还款的金额 =35 169.16−11 075.83=24 093.33（元）。

· 【真题点评】正确解答这道题目的关键在于准确选择立足的时间点。无论是计算当前每期还款额还是计算提前还款后的每期还款额，都需使还款金额在 2014 年 1 月 1 日的金额为 300 000 元，因此，考生将时间点选定在 2014 年 1 月 1 日是比较方便计算的。

· 【知识速递】本题涉及知识点：货币时间价值

按照收付时点和方式的不同可以将年金分为普通年金、预付年金、递延年金和永续年金四种。

类别	含义	示意图
普通年金	又称后付年金，是指各期期末收付的年金	普通年金
预付年金	又称即付年金或期初年金，是指在每期期初收付的年金	预付年金
递延年金	是指第一次收付发生在第二期或第二期以后的年金	递延年金
永续年金	无限期定额收付的年金	永续年金

3.甲公司是一家制造业上市公司，当前每股市价 40 元，市场上有两种以该股票为标的资产的期权：欧式看涨期权和欧式看跌期权，每份看涨期权可买入 1 股股票，每份看跌期权可卖出 1 股股票，看涨期权每份 5 元，看跌期权每份 3 元，两种期权执行价格均为 40 元，到期时间均为 6 个月。目前，有四种投资组合方案可供选择：保护性看跌期权，抛补性看涨期权，多头对敲，空头对敲。

要求：

（1）投资者希望将净损益限定在有限区间内，应选择哪种投资组合？该投资组合应该如何构建？假设6个月后该股票价格上涨20%，该投资组合的净损益是多少？（注：计算组合净损益时，不考虑期权价格、股票价格的货币时间价值。）

·【解析】

股票净收入 = 股票到期日价格

空头看涨期权净收入 =-max（股票市价-执行价格，0）

组合净收入 = 股票净收入 + 空头看涨期权净收入

组合净损益 = 组合净收入 - 股票购买价格 + 空头看涨期权价格

·【答案】 应该选择抛补性看涨期权，可将净损益限定在有限区间内。构建方法是：购买1股股票，同时出售该股票的1股看涨期权。

6个月后股票价格上涨20%，则：

股票净收入 =40×（1+20%）=48（元），

空头看涨期权净收入 =-max（48-40，0）=-8（元），

组合净收入 =48+（-8）=40（元），

组合净损益 =40-40+5=5（元）。

·【真题点评】 本题考查期权投资策略的适用情形，以及某期权投资策略下投资损益的计算。正确解答这道题目的关键在于正确选择期权投资策略。

·【知识速递】 本题涉及知识点：期权的投资策略

此处参考本书2018年计算分析题第3题第（2）小题"知识速递"内容。

（2）投资者预期未来股价大幅度波动，应该选择哪种投资组合？该组合应该如何构建？假设6个月后股票价格下跌50%，该投资组合的净损益是多少？（注：计算投资组合净损益时，不考虑期权价格、股票价格的货币时间价值）

·【解析】 多头对敲策略对于预计市场价格将发生剧烈变动，但是不知道升高还是降低的投资者非常有用。多头对敲是指同时买进一只股票的看涨期权和看跌期权，它们的执行价格、到期日都相同。

·【答案】 投资者预期未来股价大幅度波动，不知道股价上升还是下降应该选择多头对敲组合。多头对敲就是同时买进一只股票的看涨期权和看跌期权，它们的执行价格、到期日都相同。

6个月后股价 =40×（1-50%）=20（元），

多头看跌期权净收入 =40-20=20（元），

由于到期日股价小于执行价格，所以多头看涨期权净收入为零。

组合净收入 =20+0=20（元），

组合净损益 =20-3-5=12（元）。

·【知识速递】 本题涉及知识点：期权的投资策略

此处参考本书2018年计算分析题第3题第（2）小题"知识速递"内容。

4. 甲公司是一家制造业企业，只生产和销售一种新型保温容器。产品直接消耗的材料分为主要材料和辅助材料。各月在产品结存数量较多，波动较大，公司在分配当月完工产品与月末在产品的成本时，对辅助材料采用约当产量法（假设在产品存货发出采用加权平均法），对直接人工和制造费用采用定额比例法。

2016 年 6 月有关成本核算、定额资料如下：

（1）本月生产数量（单位：只）

月初在产品数量	本月投产数量	本月完工产品数量	月末在产品数量
300	3 700	3 500	500

（2）主要材料在生产开始时一次全部投入，辅助材料陆续均衡投入，月末在产品平均完工程度 60%。

（3）本月月初在产品成本和本月发生生产费用（单位：元）

	主要材料	辅助材料	人工费用	制造费用	合计
月初在产品成本	32 000	3 160	9 600	1 400	46 160
本月发生生产费用	508 000	34 840	138 400	28 200	709 440
合计	540 000	38 000	148 000	29 600	755 600

（4）单位产品工时定额

	产成品	在产品
人工工时定额（小时/只）	2	0.8
机器工时定额（小时/只）	1	0.4

要求：

（1）计算本月完工产品和月末在产品的主要材料费用。

· 【解析】主要材料在生产开始时一次全部投入，此时，每件在产品无论完工程度如何，都应和每件完工产品负担同样的主要材料费用。

· 【答案】

①本月完工产品负担的主要材料费用 =540 000÷（3 500+500）×3 500=472 500（元），

②本月月末在产品负担的主要材料费用 =540 000÷（3 500+500）×500=67 500（元）。

· 【真题点评】材料成本在完工产品和月末在产品之间的分配是产品成本计算中容易出错的地方。正确解答这道题目的关键在于明确材料的投入方式，因为材料投入方式的不同直接关系到在产品约当产量的计算以及后续的其他计算。

· 【知识速递】本题涉及知识点：完工产品和在产品的成本分配

此处参考本书 2018 年单项选择题第 9 题"知识速递"内容。

（2）按约当产量法（假设在产品存货发出采用加权平均法）计算本月完工产品和月末在产品的辅助材料费用。

· 【解析】辅助材料陆续均衡投入，月末在完工产品和在产品之间分配辅助材料费用时，则需按照月末在产品平均完工程度（60%）计算月末在产品的约当产量。

· 【答案】

月末在产品的约当产量 =500×60%=300（只），

①本月完工产品负担的辅助材料费用 =38 000÷（3 500+300）×3 500=35 000（元），

②本月月末在产品负担的辅助材料费用 =38 000÷（3 500+300）×300=3 000（元）。

· 【真题点评】采用约当产量法（假设在产品存货发出采用加权平均法）在完工产品和在产品之间进行成本分配是高频考点，一定要掌握。要正确作答这道题目，考生需明确两个方面的问题：辅助材料的投入方式（陆续均衡投入）和月末在产品平均完工程度（60%）。在这道题目中，主要材料和辅助材料的投入方式是不同的，考生需注意到这一点。

· 【知识速递】本题涉及知识点：完工产品和在产品的成本分配

在先进先出法下，假设先开始生产的产品先完工，约当产量法下产品数量的计算如下表所示：

项目		直接材料	直接人工 / 制造费用
完工产品（约当）产量	月初在产品本月加工约当产量	月初在产品数量 ×（1− 已投料比例）	月初在产品数量 ×（1− 月初在产品完工程度）
	本月投入本月完工产品数量	本月全部完工产品数量 − 月初在产品数量	
月末在产品约当产量		月末在产品数量 × 本月投料比例	月末在产品数量 × 月末在产品完工程度

（3）按定额人工工时比例计算本月完工产品和月末在产品的人工费用。

· 【解析】

人工费用分配率 = 人工费用总额 ÷ 各种产品定额生产工时 =148 000÷（3 500×2+500×0.8）=20（元 / 时），

本月完工产品负担的人工费用 =20×（3 500×2）=140 000（元），

本月月末在产品负担的人工费用 =20×（500×0.8）=8 000（元）。

· 【答案】

①本月完工产品负担的人工费用 =148 000÷（3 500×2+500×0.8）×（3 500×2）=140 000(元)，

②本月月末在产品负担的人工费用 =148 000÷（3 500×2+500×0.8）×（500×0.8）=8 000（元）。

· 【真题点评】定额比例法是完工产品和在产品之间成本分配的一种常用方法。正确解答这道题目的关键在于明确人工费用是以定额人工工时为依据分配的，而且完工产品和在产品的人工工时定额是不同的。

· 【知识速递】本题涉及知识点：完工产品和在产品的成本分配

定额比例法，又称按定额比例分配完工产品和月末在产品成本的方法，是指生产费用在完工产品和月末在产品之间用定额消耗量或定额费用作比例分配。定额比例法下，完工产品和在产品的成本计算公式如下：

（1）材料费用分配公式

材料费用分配率 $=\dfrac{月初在产品实际材料成本 + 本月投入的实际材料成本}{完工产品定额材料成本 + 月末在产品定额材料成本}$

完工产品应分配的材料成本 ＝ 完工产品定额材料成本 × 材料费用分配率

月末在产品应分配的材料成本 ＝ 月末在产品定额材料成本 × 材料费用分配率

（2）工资费用（或制造费用）分配公式

工资费用（或制造费用）分配率 $=\dfrac{月初在产品实际工资（费用）+ 本月投入的实际工资（费用）}{完工产品定额工时 + 月末在产品定额工时}$

完工产品应分配的工资费用（或制造费用）＝ 完工产品定额工时 × 工资费用（或制造费用）分配率

月末在产品应分配的工资费用（或制造费用）＝ 月末在产品定额工时 × 工资费用（或制造费用）分配率

（4）按定额机器工时比例计算本月完工产品和月末在产品的制造费用。

🔊 ·【解析】定额比例法是完工产品和在产品之间成本分配的一种常用方法。作答时，考生务必看清是以人工工时比例还是机器工时比例为依据，以及完工产品和在产品各自的工时定额。

制造费用分配率 ＝ 制造费用总额 ÷ 各种产品生产实用工时 ＝29 600÷（3 500×1+500×0.4）＝8（元／时），

①本月完工产品负担的制造费用 ＝8×（3 500×1）＝28 000（元），

②本月月末在产品负担的制造费用 ＝8×（500×0.4）＝1 600（元）。

🔓 ·【答案】

①本月完工产品负担的制造费用 ＝29 600÷（3 500×1+500×0.4）×（3 500×1）＝28 000（元），

②本月月末在产品负担的制造费用 ＝29 600÷（3 500×1+500×0.4）×（500×0.4）＝1 600（元）。

📝 ·【真题点评】对于制造费用的分配，可按人工工时比例和机器工时比例进行分配。题干中可能会明确要求采用哪一种比例，也可能要求考生根据题干中出现的信息进行选择。如果要求考生进行选择，考生需关注题干中关于企业生产机械化程度的信息。

✈ ·【知识速递】本题涉及知识点：完工产品和在产品的成本分配

在产品成本按定额成本计算是与定额比例法很接近的一种方法。在产品数量稳定或者数量较少，并且制定了比较准确的定额成本时，可以使用这种方法。

月末在产品成本 ＝ 月末在产品数量 × 在产品定额单位成本

本月完工产品总成本 ＝（月初在产品成本 + 本月发生生产费用）－ 月末在产品成本

（5）计算本月完工产品总成本和单位成本。

🔊 ·【解析】

①本月完工产品总成本 ＝ 直接材料费用 + 直接人工费用 + 制造费用 ＝472 500+35 000+140 000+28 000=675 500（元），

②本月完工产品单位成本 = 本月完工产品总成本 ÷ 本月完工产品数量 =675 500÷3 500 =193（元 / 件）。

🔓 ·【答案】

①本月完工产品总成本 =472 500+35 000+140 000+28 000=675 500（元），

②本月完工产品单位成本 =675 500÷3 500=193（元 / 件）。

📋 ·【真题点评】本题是在前四问的基础上，将各项成本进行汇总，计算比较简单，考生只需保证将涉及的所有费用项目全部囊括进来。

✈ ·【知识速递】本题涉及知识点：完工产品和在产品的成本分配

产品成本 = 直接材料费用 + 直接人工费用 + 制造费用

提示：在计算产品成本时，如果辅助生产费用采用交互分配法进行分配，则制造费用除了包括题干中列明的制造费用外，还需包括交互分配转入的制造费用，剔除交互分配转出的制造费用。

5. 甲公司拟加盟乙快餐集团，乙集团对加盟企业采取不从零开始的加盟政策，将已运营 2 年以上、达到盈亏平衡条件的自营门店整体转让给符合条件的加盟商，加盟经营协议期限 15 年，加盟时一次性支付 450 万元加盟费，加盟期内，每年按年营业额的 10% 向乙集团支付特许经营权使用费和广告费，甲公司预计将于 2016 年 12 月 31 日正式加盟，目前正进行加盟店 2017 年度的盈亏平衡分析。

其他相关资料如下：

（1）餐厅面积 400 平方米，仓库面积 100 平方米，每平方米年租金 2 400 元。

（2）为扩大营业规模，新增一项固定资产，该资产原值 300 万元，按直线法计提折旧，折旧年限 10 年（不考虑残值）。

（3）快餐每份售价 40 元，变动制造成本率 50%，每年正常销售量 15 万份。

假设：固定成本、变动成本率保持不变。

要求：

（1）计算加盟店年固定成本总额、单位变动成本、盈亏临界点销售额及正常销售量时的安全边际率。

🔊 ·【解析】①年固定成本包括每年分摊的加盟费、每年支付的租金以及固定资产年折旧费。

甲公司在加盟时一次性支付 450 万元的加盟费，加盟经营协议期限为 15 年，所以每年分摊的固定加盟费用 =450÷15=30（万元）。每年支付的餐厅及仓库租金也属于固定费用，题目中给出了餐厅及仓库的面积和每平方米的年租金，所以餐厅及仓库全年的租金 =（400+100）×2 400/10 000=120（万元）；固定资产的年折旧费也属于固定费用，每年的折旧费 =300÷10=30（万元）；年固定成本总额 =30+120+30=180（万元）。

②单位变动成本：根据题干可知变动成本包括两部分：单位变动制造成本和向乙集团支付的特许经营权使用费和广告费。单位变动成本 = 单位变动制造成本 + 单位产品特许经营使用费和广告费 =40×50%+40×10%=24（元）。

③边际贡献率＝单位边际贡献÷单价×100%＝（40-24）÷40×100%＝40%，盈亏临界点销售额＝固定成本÷边际贡献率＝180÷40%＝450（万元）。

④方法一：正常销售量时的安全边际率＝1-盈亏临界点的销售量÷正常销售量×100%＝1-（450÷40）÷15×100%＝25%。

方法二：正常销售量时的安全边际率＝安全边际额÷正常销售额×100%＝（15×40-450）÷（15×40）×100%＝25%。

·【答案】

①年固定成本总额＝450÷15+（400+100）×2 400÷10 000+300÷10＝180（万元），

②单位变动成本＝40×50%+40×10%＝24（元），

③边际贡献率＝（40-24）÷40×100%＝40%；盈亏临界点的销售额＝180÷40%＝450（万元），

④正常销售量时的安全边际率＝1-（450÷40）÷15×100%＝25%。

·【真题点评】本题考查了成本性态分析及保本分析。这类题目一般难度不高，但是需要考生在作答时，全面、准确地对各项成本进行分类，还需关注是否需要进行单位换算。本题中的变动成本除了变动制造成本外，还包括单位产品负担的特许经营权使用费和广告费，在作答时千万不要忽视这一点。

·【知识速递】本题涉及知识点：成本性态分析；保本分析

此处参考本书2019年计算分析题第5题第（1）小题"知识速递"内容。

（2）如果计划目标税前利润达到100万元，计算快餐销售量；假设其他因素不变，如果快餐销售价格上浮5%，以目标税前利润100万元为基数，计算目标税前利润变动的百分比及目标税前利润对单价的敏感系数。

·【解析】

①税前利润＝（单价-单位变动成本）×销售量-固定成本，则（40-24）×销售量-180＝100，销售量＝17.5（万份）；

②单价上升5%，税前利润＝（单价-单位变动成本）×销售量-固定成本＝40×（1+5%）×（1-50%-10%）×17.5-180＝114（万元），

税前利润变动百分比＝（114-100）÷100×100%＝14%，

目标税前利润对单价的敏感系数＝目标值变动百分比÷参数量变动百分比＝14%÷5%＝2.8。

·【答案】

①（40-24）×销售量-180＝100；销售量＝17.5（万份）；

②单价上升5%，税前利润＝40×（1+5%）×（1-50%-10%）×17.5-180＝114（万元），

税前利润变化百分比＝（114-100）÷100×100%＝14%，

目标税前利润对单价的敏感系数＝14%÷5%＝2.8。

·【真题点评】本题考查了保利分析和利润敏感分析。在解答敏感分析类的题目时，考生特别需要注意，变化的数据和没有发生变化的数据都有哪些，准确界定变化的数据才是解答题目的关键。

✈·【知识速递】本题涉及知识点：保利分析；利润敏感分析

利润敏感分析

项目	内容
计算公式	$敏感系数 = \dfrac{目标值变动百分比（利润变动百分比）}{参量值变动百分比}$
评价	①敏感系数＞0，表明参量值与利润呈同向变动 ②敏感系数＜0，表明参量值与利润呈反向变动
	①敏感系数绝对值＞1，则该参量值属于敏感因素 ②敏感系数绝对值＜1，则该参量值属于不敏感因素 💡 敏感系数的绝对值越大，表明利润对该参量值的敏感程度越高

（3）如果计划目标税前利润达到100万元且快餐销售量达到20万份，计算加盟店可接受的快餐最低销售价格。

🔊·【解析】税前利润=（单价－单位变动成本）×销售量－固定成本

100=单价×（1-50%-10%）×20-180，

解得，单价=35（元）。

🔒·【答案】单价×（1-50%-10%）×20-180=100，解得，单价=35（元），可以接受的最低单价为35元。

📝·【真题点评】本题考查了保利分析，运用本量利分析的基本模型即可作答，与前面的问题也没有必然联系。考试的时候，建议考生先整体地看一下各个小题，不要错失自己本会做的题目。

✈·【知识速递】本题涉及知识点：保利分析

此处参考本书2019年计算分析题第5题第（1）小题"知识速递"内容。

四、综合题（本题共15分，涉及计算的，要求列出计算步骤，否则不得分，除非题目特别说明不需要列出计算过程。）

甲公司是一家制造业上市公司，主营业务是易拉罐的生产和销售。为进一步满足市场需求，公司准备新增一条智能化易拉罐生产线。目前，正在进行该项目的可行性研究。相关资料如下：

（1）该项目如果可行，拟在2016年12月31日开始投资建设生产线，预计建设期1年，即项目将在2017年12月31日建设完成，2018年1月1日投产使用，该生产线预计购置成本4 000万元，项目预期持续3年，按税法规定，该生产线折旧年限4年，残值率5%，按直线法计提折旧，预计2020年12月31日项目结束时该生产线变现价值1 800万元。

（2）公司有一闲置厂房拟对外出租，每年租金60万元，每年年末收取。该厂房可用于安装该生产线，安装期间及投产后，该厂房均无法对外出租。

（3）该项目预计2018年生产并销售12 000万罐，产销量以后每年按5%增长，预计易拉罐单位售价0.5元，单位变动制造成本0.3元，每年付现销售和管理费用占销售收入的10%，

2018 年、2019 年、2020 年每年固定付现成本分别为 200 万元、250 万元、300 万元。

（4）该项目预计营运资本占销售收入的 20%，垫支的营运资本在运营年度的上年年末投入，在项目结束时全部收回。

（5）为筹资所需资金，该项目拟通过发行债券和留存收益进行筹资：发行期限 5 年、面值 1 000 元，票面利率 6% 的债券，每年末付息一次，发行价格 960 元，发行费用率为发行价格的 2%；公司普通股 β 系数 1.5，无风险报酬率 3.4%，市场组合必要报酬率 7.4%。当前公司资本结构（负债／权益）为 2/3，目标资本结构（负债／权益）为 1/1。

（6）公司所得税税率 25%。

假设该项目的初始现金流量发生在 2016 年末，营业现金流量均发生在投产后各年年末。

要求：

（1）计算项目债务税后资本成本、股权资本成本和项目加权平均资本成本。

· **【解析】** 根据题干中给出的信息可以判断，需使用到期收益率法计算债务税前资本成本，使用资本资产定价模型计算股权资本成本。

· **【答案】**

设债务税前资本成本为 i，则：

$1\,000 \times 6\% \times (P/A, i, 5) + 1\,000 \times (P/F, i, 5) - 960 \times (1-2\%) = 0$，

当 $i=7\%$ 时，$1\,000 \times 6\% \times (P/A, 7\%, 5) + 1\,000 \times (P/F, 7\%, 5) - 960 \times (1-2\%) = 18.21$，

当 $i=8\%$ 时，$1\,000 \times 6\% \times (P/A, 8\%, 5) + 1\,000 \times (P/F, 8\%, 5) - 960 \times (1-2\%) = -20.64$，

解得：$i=7.47\%$。

税后债务资本成本 $=7.47\% \times (1-25\%) = 5.60\%$；

$\beta_{资产} = 1.5 \div [1 + (1-25\%) \times 2/3] = 1$，

$\beta_{权益} = 1 \times [1 + (1-25\%) \times 1/1] = 1.75$，

股权资本成本 $=3.4\% + 1.75 \times (7.4\% - 3.4\%) = 10.40\%$；

加权平均资本成本 $=5.60\% \times 1/(1+1) + 10.40\% \times 1/(1+1) = 8\%$。

· **【真题点评】** 本题考查了资本成本的计算。要正确作答本题，考生首先需要能够根据题干信息确定使用到期收益率法计算税前债务资本成本，根据资本资产定价模型计算股权资本成本，再结合目标资本结构计算加权平均资本成本。在计算股权资本成本时，考生还需能够根据当前资本结构和目标资本结构的差异计算目标资本结构下普通股的 β 系数，否则很容易造成计算结果的错误。

· **【知识速递】** 本题涉及知识点：债务资本成本的估计；加权平均资本成本的计算；投资项目折现率的估计

运用可比公司法估计投资项目的资本成本的解题套路如下：

① **卸载可比公司财务杠杆**

目标公司的 $\beta_{资产}$ ＝可比公司的 $\beta_{权益}$ ÷ [1＋（1－可比公司税率）×可比公司负债与权益比]

② **加载目标企业财务杠杆**

目标公司的 $\beta_{权益}$ ＝目标公司的 $\beta_{资产}$ × [1＋（1－目标公司税率）×目标公司负债与权益比]

③ **计算股东要求的报酬率**

股东要求的报酬率＝股东权益成本＝无风险利率＋ $\beta_{权益}$ ×风险溢价

④ **计算目标企业的加权平均资本成本**

加权平均资本成本＝负债成本×（1－税率）× $\dfrac{负债}{资本}$ ＋股东权益成本× $\dfrac{股东权益}{资本}$

（2）计算项目 2016 年及以后各年年末现金净流量及项目净现值，并判断该项目是否可行（计算过程和结果填入下方表格中）。

单位：万元

	2016 年末	2017 年末	2018 年末	2019 年末	2020 年末
现金净流量					
折现系数					
折现值					
净现值					

🔊 **【解析】** 投资项目的现金流量分为三个部分：建设期现金流量、经营期现金流量和终结点现金流量。

（1）建设期：主要涉及固定资产和无形资产的购置成本，以及建设期末营运资本的垫支。

单位：万元

建设期		
项目	2016 年末	2017 年末
生产线购置支出	－4 000	
丧失的税后租金收入		－60×（1－25%）＝－45
垫支营运资本		－12 000×0.5×20%＝－1 200

提示：在计算垫支的营运资本时，需关注题干中营运资本数量的确定方法，以及营运资本的投入时间。

（2）经营期：主要涉及营业收入和各类付现成本、折旧摊销抵税和机会成本。

单位：万元

	经营期		
项目	2018 年末	2019 年末	2020 年末
税后营业收入	0.5×12 000×（1−25%）=4 500	4 500×（1+5%）=4 725	4 725×（1+5%）=4 961.25
税后变动制造成本	−12 000×0.3×（1−25%）=−2 700	−2 700×（1+5%）=−2 835	−2 835×（1+5%）=−2 976.75
税后固定付现成本	−200×（1−25%）=−150	−250×（1−25%）=−187.5	−300×（1−25%）=−225
生产线折旧抵税	4 000×（1−5%）÷4×25%=237.5	237.5	237.5
税后付现销售和管理费用	−4 500×10%=−450	−4 725×10%=−472.5	−4 961.25×10%=−496.13
丧失税后租金收入	−45	−45	−45
垫支营运资本	−[12 000×（1+5%）×0.5×20%−1 200]=−60	−[12 000×（1+5%）×（1+5%）×0.5×20%−1 200−60]=−63	

提示：在填列固定资产购置支出时，建议将固定资产折旧抵税额紧跟在固定资产购置支出后，以免计算经营期现金净流量时漏掉折旧抵税部分。

（3）终结点：主要涉及固定资产变现收入和营运资本的收回，关键是准确计算经营期期末固定资产的账面价值，并判断会产生抵税效应还是纳税义务。

单位：万元

	终结点
项目	2020 年末
生产线账面价值	4 000−4 000×（1−5%）÷4×3=1 150
生产线变现价值	1 800
生产线变现收益纳税	−（1 800−1 150）×25%=−162.5
营运资本收回	1 200+60+63=1 323

（4）在前面三个步骤的基础上，进行如下计算：①将上述计算结果填列至相应位置，并进行汇总，计算出现金净流量；②结合折现系数，计算出各年现金净流量现值；③将各年的现值进行汇总，计算出净现值。

🔓 · 【答案】

单位：万元

	2016 年末	2017 年末	2018 年末	2019 年末	2020 年末
产品销量（万罐）			12 000	12 600	13 230
税后收入			4 500	4 725	4 961.25
税后变动制造成本			−2 700	−2 835	−2 976.75
税后固定付现成本			−150	−187.5	−225
税后付现销售和管理费用			−450	−472.5	−496.13
丧失的税后租金收入		−45	−45	−45	−45
生产线年折旧额			950	950	950
生产线折旧抵税			237.5	237.5	237.5
营运资本垫支		−1 200	−60	−63	
营运资本收回					1 323
生产线购置支出	−4 000				
生产线变现收入					1 800
生产线变现收益纳税					−162.5
现金净流量	−4 000	−1 245	1 332.5	1 359.5	4 416.37
折现系数（8%）	1	0.9259	0.8573	0.7938	0.7350
折现值	−4 000	−1 152.75	1 142.35	1 079.17	3 246.03
净现值	314.80				

项目净现值大于 0，项目可行。

📝 · 【真题点评】投资项目现金流量的估计和净现值的计算是考试中主观题的高频考点。要正确作答这类题目，关键在于将投资项目的整个寿命期划分为建设期、经营期和终结点三部分，并准确把握每一年各项现金流入和流出的具体数额。此外，在作答时，考生还需特别关注有无建设期、营运资本的投入时间、营运资本数额的确定方式、税法对固定资产折旧的规定、租金的支付时点等，这些均是出题时易设置陷阱的地方。

✈ · 【知识速递】本题涉及知识点：投资项目现金流量的估计

此处参考本书 2018 年计算分析题第 1 题第（1）小题"知识速递"内容。

（3）假设其他条件不变，利用最大最小法计算生产线可接受的最高购置价格。

🔊 · 【解析】投资项目的敏感分析，通常是假定其他变量不变的情况下，测定某一个变量发生特定变化时对净现值（或内含报酬率）的影响。

·【答案】

设生产线增加的购置成本最高为 W 万元，则：

增加的折旧：$W×（1-5\%）÷4=0.2375W$，

增加的折旧抵税 $=0.2375W×25\%=0.059375W$，

增加的经营期末生产线账面价值 $=W-0.2375W×3=0.2875W$，

减少的生产线变现收益纳税 $=0.2875W×25\%=0.071875W$，

$-W+0.059375W×（P/A，8\%，3）×（P/F，8\%，1）+0.071875W×（P/F，8\%，4）=-314.80$，

解得：$W=390.82$（万元）。

能够接受的最高购置价格 $=4\ 000+390.82=4\ 390.82$（万元）。

·【真题点评】 本题考查了使用最大最小法进行项目敏感分析。要正确作答这道题目，关键在于准确分析生产线购置成本增加给项目现金流量带来的影响，特别是在终结点生产线变现对现金流量的影响，这是特别容易出错的地方。

·【知识速递】 本题涉及知识点：投资项目的敏感分析

最大最小法的主要步骤和作用如下表所示：

项目	说明
步骤	（1）预测每个变量的预期值，即最可能发生的数值 （2）根据变量的预期值计算净现值，由此得出的净现值称为基准净现值 （3）选择一个变量并假设其他变量不变，令净现值等于零，计算选定变量的临界值。如此反复，测试每个变量的临界值
作用	通过上述步骤，可以得出使项目净现值由正值变为 0 的各变量最大（或最小）值，可以帮助决策者认识项目的特有风险